教育部重点课题"人民教育家于漪教育思想区域转化与应用的实践研究"（DHA200376）成果之一

卜　健

吴国平

——

主编

于

教育实践百问选编

上海教育出版社
SHANGHAI EDUCATIONAL
PUBLISHING HOUSE

总　序

　　建设一流城市，需要一流教育。办好教育，最根本的是要建设好教师队伍和学校管理干部队伍。

　　在长期的教育实践中，上海市涌现了一大批长期耕耘在教育第一线，呕心沥血、努力探索，积累了丰富经验的优秀教师；涌现了一批领导学校卓有成效，有思想、有作为的优秀教育管理工作者。广大优秀教育工作者教育教学和管理工作的经验，凝聚着他们辛勤劳动的心血乃至毕生精力。为了帮助他们在立业、立德的基础上立言，确立他们的学术地位，使他们的经验能成为社会的共同财富，1994年上海市领导决定，委托教育部门负责整理这些经验。为此，上海市教育局、上海市中小学幼儿教师奖励基金会组织成立《上海教育丛书》编辑委员会，并由吕型伟同志任主编，自当年起出版《上海教育丛书》（以下称《丛书》）。1995年上海市教育委员会成立后，要求继续做好《丛书》的编辑出版工作。2008年初，经上海市教育委员会领导同意，调整和充实了《丛书》编委会，并确定夏秀蓉同志任执行主编，协助主编工作。2014年底，经上海市教育委员会领导同意，调整和充实了《丛书》编委会，确定尹后庆同志担任主编。《丛书》的内容涵盖了基础教育和中等职业教育的各个方面，包含有较高理论水平和学术价值的著作，涉及中小学教育、学前教育、师范教育、职业教育、校外教育和特殊教育，以及学校的领导管理与团队工作，还有弘扬祖国优秀文化、促进国际教育交流等方面的著作，体现了上海市中小学教育改革与发展的轨迹，体现了上海市中小学教育办学的水平与质量，体现了优秀教师和教育工作者的先进教育思想与丰富的实践经验。《丛书》出版后，受到广大教师、教育工作者及社会的欢迎。

　　为进一步搞好《丛书》的出版、宣传和推广工作，对今后继续出版的《丛书》，我们将结合上海教育进入优质均衡、转型发展新时期的特点,更加注重反映教育改革前沿的生动实践,更加注重典型性、实用性和可读性。希望《丛书》反映的教育思想、理念和观点能起到抛砖引玉的作用,引发大家的思考、议论和争鸣;更希望在超前理念、先进思想的统领下创造出的扎实行动和鲜活经验,能引领当前的教育教学改革工作,使《丛书》成为记录上海教育改革历程和成果的历史篇章,成为广大教师和教育工作者的良师益友。限于我们的认识和水平,《丛书》会有疏漏和不尽如人意之处,诚恳地希望广大读者提出宝贵意见,帮助我们共同把《丛书》编好。

《上海教育丛书》编委会

选择教师职业就是选择了高尚（代序）

教育是一项理想的事业，没有理想的教育是不存在的；教育是一项神圣的追求，它充满伟大与圣洁，不容许任何玷污与亵渎；教育是一项崇高的使命，它需要我们全身心投入与赤诚的奉献；教育是民族发展、国家强盛的奠基者，它决定着国家、民族的命运与未来。基于对教育的这一认识，决定了我的价值判断与人生选择，决定了我终身的职业走向。

人一辈子都处于价值取向的选择之中。选择教师，就选择了高尚，选择了与国家前途、人民命运紧密相连、休戚与共的事业。教育青少年成长、成人，细水长流，工作看似平凡，年年月月花相似，但为国为民培养建设者与可靠的接班人，意义深远，极不平凡。教育事业是兴国大业，是真善美的事业，为中华民族的伟大复兴广育英才，是人生智慧的闪光，是生命意义和价值的不懈追求。基础教育从事的是人的扎根工作，给人的思想道德、行为习惯、科学文化打基础，肩负着重要的历史使命。根子扎得正，扎得实，懂得做人的基本准则，日后在社会风雨中锻炼，就能枝繁叶茂，果实累累。"三岁孩童映八十"，中小学生面广量大，以"亿"计算，他们成长的质量影响到日后建设人才的质量、社会发展的质量，影响到国计民生。为此，数十年来，我一直感到自己肩上挑着千钧重担，一个肩膀挑着学生的现在，一个肩膀挑着国家的未来，今日的教育质量就是明日的国民素质，我不敢有丝毫的马虎与懈怠。

天下兴亡，匹夫有责。今日从事现代化建设事业，从事中华民族伟大复兴伟业，同样要具有这样的忧患意识和使命意识。身为基础教育的一名普通教师，我深感自己肩负的历史重任。奉献是教师的天职，更是一名中华儿女不可推卸的责任。"让生命与使命同行"是我言行的准则,是我一辈子的追求。

教师,既是一种职业,又是一种人生理想,是需要以整个生命去拥抱的伟大事业。教师应该拥有这样的人生标杆和生命境界。人之所以为人,当然不能只停留在生物学的层面,人还要有精神层面的追求。物质生活是生存的基本保证,基本保证满足就能获得快乐,而精神上的追求则是人内在的需求。追求美好的诗意的精神家园,让生命的清泉汩汩流淌。教师是育人的人,须努力帮助学生实现精神上的充实、伸展和提升。与此同时,自身也获得锤炼,获得成长。

生命本来没有名字,没有职位、荣耀、金钱之累,但生命被赋予一种责任,就是精神的成长。众所周知,人有了脊梁骨才能直立行走,人的精神不断成长,理想追求、道德光亮、文化憧憬才会紧密相守相伴,才能逐步成为心灵丰富、品德高尚、情操优美的人,社会欢迎,国家需要,百姓点赞。担任育人重任的教师,应自觉用自己精神的成长创造使命的精彩,铸就生命的辉煌。

事业要取得辉煌,先要让心灵辉煌起来。在人生旅途中,能最终领略美妙风景的必然是具有强烈渴望登临山峰而不辞跋涉艰辛的创业者。心灵若无登临的渴望,就不可能有充沛的热情;心灵若不飞翔,就不可能有广阔的视野;心灵若贫瘠,怎可能有奋进的步伐?心灵辉煌的原动力是理想信念,执着追求。理想明灯指引,信仰信念召唤,唤起我内心的深度觉醒,是我持续成长的精神密码,给予我在教育长途中跋涉奋进的无穷力量。

我憧憬感人的教育教学境界。感人的教育教学境界的出现,是教师倾注心血投入,努力攀登,坚韧不拔的结晶。这种攀登不只是在教育技能技巧上着力,而且是人生态度的攀登,情感世界的攀登,是为师者一种风范的确立。攀登的基础是敬畏学生生命,敬畏教育事业,以心相许,至诚至爱,来不得半点花哨与喧嚣。

教师,作为人类精神文明的传播者,特别要讲究精神世界的富有。物质生活须逐步改善、提高,这是生存、发展的需要,无可厚非。而知识丰满、文化储存、精神昂扬富足尤为重要。精神富有,随着时代的进步,就能形成大视野大格局,工作出现大气象;精神贫乏,就会拘囿于一席之地,一己之利。心只有方寸之地，只容下自己，免不了成为小肚鸡肠，为一己之利斤斤计较；容得下别人，容得下集体，让狭小的心装教育，装国运，容得下伟大的宇宙，就会胸怀宽广，享受到人间挚爱深情的欢乐。

教育不是立竿见影的事。十年树木，百年树人，应是超前意识和滞后效应的结合体，不能局限于近期效果，尤其要着眼于长期效益。规律是事物发展过程中的本质联系和必然趋势，任何事物都有自己的发展规律。规律是客观存在的，不以人的意志为转移。人们不能创造规律，改变规律，更不能消灭规律。青少年学生成长，生理、心理、认知在每个人身上均有其固有的规律，既不能视而不见，掉以轻心，又不能逆规律而动，所谓"不输在起跑线上""弯道超车"，造成对生命体的伤害。不能无视规律的存在而为所欲为，最为重要的是探究规律，精准地从他们实际出发，因势利导，多一点敬畏之心，少一点功利之举。

教育的本质聚焦在人的培养、人的发展、人的精神提升上，聚焦在学生的全面发展和终身发展上。"发展"是学生的基本权利。把每个学生蕴藏的潜能变成发展的现实，使他们终身受益，这是教育的职责，更是我们每一个教育工作者的使命。

使每个学生都得到全面发展，是党的教育方针的具体体现，也是今天实施素质教育最本质的要求。中国特色社会主义教育的"优质"，就"优"在对学生发展权利的尊重，对他们德智体美劳身心全面发展的培植与呵护，对他们人生价值的形成与创造起至关重要的无可替代的作用。

教育绝非一时一事的耀眼，而是在培养学生全面发展的同时，要十分关注他们的终身发展。学生世界充满了奇幻，又充满了现实要求，将来能否担当起建设祖国、造福社会的重任，就看今日我们基础教育为他们"奠"怎样的"基"。是短视、功利，只顾眼前，还是着眼于可持续发展，给他们的思想品格、情操意志、关键能力、创造意识以足够的养料与启示，须站在高处，正确把握教育的价值取向。

学生的终身发展，不仅是国家与民族发展的需要，而且是学生自我发展、实现生命意义与价值的需要。要充分发挥学生的能动性，激发他们成长的欲望，发掘他们成长的潜能，为他们的终身发展打下扎实的基础。

教育切不可停留在浅层次的价值观,把教育看作个体谋生、谋取功名利益的手段,而忽视或轻视个性充分发展及高尚精神境界形成的深层次价值。教育是塑造灵魂、塑造生命、塑造新人的工作,必须树立全面育人观,对学生进行德智体美劳的全面培养。

真正的教育是增强人的精神力量,引导人的灵魂、精神达到真善美之境,知识、技能是帮助提升精神世界的阶梯。要以德育为核心,以德立人,在纷繁复杂的国内外环境中,教育他们心明眼亮,辨别方向,有精神支柱的支撑。

知识传授和技能培养在基础教育中占有重要位置,但它不是素质教育的全部,而只是素质教育的有机组成部分,是人的素养的一部分。犹如手、足是人的局部,"局部"不是"整体",手、足不是人的全部,也无法替代人的全部。"重智轻德""分数至上",实质上丢失了教育的本质,丢失了培养人的大目标。

须知,知识传授、技能培养也不是智育的全部,好奇心、求知欲望、学习动机、学习方法、思维品质、探究精神、意志韧劲、习惯养成,等等,均与智育关联,内涵极其丰富。人的培养是多维度多层次的,是综合效应,绝非单向、直线的。至于靠刷题、机械操练施教,以"分"代"智",更是远离育人正道,陷入"技术主义""功利至上"的泥坑。

"人的全面发展"的思想是马克思主义最高价值理想,是未来社会的价值目标。新时代教育面向未来,为未来塑造新人,须树立全面质量观,着力于学生德智体美劳全面发展。片面质量观干扰,不坚守全面育人,某些方面短板乃至缺失,就会对学生的成长造成残缺,这种伤害和不完美,有的会影响一辈子。道德有缺失,体魄欠强健,审美少体验,劳动不实践,任何一项都会影响成长的质量,影响人生的走向,影响人生的幸福。树的成长除了阳光、雨露,还要吸收氮、磷、钾乃至微量元素,更何况人的发展,人的成长立体、多维,需要方方面面的营养与锻炼。

质量观指挥着教育教学行为,教在今天,一定要想到明天学生的长足发展,对学生高度负责,识别、抵制片面质量观的侵害。德智体美劳五育并举,不是割裂开来,1加1加1,而是各育之间既有区别,又有紧密联系,是全面发展的有机组成部分,是立德树人根本任务的重要载体。五育之间相互融合,互相依存,有强烈的全面育人意识,深入思考、探究,就可发现其中的奥秘与美妙。

所有教学都有教育性,深入钻研教材,就可发现蕴含的育人宝藏,从思想观点、道德情操到人格品性、言行细节,无不闪发光彩。课选准切入口,德智融合,学生既学科学文化,又受情感、态度和价值观的熏陶、引领。美是人的生命需要,学校美育在传授艺术基础知识基本能力的同时,培养审美体验,发展专项特长,使受教育者内心变得善良和真诚,提升修养,提升精神力量,德美交融。体育不仅强健体魄,而且培养奋斗精神,锻炼坚强意志,严格规则意识,学习与他人和谐相处,德育内涵极其丰富。劳动可以树德、增智、强体、育美,具有综合育人价值。劳动教育切不可忽视,要培养学生的劳动情怀、劳动精神、劳动能力。各学科教师都须增强全面贯彻党的教育方针的意识,在从教的学科中,以己为主,融合其他教育,使学生获得综合性培养。育人千古事,得失寸心知。保持全身心的投入,保持高度的觉醒,应成为我们不懈的追求。

于漪

目录

教 育 观

学 生 观

教　学　观

如何使课堂教学闪现思想的火花？

应该怎样咀嚼课堂中的甘甜？

如何把握教有法而无定法？

在教学中师生同游有什么要领？

教 师 观

怎样才能做到师爱荡漾？

为什么说教师职业需要内心深度觉醒?

应该怎样修炼才能做到"一辈子做教师,一辈子学做教师"?

怎样才能做到育人先育己？

为什么说读书是教师职业生活的源头活水？

教 育 观

您为什么要提出"一个肩膀挑着学生的现在,一个肩膀挑着国家的未来"?

1. 教育是一门爱的事业

问:于老师,不少教师尤其是青年教师在自己的观念里总觉得今日求学就是为自己,认为今天还在谈论为谁学习的教育这是"老古董"了。您是坚决不认同这些认识的,能不能跟我们说说您的理由,您有什么好的建议?

于漪:"为谁培养人"是中国教师的时代之问、国家之问、人民之问。有人认为这是大道理,是空泛的。我却认为,"大道理"从来都是"小道理"的导航,是指导行动的。对"大道理"不悟透,"小道理"就会出现"公说公有理、婆说婆有理"的问题,行动的方向就会迷乱。我一直坚信,教师"一肩担着学生的现在,一肩担着祖国的未来",教师把培养学生与国家兴旺关联起来,也就担负起了民族复兴的伟大使命。要十分注重引导教师对中国教育根本性问题做根本性的思考,要牢牢抓住中国特色社会主义教育的本质特征,坚定中国式现代化教育的宏伟志向,要增强自信,身体力行,以出色的教学实践,回答好"培养什么人,怎样培养人"的问题。

当今世界正在经历百年未有之大变局,不同价值观念相互碰撞,未成年人成长环境发生了深刻的变化,这些都对我们的教育如何培养人提出严峻的挑战。我们党的教育方针政策紧扣中国特色教育本质特征,对"为谁培养人"的根本问题做了积极回答,容不得半点含糊。我们培养学生成长成才的崇高目的,就是为中国人民谋幸福,实现中华民族伟大复兴,就是让红色血脉代代相传、红色江山永固不衰。我一直认为理想就在岗位上,信仰就在行动中。我们的教育思想、教育内容、教育教学行为，一切教育活动，不论是显性的还是隐性的，都与教育的根本问题紧密相连。因此，要牢牢掌握中国特色社会主义教育的本质属性，以此作为一切教育活动、教育行为的指南。心中有准绳，专业才有根和魂，教学的步履才会坚定，教学动力不足的问题才会迎刃而解。

教育本来是追求真善美的事情，社会要发展，一定要靠教育培养人。教育把人的个体发展跟人类整体命运结合起来，个体发展好了，国家、民族的整体命运才能长足进步。如果教育整天处在焦虑中，那怎么行。

以分论长短，一"俊"遮百丑。为谁学习的教育我们太缺失了。学生求学，学习目的、学习动机是为人为学的基本准则。人生迈出第一步时，就应把基础夯正、夯实。有人说："这是老古董，今日求学就是为自己。"培养目标偏离准星，中华优秀文化中为人、为学的志气与傲气不知不觉丢失。这方面，学校必须有所作为，个人价值须和社会价值和谐统一，指引学生走正确的人生道路。

西方哲学将"人"界定为用理性思考，获得最大利益的动物，因此他可以扩张，可以侵略，可以殖民。我们中国人讲"人"，是仁而爱人。什么叫"仁"，"人"字旁边一个"二"，做人心中要有别人。我们"人"是一撇一捺，要互相支撑，倒掉一笔就不叫"人"。

教育是一门爱的事业，没有爱就没有教育。我一直讲，教育，一个肩膀挑着学生的现在，一个肩膀挑着国家的未来。今天教育的质量就是明天的国民素质。这是客观规律，不以人的意志为转移的。所以我一谈到教育，心里就着急，着急的是孩子。每个学生都是宝贵的，都是可塑之才。

一名教师职业生涯中顶大的事就是一个心眼为学生。教师生命的意义和价值都在学生身上体现。每个孩子都是家长的宝贝、国家的宝贝。我一定要按照党的教育方针让他们全面发展。

我们不是培养玻璃娃娃，不能用圈养的方法让他们碰不得、摔不得，不能经受风吹日晒雨淋。我们培养的人要体格健壮，精力充沛，意志坚强。

教育并不是现在吃苦，而是现在就要追求美好，让孩子精神放松，而不"芒刺在背"。教育当然要学习知识，记忆、理解，有一定练习，但苦中是有乐的。教育生活本身，就是一个追求美好的过程。

在我看来,劳动不仅是一种习惯,也蕴含了一种精神。劳动既是创造世界的,也是创造人的。在新时代,劳动的价值和意义一点儿也不逊色。劳动是创造我们美丽人生的!

"人的全面发展"的思想是马克思主义最高价值理想,是未来社会的价值目标。新时代教育面向未来,为未来塑造新人,须树立全面质量观,着力于学生德智体美劳全面发展。人的成长立体、多维,需要方方面面的营养与锻炼。质量观指挥着教育教学行为,教在今天,一定要想到明天学生的长足发展,对学生高度负责,识别、抵制片面质量观的侵害。

2. "育分还是育人"是教育的根本性问题

问:您率先提出了"育分""育人"的问题,并且指出育分还是育人是教育的根本性问题。事实上,在很多老师那里,育分工作看得见摸得着,育人工作却比较模糊,也不容易评估,我们究竟应该怎样把握育分和育人的关系?

于漪:教育的本质究竟是什么? 古今中外教育家论述教育,无不聚焦于人的培养和人之完成。即教育是"教人"的,教学生"成为人","完成人的美好品质"。生而为人,是生物性或生理的生命,与其他有生之物一样。而要具备"人之为人"的特征,超越生物性的生命,须教育进行导引,滋养心灵,培养德行,学习如何做人,开发潜能,发展生存能力。教育归根到底是要彰显人内心的美德,要促使教育对象不断地自我提升,达到至善的境界。教育的本质是增强人的精神力量,思想道德素质是自己内心约束的东西,是由社会的公德跟个人的道德观念、道德情感、道德追求结合在一起的。真正的教育是引导人的灵魂达到高处的真实之境,是人生境界的提升。教育是把人的灵魂用力往上拉,引向真理世界;知识、技能是帮助灵魂攀升的阶梯。德国教育家第斯多惠也曾讲过:"任何真正的教学不仅是提供知识,而且是予学生以教育。"[1]教育须有信仰,没有信

---

[1] 第斯多惠. 德国教师培养指南[M]. 北京:人民教育出版社,2001:5.

仰就不成其为教育,而只是教学的技术而已。教育的本源所在是使它的文化功能和对灵魂的铸造功能融合起来。"立德树人"是教育最本质的问题,德育为先,育人为本。教育的根本任务是引导青年学生树立正确的世界观、人生观、价值观和荣辱观,培养德智体美劳全面发展的"和谐的人",把学生从自然的人培养成为合格的社会公民。

基础教育从事的是国民素质教育,是在为未来公民的思想道德素质、科学文化素质、身心健康发展奠基,它的质量优劣关系到国家的前途,民族的命运,家家户户的幸福。基础教育的教师肩挑千钧重担,责任大于天,生命的意义与价值寄寓其中。

只看到知识、技能,只信奉"分",教育的准星就偏离了,因此,教育的目的是"育人"而不是"育分","育分"是违背了人全面发展的过程与规律的。

教育的本质聚焦在人的培养、人的发展、人的精神提升上,聚焦在学生的全面发展和终身发展上。发展是学生的基本权利,把每个学生蕴藏的潜能变成发展的现实,使他们终身受益,这是教育的职责,更是我们每一个教育工作者的使命。

知识传授和技能培养在基础教育中占有重要位置,但它不是素质教育的全部,只是素质教育有机组成部分,是人的素养的一部分。新时代教育塑造新人,须树立全面质量观,着力于学生德智体美劳全面发展。片面质量观干扰,不坚守全面育人,某些方面短板乃至缺失,就会对学生的成长造成残缺,这种伤害和不完美,有的会影响一辈子。道德有缺失,体魄欠强健,审美少体验,劳动不实践,任何一项都会影响成长的质量,影响人生的走向,影响人生的幸福。树的成长除了阳光、雨露,还要吸收氮、磷、钾乃至微量元素,更何况人的发展?

3. 德性与智性是生命之魂

问:我们都知道"德智体美劳"全面发展,作为课任老师我们比较容易关注智性任务的落实和完成,但是对于德性工作常常比较被动,缺少有效的经验,有时做得很辛苦，效果却并不理想，您能不能给我们一些建议？

于漪：人的德性与智性是生命之魂。智性是本领，是科学文化素养，是生存与发展的本领；德性是方向，是只为一己私利，还是在生存与发展的过程中为集体、为社会、为国家。教师在学生心田撒播知识种子的同时，须撒播做人的良知，滴灌生命之魂。育人不是空洞的概念，"育"有极其丰富的内容。培养一个学生，对他的思想素质、道德情操、知识的深度广度、能力的强弱、智力的高低，包括体质的情况，等等，要全面关心，因材施教。"育人"，就是对学生德智体美劳的全面培养。

学生进学校求学理应受到良好的思想道德陶冶和扎实有效的科学文化教育，使年轻的鲜活的生命健康成长。令人揪心的是重术轻人、急功近利思潮的干扰，应试教育、题海战术铺天盖地的侵袭，育分不育人、求学不读书的状况比比皆是，教育被扭曲，学生的全面发展深受不良影响。

教育的本质是培养人，它的基本职能是促进青少年的发展。有意识或无意识地重术轻人，重技能技巧，轻人的总体素质的培养，是把"人性"置于"技性"或"物性"之下，有悖于育人的宗旨。

德性与智性本不矛盾，是人们二元对立的习惯思维方式硬性地将它们分裂开来似乎是非此即彼、非彼即此，二者不相容。事实并非如此。思想道德素质是人们的理想信念、价值观念、道德观念、法治观念等方面的综合体现，它决定并影响着智力的发展与发挥；科学文化素质是通过知识的传授、能力的培养，开发学生的潜能，使他们智力获得发展，形成良好的认知结构。而在发展智能的过程中，须注意情感的激发，意志的培养，坚毅、自制品质的养成。显然，二者是不可分割的整体，共同构成一个人的综合素质。它们互相融合，互相渗透，互相联系，互相贯通，互相制约。前者是统帅，是方向；后者是基础，是生存发展的内部依据。

教育要"以德育为核心"，绝对是经典箴言。教育学生就是要他们明做人之理，明报效国家之理。求学期间，把握了做人的底线，养成了良好的思想道德，一辈子受益不尽。意大利诗人但丁曾说："一个知识不全的人，可以用道德去弥补，而一个道德不全的人难以用知识去弥补。"确实如此，一个人能力不足，责任可补；责任不够，能力不能补；能力有限而责任是无限的。曾记得世界经合组织曾调查全球几十位著名跨国公司总裁,他们一致强调:责任感、创造性、灵活性是人发展、成才最核心的素质。可惜至今不少人,包括从事教育工作的人对此还缺乏应有的认识,往往误认为德育是软任务,口里说说的,而抓知识是硬任务,有的甚至是迷信分数,对分数顶礼膜拜。其中确实有不少难言的苦衷,如考评、升学率等紧箍咒,但认识与力行不能说已经到位了。

于是,学校教育就出现德育、智育割裂的情况,似乎课堂学科教学只是智育,而班主任工作才是德育。其实,任何教学都应有教育性,有教育性的教学,就赋予知识、能力以灵魂、以意义,能促进学生的发展。学生进校求学,日复一日、月复一月、年复一年,绝大部分时间是在课堂里度过的,课堂里进行怎样的教育对学生心灵塑造至关重要,影响到学生的生命质量。

课堂学科教学是单一传授知识技能,还是以所教学科智育为核心,融合情感态度与价值观的教育,教学效果迥然不同。后者是真正的教书育人,把情感激发、情操陶冶、责任心、创新意识、对真善美的价值追求等,伴随着知识的传授、能力的培养撒播到学生心中,使学生在掌握知识的同时,智力获得发展,心里逐步亮起人生追求的明灯,形成正确的人生价值判断。课堂教学应该立体多维,发挥育人的多功能。教学的优质、教学的有效,应追求这样的目标。

德育与智育的融合,绝不是外加、贴标签,而是深入钻研教材,反复推敲教学内容,认真挖掘教材中固有的育人资源,使知识传授、能力训练闪发育人的光彩。融合的方法很多,如可在文本中开掘,可在教学过程中点拨,可在情感上激励,可引导学生在思想上受启迪。总之,课须血肉丰满,学生学有兴趣,学有所得,学有所求,学有方向。

学科教学应是德育主渠道。主渠道开通,学生的生命之魂德性与智性每天受到培养,春风化雨,生命之花就会绽放。

4. 教师一定要思考清楚教育本原的问题

问:您经常说要培养有"中国心"的现代文明人,现代文明人是基础教育的基本诉求，这不难理解；您能不能侧重跟我们谈谈"中国心"的问题，它建立在怎样的认识基础之上？

于漪：我们究竟培养什么样的人，怎样培养人？思考这个问题一定要以历史唯物主义和唯物辩证法为指导。我们老师习惯于对教育教学某一个问题作技术层面的思考，但是我们必须要搞清楚，教育就是培养人，我们的教育要培养的是有中国心的现代文明人，要把自己的教育责任放在中国历史的纵轴和世界历史的横轴所构成的广阔背景下来掂量。我们党经历百年奋斗，艰苦卓绝，才取得今天这样来之不易的成就。我们从事教育的人，一定要让红色血脉代代相传，后继有人，要培养学生成为全心全意为人民服务、为中华民族伟大复兴贡献才智的有理想、有本领、有担当的时代新人。但实现这个教育目标又是极其不容易的。为什么？因为我们所处的世界越来越开放，西方价值观的侵蚀是很严重的，在部分人群中自我中心、享乐人生、国家意识淡薄等问题已显现出来。我们所处的世界，随时都在进行争夺下一代的无硝烟战争。西方总是以各种手段传播他们的价值观，以影响其他国家人民的观点、态度、情绪和行为。这样的文化侵略和颜色革命，就好像是温水煮青蛙，其危险性是不易察觉的。美国电影《功夫熊猫》，用的是中国熊猫形象，宣传的却是美国价值观，这种颜色革命的方式应引起高度警惕。我们的孩子本身就缺少文化积淀，缺少生活经验，因此这种思想会对孩子产生很大影响。曾经有家长告诉我，小学生毕业互写的祝福语是什么？是祝你成为总裁、祝你成为富婆、祝你成为百万富翁，"学而优则钱"已经深入到某些人的毛孔，一夜暴富的梦想不断侵蚀我们孩子的纯洁心灵。所以，老师一定不能忘掉我们教育的根本，要恪守我们的教育初心。要真正做到"学科育人"，必须首先深入思考"培养什么人，怎样培养人"的问题，提高教育的责任心和自觉性。其次，就是要攻坚克难，立德树人。怎样培养人？党的十七大提出了"育人为本""德育为先"，党的十八大提出"立德树人"作为我们教育的根本任务，这是我们党的教育理论的创新。而落实立德树人根本任务必须是全方位全过程的，学科是主渠道，课堂是主阵地。我们讲了多年的德育，往往得不到预期的良好效果。我结合自己的教学反复思考，认为德育的堡垒在课堂、在学科里，这个堡垒不攻破，立德树人不可能取得令人满意的成就。学生到学校求学,绝大部分时间是在课堂里度过的,接受学科的教育,因此学科教育立德树人一定要全方位全过程。而我们在这方面受到工具理性的很大干扰。德国著名社会学家马克斯·韦伯讲,理性有两种,一种是价值理性,一种是工具理性;①价值理性关怀人性的世界,讲究良好的动机,求得最好的目的,而工具理性只讲究效果,功利第一,这才是促使资本主义经济发展的关键。1905 年我国新学制的建立,几乎全部课程都是引进的,包括语文,它的指导思想是工具理性的,就是"实用"两个字。为了"实用",甚至于有些人提出要全部推翻我们的语文传统,重起炉灶,这就造成各个学科的教学总是被工具理性的实用主义倾向牵着鼻子走,而缺失价值理性,这是历史形成的原因。为了突破学科与课堂上的德育堡垒,我很早就提出了"学科育人",提出了语文教学要"既教文,又育人",将"教"和"育"、"文"和"人"融为一个整体的观点。

5. 把儿童从一个自然的人培养成国家的栋梁之材

问:于老师,您一直强调要教书育人,要德智融合,这些都不难理解,但您又常常提到教师工作要保持深度的觉醒,如何理解这里的觉醒?

于漪:教育事业是着眼于未来的事业,教育工作的性质与特点要求教师具有相当程度的职业敏感,跟随着时代奋力前进,不断更新教育观念,使自己始终能站在时代的前沿思考问题,发展自我。教育的任务说到底,就是培养人,把儿童从一个自然的人培养成一个社会的人,培养成国家的栋梁之材,这就必须有人文精神。办教育,就要注重培养学生的人文精神,这是它的天职。讲人文精神,要有民族的特色。从整个世界来说,做人有共同的特点,但没有民族性,是没有主心骨的。我们培养的是中国人,是现代化的中国人,特别在充满竞争对手的 21 世纪,中华民族要立足于世界民族之林,讲人文精神就一定要立足于民族传统文化。爱国主义是我们中华民族得以生存发展的精神支柱,民族气节是

---

① 马克斯·韦伯.经济与社会(上卷)[M].林荣远,译.北京:商务印书馆,1997:56.

我们的民族魂。我们这个灾难深重的民族之所以经历了那么多的内忧外患还能自强不息,崛起于世界民族之林,就是因为有那么多的志士仁人继承发扬了爱国主义的光荣传统。

人的生命体本身蕴含着多方面的发展潜能,教育的任务就是把学生的潜能变成发展的现实。学生都能得到发展,这不仅是民主的基本理念,而且是每个学生的基本权利,要保护、尊重这种权利,并创造条件实现这个权利。教育最终为人的精神生活服务。知识经济的发展对教育提出了严峻的挑战,社会不再是以某种能运用的技术为基础,而是以整个知识进步为基础。对人才的评价标准,主要不是看某一方面的技能运用,而是看人才的整个知识的结构、容量、水平和知识积聚与更新的能力。显然,人的培养不以获取传统的知识体系为唯一目的,而是要求学生全面发展,以提高自身的综合素质。

育人,不能只一般地理解为培养学生,而是应放置在特定的历史条件和社会环境中认识。要教在今天,想到明天,以明日建设者的素质要求、德才标准来指导今日的教育教学工作。

要站在时代的高度认识和研究学生的新情况新特点。生活在现代飞速发展社会的青少年学生,他们的思想、道德、行为、习惯、兴趣爱好,无不渗透着时代的气息。思维活跃、科技知识起点高、追求新异已成常态。集体主义观念、道德规范、自强自立自律又明显不周全。教师要跟上时代的步伐,不能用老眼光、老经验、老尺子往学生身上套,要讲究针对性,因势利导,扬长避短,促进他们健康发展,苗壮成长。要教会他们发现时代与社会的亮色,寻找生活中的真、善、美,树立积极的人生价值取向与正确的世界观。

学校是育人的场所,从事的是文化传承、积累和创新工作。学校一时一刻离不开文化,文化因学校的传播而长盛不衰,学校与文化有如胶似漆解不开的情结。文化是什么? 文化是人生,是群体人生物质与精神的结晶,反映在物质文明和精神文明上。学校文化主要指学校群体的精神文明。学校文化是学校的灵魂,是凝聚全校师生的黏合剂,是学校发展活力的源泉。当今社会飞速发展,多元经济并存,多样文化碰撞,学校要真正发挥培育学生健康成长的强势功能,须弘扬民族精神,抵御不规范的市场经济的冲击和垃圾文化、低俗文化的侵蚀,更要加强学校文化建设,树立正气,促进学校持续发展,如此,才能立于不败之地。

人生是单程票,耽误不起也马虎不得。育人千古事,得失寸心知。教师要全身心投入,高度觉醒。

6. 历史不能割断,历史装载着民族魂

问:我们常常听到要扎根中国大地、脚踏实地做事,那么对于学校办学来说,究竟应该怎样才算扎根中国大地办教育呢? 其中的根触及中国历史传统,应该如何看待那些传统? 对于日新月异的时代变迁,我们又该如何应对呢?

于漪:传统教育中有精华,有糟粕,采用辩证唯物主义和历史唯物主义的态度,作具体的、实事求是的分析,取其精华,去其糟粕。精华也要因时代需求而加以发展,使其更具丰富内涵,更显育人光彩。如若采取虚无主义态度,连我们教育的根在何处、魂在哪里都不知晓,那只能随风飘荡,听凭他人说短长了。

几千年的"先天下之忧而忧,后天下之乐而乐",表现出来的一种担当,从《左传》开始就是这样的。作为一个国家的人,对于一个国家、社会,要有担当,要有责任。宋儒张载讲:"为天地立心,为生民立命,为往圣继绝学,为万世开太平",这种精神对学生是一种很好的哺育,但这些方面,我们现在缺失得很厉害。

一个民族之所以生存,中华民族之所以历经内忧外患,五千年打不垮,归根到底是因为民族文化、民族精神,而不单是民族经济。中华民族历经民族经济、民族政治的变迁,之所以能够传承下来,归根到底是民族文化。而民族的语言文字又是民族文化的根,对外是一种屏障,对内是一种凝聚,但我们对这些东西缺乏敏感,缺乏深刻的认识。

新中国成立以来的教育,可圈可点之处非常多。我们的教育方针、培养目标,我们的理想教育,引领着办教育的方向;在一穷二白的地基上,用有限的教育经费,办规模极大的教育,彰显的是中国人的志气和艰苦奋斗的精神;自我认识,自我挑战,边干边行边改进,积蓄改革动力,渴望力争上游成为发展的现实。即使到基层学校,校园里有些美丽的风景至今让人怀念。主题班会上,十六七

岁的高中生谈学习动机,谈人生梦想,交流,碰撞,那份热情,那份豪迈,令人欣喜。清晨,阳光还未露脸,操场上长跑的学生已熙熙攘攘,为祖国锻炼身体,强壮体魄。下午放学后,操场上龙腾虎跃,各种体育锻炼,跑的、跳的,各种球类竞赛,欢声笑语。文学讲座,科普讲座,学生社团活动,座无虚席。那种身心健康发展的美景,难道不是教育的宝贵财富吗? 班级基本是学生自主管理,学生干部起核心作用,教师当参谋、作指导,学生自治自律能力在实践中获得锻炼,获得提高。这不也是很有价值的教育财富吗?

扎根中国大地办教育,既要回应现实关切,又要展望未来图景,也要认认真真回顾历史。历史是理智的启迪,它给追求理想的人新的起跑线,从中吮吸精华,能增强民族自信。

7. 确立中国教育发展的两个视野

问:这些年来我们在各类教育书刊和培训中碰到许多新名目,有的是以新理念形式出现,有的是改革的新举措,其中不乏令人开阔视野、深化实践的智慧,但也有一些让我们迷惑的地方;反观我们传统的教育思想在当下的语境中很少受到关注。究竟应该用怎样的态度看待外来的教育理论和本土的教育传统?

于漪:中国的教育需要拥有两个视野,一个是中国历史发展的视野,另一个是世界文明发展的视野,我们要用这两个视野帮助我们树立自信。任何一种学术都具有独立性,其他国家再成功的经验都不能代替自身的独立思考。中华民族之所以历经内忧外患,五千年打不烂、摧不垮,归根到底是民族文化、民族精神的支撑。民族经济可不断变革,民族政治也因各种因素而变迁、变革,而民族文化是一个民族的深层性格,是一个民族的语言、信仰、价值观、生活方式和思维方式,只要有民族脊梁在,这种文化就压不垮。文化是一个民族的灵魂,无论是国家意识还是人格精神都需要文化的支撑。文化的漂移与无根状态会对青少年学生人格的形成产生非常不利的影响。一个国家、一个民族最深层次的力量是价值观。

传统文化教育在"文本中开掘、过程中点拨、情感上激励、思想上启迪",是一套行之有效的方法,可以将知识、思想、情感价值观融为一体,让学生获得德育与智育的双重滋养。

中华文化有精华有糟粕,但它所积淀的核心价值基本未变,讲仁爱、重民本、守诚信、崇正义、尚和合、求大同的理念,是涵养社会主义核心价值观的重要渊源。取精华,除糟粕,传承精神命脉,能让青少年学生的心灵获得丰富的滋养。

打开视野,学别人之长,不是照抄照搬,不是移植、贩卖。任何教育理论的形成总有其特定的时代背景,特定的历史文化土壤,特定的地域特点,特定的社会需求、环境条件,其中有普适性价值的,但由于地域特色十分鲜明,并非放之四海而皆准。不深究这些理论、理念、经验、做法的来龙去脉,不深究它们的环境、条件,不深究它们在哲学高度、人文高度、科学高度上能经受怎样的检验,不深究它们在付诸实践中的利弊得失,只要是引进的,就是好的、先进的,以强势的语言连篇累牍地宣传,在教育教学实践、课题立项、论文评审、校绩教绩考核评价等方方面面推行,其广度深度前所未有,影响之大,几乎是全覆盖。讲话、写论文以引用外国的教育话语为有水平,为先进、前沿。更有甚者,常常将我们的教育实践、教育研究的进步与成效,作为论证这些理论、理念的证据。我们独立的精神、自主的思想何处去了? 有些教师不无忧虑地说:"我们在给西方教育打工,不仅话语改变,名词术语一大堆,就连思维方式也开始改变了。"

教育面向世界,以国外为借鉴本没有错,问题在于不能鄙薄自己的教育,历史的、现代的、当代的,都批判、否定、消解、解构。21世纪初,一位先生在报纸上发表的《最后的遮羞布》一文,对中国基础教育讨伐鞭挞,对美式教育向往仰慕,可谓是"外国的月亮比中国圆"的思维定式的倾心表露。一切以西方的教育观念为最后依据,仰视别人,甘愿做思想的矮子,这种心态令人可悲。教育不能光点洋烛,我们有独特的历史,独特的文化,独特的国情,中国教育必须有中国人自己的灯火,走中国人自己的路。就专业而言,也不是只能任人说短长。改革开放以来,我们的育人理念、课程改革、队伍建设、制度创新等随着时代的要求均有突破性发展,其中不乏具有中国教育特色、中国教育个性的符合学生成长规律的理性思考与实践经验,闪亮之处不少。这些饱含着中国精神的教育财富,是当代中国教育人群策群力奉献智慧的结晶,完全可以挺直腰杆充满自信地与国外平等交流。

8. 办教育要注重时代的年轮

问:于老师,您提出教育者身上要有"时代的年轮",应该怎样理解?做老师怎么才能展现时代的年轮?

于漪:在改革开放条件下,要把学校办成社会主义学校的样子,就须站在相当的高度来思考问题,须在宏观上有较为科学的总体设想,而这种设想的前提是清醒地认识培养什么人的大目标,对学校的外部环境和内部条件作实事求是的分析。

确立三个制高点。要站在时代的制高点上,站在战略的制高点上,站在与基础教育先进国家竞争的制高点上,把握时代要求,牢记教育的战略地位,从严治校,发愤图强,绝不搞短期行为,绝不搞"维持会"。博采众长,办出水平,办出特色,能经受改革开放的考验。竞争,不是争一所学校的意气,而是争民族的志气、民族的自尊,争在基层显示社会主义精神文明的威力。

社会转型时期,主流价值观与非主流价值观并存,学校面临严峻的挑战。如何构建学校的价值取向,是严肃的绕不开的问题。价值取向往往是诸多矛盾、诸多问题的根源。且不全面述说,单是"义"和"利"如何处理、如何把握就关系到办学的方向、办学的质量。以往是重"义"轻"利",讲奉献;今日"利"放在一定的位置,仍然须有制度的约束、人格的提升和思想的教化。

教育对于一个人的价值观念、人生走向、素养气质、行为方式、发展本领等因素起重要作用,学校教育是构成个人现代化的重要基础。对教育现代化不能只停留在数量、规模的发展和办学条件的先进程度的层面,关键在教育思想、教育理念现代化,聚焦在人的培养上。

未来社会更加开放,更加国际化。我们教育培养的人必须全面提高素质,方能适应社会,方能立于不败之地。说得具体一点,就是我们培养的新时代建设者须具有高尚的人格、宽厚的自然科学与人文科学的知识基础和自主求索、运用知识技能发展创新、服务社会造福人民的观念与能力。简言之,基础宽厚,勇于发展,敢于创新,人格完善,造福社会,也就是理想信念、道德情操、知识能力、创新精神的全面培养,全面提高。那种视野狭窄、以考试定乾坤、对分数顶礼膜拜的教育思想与行为必须改革,必须破除。

我们贯彻教育方针,培养学生要抓住一个核心,两个重点:以德育为核心,以实践能力、创新精神为重点。学生具备了创新意识与精神,将来在合适的条件下,就能迸发出创造的火花,结出创造的果实。

教育的最终目的不是传授已有的东西,而是要把人的创造力量诱导出来。创新能力是一个人能力的最高表现形式,是能力的最高境界。富有创新能力的人总是把世界上一切事物看作运动的过程,而不是静止不变的;不拘守过去,总是规划当今,展望未来。这种能力不是与生俱来的,要靠引导、培养、激发。

人的成长是一辈子的事。教育从来不是一个结果,而是一个生命展开的过程,它永远面向未来,不会结束。因此,在教育教学实践中,教师要和学生一起,展开生命,不断成长。一个不重视成长也不会成长的人,思维就会固化、僵化,视野也将越来越逼仄,难以挑起立德树人的重担。

要思想上松绑,从思考问题的习惯轨道上解放出来。教师做久了,常易犯"三多三少"的毛病:眼前的学生看得多,将来建设者的形象考虑得少;知识与能力看得多,情感、态度和价值观考虑得少;考试分数看得多,综合素质考虑得少。这种育人观念与当今培养目标的要求距离甚远。教育要面向现代化,面向世界,面向未来,教育观念必须进行革命。"面向现代化"揭示了教育发展的立足点与不懈追求;"面向世界"提供了一种开放的视野和新的参照系;"面向未来"强调了教育的长周期和必须具有的超前意识。

教育观念的转变,在改革中的重要性居于首位。认识高了,有深度,有广度,思想通了,激情涌了,人就会聪明起来,办法也多了。

教育教学改革不能拘囿于枝枝节节,要确立自己的文化坐标。坐标有纵轴

16

和横轴。我教语文,纵轴,要了解中国几千年文化,还要有一定钻研,不能数典忘祖;横轴,要打开窗口看世界,博采众长,提高自身。要在纵横交叉上找到一个"点",就是"时代的年轮"。进入信息时代,社会飞速发展,教育必须跟上时代步伐,教师要学会把握时代特征,使自己思考问题具有时代气息,身上要有时代的年轮。

联合国教科文组织早就指出,现在的文盲不是不识字,而是不会学习的人,学习能力是陪伴人的一生的。以往我们受历史的局限、视野的局限,受传统思维的羁绊,只专注于"教",着力于"教",今日教学重心一定要转移,研究"学",引领"学",把心贴在学生的心上。这是时代的潮流,神圣的使命。

学生在教学过程中处于怎样的地位,与教师是什么样的关系,是中外教育史上一直争论不休的问题。在改革开放的大潮中,围绕"学生是不是教学过程中的主体"展开热烈的讨论,基本取得了"学生是学习的主人"的共识。

观念转变不易,而观念转化为行动,更是难上加难。广大青少年学生是能思善想、具有主观能动作用的人,而我们有时却把他们当作"容器",放在被动地承受"我讲"的位置,堂堂课从头包到底,剥夺了他们课内实践、思考的权利,把学生当作被动的人,实质上还是目中无人。

"教"不是统治"学",代替"学",而是启发学生"学",引导学生"学",在教学过程中,要确保学生是学习主人的权利,教师的"教"通过学生自身的学习主动性、积极性发挥作用。

新时代教师要特别重视对学生的理解与尊重,将学生放在平等的位置上进行心灵的沟通。学生虽未成年,但他们是有着独立人格的个体,需要理解,需要尊重。当他们感觉到自己有人格的尊严,感受到自己受到了应有的尊重,就能充分激发自主成长的意识,产生积极向上的愿望并付之于行动。

教师要多换位思考,站在学生的位置设身处地地想,增加理解,减少浮躁,少下"禁止令",少设"阻挡栏",而是积极引导,为他们"出谋划策"。

要用心审视学生之间的差异,保护和调动各类学生的积极性。不仅要认清当代学生的共性,认清他们对学习的认识、感情、兴趣、追求和评价,而且要审视他们之间的差异。由于遗传基因、家庭情况、周围环境的不同,学习基础、接受能力等会有明显差别。教育要针对不同学生采用不同的方法,不能粗暴地粗疏地用一个标准"一刀切"。寸有所长,尺有所短,要观察他们日常的言行,考察他们的发展意向,研究他们学习、思考运作的途径与方法,摸清他们的志趣、才能、特长,激励他们树立信心,使他们的学习能力和整体素养获得良好的发展。

性格桀骜不驯,志趣迥然有异,不可视为教育的麻烦,而是人成长过程中的资源、财富,应受到保护,因材施教,学生都能健康发展。今日的教育不是制造"机器人",而是塑造有鲜活个性、充满创新意识和价值追求的时代新人。

由于育人需要,学科教学须改革传统的知识观或能力观,追求综合效应,注重整体效果,做到"术""道"合一。以往学科教学重"术",重知识、技能的传授,抓得很"实";轻学科教学中的"道",即学生的思想形成、道德培养、人格锻造,虽教学目标上也写一笔,但往往虚空,不落实。任何学科不能见术不见道,更不能见术不见人,须术道合一,智育德育融合。

这项改革有三个维度支撑:知识与能力、过程与方法、情感态度与价值观。三者非割裂,而是有机融合。对所教学科的个性特征深入研究,准确把握,然后对某个章节、某个教学内容反复推敲,找到知识传承、能力培养与思想情操熏陶的最佳结合点,进行"无缝焊接",你中有我,我中有你,融合在一起,密不可分。这种景象贯穿教学过程中,学有法,教有方,立德树人综合效应显现。

学校是人类文明的摇篮。只有当学校的发展目标与教师、学生个人生命的需要相结合,去创造富有生机的教育行为与学习行为,我们才可能拥有真正成功的教育。

今日的学校不应是教育者和受教育者的简单组合,也不仅是提供教育者向受教育者单向地传授知识的平台,而是现代学习型组织,是每名教师、学生都能充分发展与成长的天地。学校要营造文化氛围和思想引领,逐步建设成为一个现代意义上的学习型组织。学生将不再是被动接受外在教育的塑造,而是作为学习的主人,充分发挥自主自强的精神;教师将不再是年复一年重复自己,而是勤于学习,勇于创新,把最新的人类文化成果交给学生。

师生是学习共同体,相互促进,相互影响,和谐相处。教育超越了物质谋生的层面,而是师生生命和事业的崇高追求,教师在促进学生发展的同时,自己也获得了成长。这种高尚的教育境界的形成非一朝一夕,须满怀理想信念,持续不断地奋斗。

高尚的教育境界,要求搞好学校的文化建设,学校是育人的场所,从事的是文化的传承、积累和创新的工作。学校文化是学校的灵魂,是凝聚全校师生的黏合剂,是学校发展活力的源泉。如果小视或弱化它,就会散沙一片,缺"顶梁柱",难以昂首阔步走向未来。

在社会迅速转型,国内外纷繁复杂的环境下,学校面临多种多样的挑战与干扰,学校文化建设必须树立精神支柱,强健师生的魂魄。它以文字表述,但不是空洞的口号,而是要植根于全校师生的心中。它具有先进性、开放性,有震撼的力量,感染的力量,能拨动师生心弦。师生在领悟、体验的过程中,既从中汲取力量,又以自己的思想言行丰富其内涵。

文化建设有形的,容易做到,如校园布置,办什么节日活动;文化建设无形的,更难,也更重要。它是一种精神,一种情怀,一种智慧,一种追求,经过较长时间的积累、润泽、锤炼,才能获得师生的认可,心向往之,行追随之。我母校镇江中学"一切为民族"的校训就是立校的精神支柱,哺育了一代代莘莘学子,至今散发光芒。今日,立民族精神之根,树爱国主义之魂仍然有强大的精神动力,据此根据学校的历史与现状,确立鲜明的精神支柱,能创造新时代育人的良效。

9. 教育是生命与生命的对话和拥抱

问:关于育分和育人的问题,您已经谈了多次,我们身处学校环境,免不了要面对各种考试、分数和选拔,这些行为带有相当的普遍性,对于老师来说需要引起怎样的警惕?

于漪:教学行为受教育观念支配,群体性的教育行为,往往受到某种思潮的教育观念的支配。语文教育观念是对语文教育诸问题的看法,在语文教育观念体系中最为核心的是性质观,它统率语文教育的全局,决定语文教育的发展方向,由此而引发目的观、功能观、承传观、教材观、教法观、质量观、测试观、体制观等一系列观念。长期以来,我们执迷于学科的工具性质,忽略乃至关闭了它的丰富人的思维、情感、道德、审美、文化的人文价值,导致育人价值的流失。

面对教学实际,从哲学、语言学、社会学、历史学、教育学角度分析,学科人文性质的揭示具有学理底气。语言文字不是单纯的符号系统,它有深厚的文化历史积淀和文化心理特征。工具性和人文性的统一,是一个统一体的不可割裂的两个侧面。没有人文就没有语言这个工具;舍弃人文,就无法掌握语言这个工具。工具性与人文性的统一,是语文课程的基本特点。课程性质观的突破,是语文课程本质的回归,发挥着培养学生建构语文核心素养的育人功能。

学校教育千万不能把学生的成长用分数的绳索扼杀在摇篮里。考试是检测与选拔的手段。检测的目的在于了解教与学的情况,加以改进;选拔的目的也不说自明。而今不少学校错把手段当目标,以考定教,以考定学,以考争学校的排名与地位,教育的本质被急功近利的思潮和做法异化,失魂落魄。应试作为笼罩学校工作的中心思维,机械操练成为学科教学的主旋律,学校就成为工厂,变为生产解题的操作工或操作能手。先标准化学生,再标准化教师,丧失的是个性、灵性,消解了育人的神圣职责,这不能不说是教育的悲哀。

办教育必须坚守党的教育方针的全面贯彻,素质教育好,学生智力充分发展,学习质量必然提升。教育不仅是技能的培养,而且是综合素质的提高;教学绝非只是应考,而是心灵与心灵的交流,思想与思想的碰撞,生命与生命的对话与拥抱。

人生是单程票,没有回头路,学生耽误不起。

学 生 观

如何才能让每一名学生成为学习的"发光体"?

10. 学生是学习的主人

问：您很早就提出教学要目中有人，注重学生的主体地位，但是您也不主张"学生中心主义"，能不能跟我们分享一下您的经验和认识？

于漪：我的全面育人观决定了我的学生观。我始终认为，学生是学习的主人。早在 1981 年出版的《中学语文教学探索》中我就明确提出："广大青少年学生是能思善想、具有主观能动作用的人，而我们有时却把他们当作'容器'，放在被动地承受'我讲'的位置，堂堂课从头包办到底，剥夺了他们课内练习、思考的权利。把学生当作被动的人，实质上还是目中无人。"1984 年我又在《语文教苑耕耘录》中提出："改革课堂教学，提高课堂教学的效果，让学生做学习的主人。""只要心中有学生，胸中有全局，锲而不舍，持之以恒，课是一定可以教好的。"我认为，"教"不是统治"学"，代替"学"，而是启发学生"学"，引导学生"学"，教学应该把立足点"从教出发转换到从学出发"。在学习过程中，学生是主人，教师的教是通过学生自身的学习积极性而发挥作用的。

但我并不主张"学生中心主义"，而认为在教育教学过程中应该是两个积极性，而不是教师或者学生的一个积极性。在教育和教学过程中，教师和学生都应该充分发挥主观能动性，应该各得其所，相互促进，而不是突出强调一个，削弱或否定另一个。过去我们片面强调教师的主导作用，削弱和压抑学生的积极性固然不对；今天突出强调"学生主体"，使"教师主导"等而下之，又何尝可取？

所以,我主张"教师主导作用和学生主动积极性相结合"。这构成了我的学生观,其基本内容是:学生是学习的主人,是能思善想具有主观能动作用的人,而不是"容器";教师要把从教出发的立足点转换到从学出发,要目中有人;教师的"教"是通过学生的"学"而发挥作用的,因此教师要不断研究学生的新情况和新特点,要"和学生的心弦对准音调",要启发学生学,引导学生学,珍惜并激发他们的潜能,培养他们的创新意识和创新精神;只要心中有学生,胸中有全局,锲而不舍,持之以恒,我们一定能够实现我们的教育教学目标。因此,既要重视学生在教学过程中的作用和价值,又要做到教师和学生很好地结合,充分发挥"教"和"学"的两个积极性。

有一次教《卖油翁》,当讲到课文第 2 段时,我随口说:"下面有段精彩的对话。"不料,马上就有一个学生不以为意地笑了一声。我从这一笑中,立刻察觉到自己可能有不妥之处,于是便和蔼地问道:"你为什么笑啊?"学生回答:"下面的话不精彩。"我欣然接受,说:"你提得对,用'精彩'不妥,应改为'发人深思'的对话。"课堂上尊重学生的结果是师生的共同进步。

11. 学生是教学中最重要的因素

问:作为老师我们很想把课上好,但是给学生上课经常遇到一个情况,就是来不及讲,尤其是上语文课,还常常向其他老师要课;另一方面又总会有一些学生跟不上,讲了也白讲。问题到底出在什么地方?

于漪:教语文,几乎有这样一个通病,就是"时间不够",讲啊讲啊,似乎许多该讲的都没有讲完,哪有时间让学生活动?长期以来,我常苦于课时不够,急得出汗。乍看是课时问题,实际是观念问题,教学中须树立正确的师生观,要深刻认识到:学生是学习语文的主人。

教育家赞科夫在《和教师的谈话》中有句意味深长的话,他说:"在课堂上,相当多的时间是被不合理地浪费了。"怎样被浪费,当然会有各种各样的情况,但是,最大的不合理的浪费莫过于让学生在课堂上处于被动、旁观的位置,而没有主动、积极地做学习语文的主人,没有自觉地、兴味盎然地投入语文学习活动之中。

教学中有三个因素,这就是学生、学习过程和学习情境。其中最为重要的是学生,因为没有学生就没有学习,也就没有教学。教师必须树立目中有人,也就是目中有学生的观念。这里所说的学生,绝不是抽象的概念,无血无肉的,而是一个个活生生的青少年。每一个学生是具有个人特点的,有自己的理想、兴趣、爱好,有自己的智慧和性格结构的人,他的长处,他的不足,他的潜力,他的发展趋向,他的语文能力和学习方法,教师都须了然在胸。

尊重他们学习中所花费的劳动是增强主人翁意识的重要条件。进步了,成功了,尊重,表扬,轻而易举。学生在学习艰难之际,在花费了许多劳动而未获预期效果时,甚至还会出现差错时,教师仍然不能忘记他们是学习的主人,不能摆错位置,要尊重,要耐心。

同时,语言文字是技能性很强的工具,掌握它,须靠自身的努力实践。语文课程标准开宗明义指出:"语文课程是一门学习语言文字运用的综合性、实践性课程。"教师指导是外因,真正要学好,用好,要靠学生自身的内因。学生对语文有正确的认识,有求知的兴趣,又努力实践,水平就可提高。从外因与内因的角度说,学生须做学习语文的主人。

举例来说,哪怕是标点符号的运用,如果不尊重学生的主人翁地位,再教,也收不到良好的效果。有这样一件事:一名学生,他写作文从头到尾没有一个标点符号,于是教师就在班上讲,应该重视标点符号,然后又把那位学生请到办公室个别辅导,给他讲句号、逗号、顿号、分号等等该怎么用,讲了一大堆。他呢,好像恭敬地坐在旁边似。讲完以后,问他:"你懂了吗?"他笑了笑,没有回答。教师以为他这个"笑"是会心的微笑,表示他懂了。可是下次作业交上来,仍然没有标点符号。教师奇怪,再请他到办公室来,问他:"你怎么还不用标点符号呢?"这次他没有笑,很认真地说:"你讲了那么一大堆,我怎么记得?"他一句话就把教师原来的劳动全部否定了。细想,他讲得有道理,确实太不讲究方法了,一下子讲那么多,倾盆大雨,好心做笨事,还自以为很负责,既有面上的教育,又有个别辅导,其实,没有对上号。于是就向他检讨说:"我自己没有注意,一下子讲那么多,当然你不能接受了。现在我们只讲两种:句号、逗号。你在作文里只要把句号、逗号用上就行。"看来这应该是最起码的要求,不难做到,可是后来他在作业上仍然有不少差错。有时作文写完,他点一个逗号,却让老师哭笑不得,而且标点符号不肯点在格子里,多次给他讲,又拿书和报纸给他看,告诉他点在格子里眉目清楚。有一次他交来的作业,又是一大段不用标点符号,教师着急了,想怎样才能使他重视起来呢?在讲评作文时,重点讲评他的作文。教师用等速度的腔调一口气读他那一大段文章,读的上气不接下气。有的学生说:"老师,你稍微停一停,这样累死了。"老师说:"我不能停呀,我要忠实于作者的原意,他没有标点符号,没有停顿,我不能停啊!"结果全班哈哈大笑。此时此刻学生才领悟到标点符号同样是表情达意的,作文必须用标点符号,须句逗分明,否则就会胡子眉毛分不清。课后再找这位学生谈,他说:"还有这么一点道理。"问他为什么标点符号点在格子外头,又为什么有时候一篇文章最后用一个逗号,他边笑边认真地说:"我以为文章写得好就有水平,标点符号不代表水平,所以,我是写好文章再加标点符号的,我爱怎么点就怎么点。"此时此刻,教师才弄明白他原来有这样的看法。学生是有个性的,他们学习语文有他们自己的想法,教师如果闭塞眼睛捉麻雀,没有认识到他们是学习语文的主人,乱强加,那么力气虽花得不少,但好些都是无效劳动。教过不等于教会,小小标点符号尚且有学生的思想认识问题、习惯问题以及教师的教学不得法问题、教学思想观念问题,更何况对学生智力、能力、素质的全面培养呢?显然,树立正确的师生观是全面提高语文教学质量的前提。

教师心中要有学生谱,这个谱是活泼鲜活的,多姿多彩的。理解他们,尊重他们,带领他们在知识的海洋中遨游,使他们成为学习上真正的主人翁。

12. 要关注每一个学生

问:当老师辛苦,这我们有心理准备。只要教到好学生,你说他听,再辛苦一些也都可以接受。但是这样的学生并不多,难教的学生却不少,耗掉我们很多精力,成效却有限,于老师您有什么建议给我们吗?

于漪: 教育对象是没有选择性的,成长有先后,进步有快慢,我们只有真诚地关心每一位学生,满腔热情地对待每一位学生,才能有效促使每一位学生健康成长。学生都是我们的后代,都要千方百计地把他们培育成才。

教师要注意保护和调动各类学生的积极性。教育要面向全体学生,教师就不仅要认清学生的共性,认清他们对学习的认识、感情、兴趣、追求以及评价,还要审视学生之间的差异。教师每天面对着上百个学生,尽管同在一所学校,但由于遗传基因、家庭情况、周围环境等种种不同,他们的思想、性格、习惯、学习基础、接受能力也就有明显的差别。因此,教育要针对不同的学生采用不同的方式。早在两千多年前孔子就强调"因材施教",强调教学生要"观其所以",观察学生的日常言行;"观其所由",观察学生所走的道路;"察其所要",考查学生的意向;"退而省其私",观察学生私下的言行,目的在摸清学生的志趣、才能、特长。今日的教育重视学生有个性地发展,就是让性格不尽相同、志趣迥然有异的学生都能受到保护,都能健康发展。

因此,教师在教育教学过程中,胸中不仅要有班级的全局,而且要有一个个学生鲜活的个性。我们的教育教学长期以来善于"一刀切",用一个标准要求所有学生。其实,寸有所长,尺有所短。例如,在被视为语文水平差的同学中,经过仔细研究,他们的语文能力中也有强项。我教过的学生中,有些人字写得歪七斜八,文章前言不搭后语,但侃大山一项,口才好得很;有些人背诵默写总漏字、添字、张冠李戴,但在解答问题时常在语句不顺畅中透露出独特的看法。因此,人有多元智能,在一个人身上,有强势智能,有弱势智能,学生也是如此,有些语言智能强,有些逻辑思维强,有些音乐才能强,等等。但不管是弱势智能,还是强势智能,都应具体分析,强的同学中有弱点,弱的同学中有强项,发扬他们的长处,鼓励他们树立信心,他们的学习能力和整体素养就能获得较好的发展。因为教育的根本就在于把学生的潜能激发出来,使之成为发展的现实。

我曾经教过不少调皮捣蛋的学生,其中有一个曾天真地对我说:"我妈妈说,我这个捣蛋鬼能考取你们学校,是额头戳破天花板,说我是学不好的,要被老师赶出来的。"说真的,这位学生文化基础确实差,习惯也不好。可是,就是这样的学生身上同样会有很多优点。教师不可能代替学生成长,但必须有一双敏锐的眼睛,善于发现学生身上闪光的东西,长善救失。经过观察,我发现这位同学思维活跃,点子多,在有针对性的教育下,他成长了,通过努力学习,考取了大学。以后他来看我,说起成长中的一件件往事,师生同乐的情境难以言表。无数事实教育了我,使我深深懂得做教师的千万不能用一成不变的目光来看待学生,每个学生都是"变数",在发展,在变化,教师加温到一定程度,他们会开窍,会飞快进步,茁壮成长。

教师不仅要认清当代学生的共性,而且要注意审视学生之间的差异,把握各自的个性。通常的情况是:冒尖的、比较差的,容易在教师脑子里形成清晰的印象,轮廓比较分明,而一般的,所谓"中不溜"的似乎难以区别。大多数学生情况差不多,这是事实。但是,只要稍加深入,就可发现在差不多现象的后面颇有差得多的特点存在。

以口头表达为例。某一班级有四个同学口述能力都差,乍看,似乎都有口吃毛病,但仔细调查辨别,却各有原因。一个同学说话时舌头似乎短了一点,经过再三了解分析,找到了口齿不清的症结所在;第二个是独子,十分娇惯,父母视中学生的儿子为幼儿,讲话时停顿多,规范性差,孩子耳濡目染,形成习惯;第三个是小时候学口吃的人讲话,也逐渐口吃起来,想改,但一站起来说话就紧张,越紧张越说不清;第四个是思维比较迟钝,对外界事物不能迅速作出反思,因而说话疙疙瘩瘩,含糊不清。弄清楚他们口述能力差的各自原因,才可能寻找出最恰当的方法来纠正毛病,提高能力。第一个先从生理上解决,请医生诊断,手术治疗,然后进行说话的训练。第二个与家长联系,剖析家庭语言环境的重要,请家长说话注意语句的完整;再帮助该同学进行单句的训练,阅读口语化的材料,从简单的说话开始。对第三个同学注意用"稳定剂""安慰剂",逐步消除他的紧张心理。第四个则着重训练思维的灵敏度,并指导他想清楚了再说。针对不同情况作各种不同的处理,效果比"一刀切"好得多。

了解学生的方法多种多样,常用的是:望、问、听、阅和材料跟踪。望:目测,课内课外与学生接触中察言观色;问:作口头和书面的询问、调查;听:谛听学生朗读、背诵、说话、讲演;阅:阅读学生各种语文作业及其他书写的有关材料。手机交流、博客交流也是一方面。根据平日了解所得建立每个学生的学习资料,定期填写有关项目,进行材料跟踪,研究他们在语文学习上的发展变化。与此同时,了解他们的思想、性格、兴趣、爱好、学习心理、学习习惯、学习方法。

13. 学会辨识学生的质地

问:人们习惯于称教师是人类灵魂工程师,太崇高又太抽象。到底有什么方法可以引导好学生,于老师您能不能给我们一些具体的建议?

于漪:教师不是工艺师,而是塑造人类灵魂的工程师,以自己高尚的人格影响学生,引导他们形成健康完美的人格,以自己的高尚情趣熏陶感染学生,培养他们健康的审美情趣,因而必须重视识质的问题。

认清材料的质地是雕塑工艺师的基本功。对所雕塑的材料仔细地进行研究,摸清它们的纹理、曲直、硬度,以及能承受的压力大小,因材雕刻塑造,就能制作出巧夺天工令人赞叹不已的工艺品;如果忽视这项基本功,拿到材料,不识材质,不辨脉纹,鲁莽地下刀、使锯、运凿,其结果不是卡了丝,就是损了块,材料受到糟蹋。

教师塑造的对象是青春年少充满活力的学生,任务是塑造他们的心灵,培养他们具有建设祖国的才干。不言而喻,教师的工作比制作工艺品要复杂千百倍,精细千百倍。工艺师面对的是死材料,是"活"对"死",怎么摆弄都可以;而教师面对的是生龙活虎的学生,是"活"对"活",学生天天成长,时时变化。教育教学工作要想取得成效,更要重视和锻炼"识质"的本领。要了解学生,认识学生,洞悉他们的内心世界,把握他们在成长过程中的发展与变化,把自己的教育教学工作建立在科学的基础上,按照规律办事。否则,从主观臆想出发,就会盲人瞎马,事倍功半,师生的时间和精力都有所浪费。

学生的"质地"究竟怎样才能识得真,看得准? 又怎样才能雕塑得有成效呢? 首先要牢固树立目中有学生的观点。

"目中有学生",说起来容易,真正做到却极不简单。教学,当然是以教材为依据来教学生。然而,在教学过程中,手中的书和面对着的人——学生,常常不能正确地放在应有的位置上。记得自己初当教师时,眼睛只盯着教科书,以为钻研了教材,写好教案,把课文讲出一点名堂来,就完成了任务。至于对学生的钻研却认为没什么关系,不研究照样教。

这种目中无人的观念是糊涂观念。这种观念的缺陷在于:没有清醒地认识到教学必须从学生的实际出发,必须坚持唯物观点;没有清醒地认识到培育学生成长成人成才是教育教学的大目标,一切教学活动必须服从于这个大目标,为实现这个大目标服务。

其实,道理十分清楚。教学,"教"要在学生身上起作用。在教学工作中,学习者是第一因素,没有学习者就没有学习。美国教育家杜威对这个问题有一精彩的说法,他认为在教学过程中没有学生,正像没有买主就没有销售一样,谈不上什么教学。同样道理,课堂里虽有学生,但教课时不研究和考虑他们的实际,只从教材出发,岂不和没有学生一样?教学是教师的教和学生的学双方面的活动,教师的主导作用就在于调动学生学习的自觉性和主动性,促使学生充分发挥认识主体的作用。

语文教师手中两个实际须牢牢把握,一是教材的实际,一是学生的实际。这正如"矢"和"的"一般,不看准靶子,只射箭,那是无的放矢,完全失去了"放矢"的意义。当然,"矢"的质量如何也很重要,如果质量差,掌握不得要领,同样也不能"中鹄"。因此,教材和学生都很重要,教师既要吃透教材,又要对学生情况了如指掌,而从根本上说,钻研教材、使用教材的目的正是为了教学生,为了教学生学好学会。

14. 要站在时代的高度认识和研究学生

问:于老师您关于辨识学生的质地的建议给了我们不小的启发,其实这是提示我们要去深入具体地研究学生的新情况和新特点,您还有哪些建议?

于漪:社会在发展,时代在前进,生活在现代社会的青少年学生,他们的思想、情操、行为、道德、兴趣、爱好无不渗透着时代的气息。就中学生而言,与 20世纪 50 年代、60 年代的相比,确有迥异之处。80 年代、90 年代的青少年有那个年代独有的特点,新世纪的学生在改革开放更深入的情况下成长,更有其独有的特点,教师如眼光不换新,仍用老尺子衡量,用老经验套,甚至用自己做学生时候的框框套,榫头当然对不上。

要认识学生新情况,弄清学生新特点,必须先在思想上突破,从观察事物的习惯的轨道上解放出来,站在时代的高度考察。

应该欣喜地看到现在的中学生有强烈的成才愿望,这是时代赋予他们的特征。不管是学习好的、中的或差的,都希望祖国以最快的速度兴旺发达起来,经济迅猛发展,人民生活富裕,都热切地希望自己能成为人才,在现代化建设中显身手。他们敏于思索,善于质疑,对知识的追求往往不受现有材料的限制,勇于发表自己的意见。他们见识比较广,接受外界信息的灵敏度比较高,有时看问题尖锐和深刻的程度大大超过他们的年龄。他们的兴趣十分广泛,对古今中外的人和事往往带着猎奇的心理了解,询问,尤其对现代科学技术、现代化生产、现代化产品,更是津津乐道,以至神往。

学生思维活跃,科技知识起点高,生活知识丰富,十分憧憬美好的未来,这是时代造成的必然。党的十一届三中全会以来解放思想、实事求是的路线,对内搞活经济、对外实行开放的政策,在社会上有强烈的反映,在学生身上也有所反映。这些都是教学十分有利的条件。但与此同时,学生身上又存在着明显的不足。集体主义观念、荣辱观念、社会主义道德规范、理想信念价值观等在学生心中不周全,不扎实,知识与能力差距大,缺陷多。教育教学上的难度是相当大的。

教师认清了当代学生的新情况新特点,就会领悟到教学中特别要讲究针对性、深刻性。要善于扬学生之长,引导他们明辨是非,克服不足,因势利导,雕塑成材,千万不能用形而上学的观点来认识学生。

不仅于此,审视学生之间的差异,是为了保护和调动各类学生的积极性。要真正洞悉学生的个性并不是件容易的事,须多思考,舍得花工夫,花精力,多侧面多角度地了解,观察要精细,分析要周到。我曾说到过,早在两千多年前,孔子就说教学生要"视其所以",即观察学生的日常言行,"观其所由",即观察学生所走的道路,"察其所安",即考查学生的意向,"退而省其私",即考查学生私下的言行。现代教育对学生个性之间的差异更加重视研究。教师如果不认真探测学生的内心世界,只凭一时一事所得为依据,常会对学生的情况判断错误,影响教育教学效果。

除此以外,要和学生的心弦对准音调,理解他们,研究他们的发展变化,促使他们健康成长。

苏联教育家苏霍姆林斯基曾说过这样一段精彩的话:"在每个孩子心中最隐秘的一角,都有一根独特的琴弦,拨动它就会发出特有的音响,要使孩子的心同我讲的话发生共鸣,我自身就需要同孩子的心弦对准音调。"确实如此,教师不和学生的心弦对准音调,教师说的话就不可能在学生心中引起共鸣。振幅极小,或没有振幅,师生思想感情得不到很好的交流,教学语言的感染力也就大大削弱。

要"对准音调",首先须在发现上下功夫,要注意疏通了解学生的渠道,从学生身上获得他们各方面的信息。教师和学生接触,和学生的作业接触,和家长接触,随时随地都要开放自己的感官,让学生的思想、品德、知识、爱好、性格特征、生理特征等等各种信息进入自己的脑中,分别储存起来,千万不能闭锁自己的感官。有些学生性格是开放型的,教师容易发现他们内心的活动;而更多的是心里某一角藏着奥秘,教师如没有精细的态度、敏锐的目光,很难找到那根"独特的琴弦"。有眼力的教师看学生总是巨细不漏,越是细微之处,越不让它在眼皮底下溜走。撇一撇嘴,脸上掠过一丝笑意,目光中突然出现几种异彩,这些细微的表情、动作瞬息即消逝,教师如果能迅速地捉住,和彼时彼地彼事联系起来思考分析,就可窥见学生心中的那"一角",窥见他们对某些问题的所见所想,大至社会、人生,小到一句话语、一个动作,在这方面的例子举不胜举。

要"对准音调",还需在理解上下功夫。一个教师要做到真正理解所教的每个学生的心,那不仅要讲究科学,而且还需要讲点艺术。学生有知识世界、生活世界、心灵世界,教师往往关注知识世界,生活世界已关注得不多,心灵世界就更少研究。学生有学生的内心世界,有许多想法、做法在成年人看来是幼稚的、粗糙的、鲁莽的,甚至是可笑的。教师不能用成人的想法、做法来框,要多设身处地为学生想想,理解他们的心情、愿望、欢乐、忧愁,少下"禁止令",少设"阻挡栏"，要正面引导，积极为他们"出谋划策"。知心才能交心，师生之间共同语言多，那根"独特的琴弦"就会发出特有的音响。

"音调"不是固定不变的。青少年学生在成长时期，知识日益增多，智力不断被开发，思想、性格、兴趣、爱好等等都处在变化之中。有的是顺着原来的方向发展，加深，逐渐成熟；有的变化比较大，不是在原来的线上移动，而是拐弯，形成了角度。如好动的变为好静的，马虎的认真起来，某知识缺陷弥补后出现了飞跃。因此，教师"识质"的工作不应是静止的，不应停留在某一点或某一阶段。了解要有连贯性并要有计划地把发现所得作简要的记录，作为比较分析的依据之一，从而摸索"雕塑"的好方法。

15. 知心才能真正教心

问：对于育人工作，我们其实花的心思不少，动了很多脑筋开展各种活动，有时从场面来看也挺热闹，可收效并不理想，于老师您有什么重要的经验吗？

于漪：青少年学生的世界时而涟漪，时而波涛，色彩斑斓，变化莫测。特别是在当今多元经济并存、多元文化激荡的情况下，学生的学习世界、生活世界、心灵世界无不受到直接的或间接的影响。他们究竟想什么，爱什么，对什么有兴趣，对什么有追求……凡此种种，我们执教的老师常若明若暗，或大而化之"毛估估"，或以个别代全体，缺少具体深入的了解，缺少真切的理解与体验。力气花得不少，收效不理想，事倍功半。

教育的实效性与教育的针对性紧密相关，针对性越强，教育的效果越好。思想道德素质的内涵十分丰富，对人、对己、对社会、对国家，大到世界观、人生观、价值观，小到一言一行、一件具体的事，都要关注、教育、培养。学生处在变化、发展之中，思想、道德、观念正在形成之中，故而调查了解研究十分必要。知之准，知之深，充分挖掘学生自身积极向上的因素，因势利导，激励、赞扬，学生向前迈步的劲儿就势不可挡。

一般说来，教师对学生的学习世界比较关心，其实，这种关心往往很不全面。注意力更多的是集中在考试上，集中在分数上。考试只是一种检测，分数只是衡量某一局部知识掌握程度的标志，它不能反映学习的全部，更不能反映一名学生的整体素质。更重要的是要了解学生学习的多样性、独特性，他们的共性和各自的学习特点，例如对眼前的学习有哪些看法，学习的目的何在，动力是什么；对哪些学科有兴趣，哪些无兴趣，原因何在；喜欢怎样的老师，不喜欢怎样的老师，原因何在；有怎样的学习习惯，读书喜欢怎样读，练习喜欢怎样做，最讨厌哪类训练；有无克服学习困难的勇气和毅力，有无正确的学习方法和学习特长；课外阅读的兴趣是否浓厚，对哪些读物偏爱，对哪些作者崇拜；学习中动手的能力如何，有无自制作品和力求创造发明的愿望；有无查阅资料、网上查阅信息的条件与能力……每个学生都有自己独特而丰富的香叶烯①世界，经常了解、沟通、交流，倾听他们的诉说，我们的德育工作就不会只停留在只是要求学生勤奋学习的层面，就不会是空洞的、概念化的，而是生动的、具体的、鲜活的，各具个性的积极引导，扬学生之长，明努力方向，学生心情舒畅，就会尝到学习的甘甜。

现在学生的生活世界也绝非二三十年前那么单一，那么简朴。物质生产的丰富把社会装扮得五光十色，橱窗里的东西琳琅满目，广告宣传又推波助澜。物质的诱惑，流行的张扬，使青少年学生对生活的衣食住行有了超过他们年龄的思考与追求，简单的"堵"不能解决问题，一味地斥责或放任也难以取得预期的效果。要站在年轻人的位置想一想，爱美是人的天性，但什么是美，要取法乎上；人总有物欲，要生存要发展，离不开物，但不能为物所累。20世纪西方哲人一直忧心忡忡的是人的异化、物化，科技进步，物质丰富，道德沦丧。我国古人在《乐记》中早就深刻指出：人物欲膨胀，人就化为物，"人化物也者，灭天理而穷人欲者也，于是有悖逆诈伪之心，有淫佚作乱之事"。人被物欲所俘虏，就会丧失天理良心，什么乌七八糟的事都干得出来。要经常生活在学生世界之中，经常交流、分析，让他们明做人之理，学习好的榜样，让人与物之间如何正确调谐的道理点点滴滴入心头。

求知也好，对物质生活的认识、追求也好，都是学生心灵世界的组成部分。

---

① 香叶烯又名月桂烯，是一种有机物，为无色或淡黄色液体，具有清淡的香脂香气，难溶于水，溶于乙醇，能与大多数其他香料混合。

学生的一言一行都受思想情感的支配,与学生心灵沟通,有共同的语言因素,才有教育的扎实基础。现在的学生不大向任课老师或班主任敞开心扉,即使与班主任关系好,亦师亦友,心中也会有隐秘的一角。苏霍姆林斯基曾这样说:"在每个孩子心中最隐秘的一角,都有一根独特的琴弦,拨动它就会发出特有的音响,要使孩子的心同我讲的话发生共鸣,我自身就需要同孩子的心弦对准音调。""我自身就需要同孩子的心弦对准音调",这句话多么精彩,多么重要。然而,在教育实践中,我们常常要孩子对准我们的音调,纳入我们的音调,于是就出现了噪声,出现了不和谐。当然,对准音调不是无原则地放弃教育,听之任之,附和捧场,而是要静下心来抓住一切机会听听孩子的倾诉,他们的情感,他们的价值取向,他们的困惑、烦恼和迷茫,用敏锐的目光发现他们看问题中积极的闪光点,鼓励、剖析、疏导、引导他们提升思想,追求真善美,鄙弃假恶丑。

育人先育心,育心要知心。要真正走进学生的世界,眼看,耳听,心想,细心,耐心,锲而不舍,才能真正在学生心灵深处滴灌生命之魂——德性。须知:一个人的知识缺陷,可以用道德弥补;而道德缺陷,是无法用知识弥补的。

16. 被学生的问题难住怎么办

问:有一个很常见却又难以向外人启齿的问题想请于老师帮我们出出主意,教学中总有一些学生喜欢提刁钻的问题,您是怎么看待这些"问题"学生的,有什么建议给我们?

于漪:这些学生可不是"问题"学生,他们的提问是他们学习的权利,也反映了他们的思维状态。

现在媒体如此发达,怎么知道学生会问你什么问题?如果课上学生经常将你的"军",我觉得这是极大的成功。为什么?因为学生的积极性、主动性充分发挥了。老师应知之为知之,不知为不知,千万不能强不知以为知。教师不是万能博士,一名教师,当学生的主动性、积极性被调动起来后,你能回答出70%的问题,你就是个超级教师。要欢迎学生"将"住自己,难住自己,逼迫你进步,这才叫教学相长,这也是教师的实力。因为我不怕,你成长,我和你共同成长。

学生学习积极性高涨之时,会出现各种各样的疑问,提出各种各样的问题。面对众多问题,教师于喜悦的同时,须头脑清醒,立即分清主次、轻重,围绕教学目的与重点难点进行筛选,选择最需要的加以解答。否则,枝枝节节,围着大大小小的问题转,碎不成章。答疑是教学中的重要环节,解答什么须慎选,不能"全面出击"。

"问",是学生学习的基本权利,为此,教师就要在专业素养、文化积淀上下功夫,经得起问。教师不是万能博士,不可能解答出学生提出的所有问题。知之为知之,不知为不知,不能糊弄学生。但是,无论如何要注意学习,多读点书,增加自己的文化底蕴。厚实的民族文化是教师文化底蕴的基石。

学生提出多种多样的问题,教师不应急于解答,越俎代庖,丧失启迪学生思维的良机,也不能放任自流,说到哪里是哪里。任何问题,即使可多元解答,也总有个"谱"。一时下不了结论的,可存疑,挂在那儿,继续探讨。教育是有计划有目的的活动,学生在探究的过程中须收到实实在在的学习效果。

在教学过程中,教师要根据教学目的要求善于运用恰当的钥匙,不断拧紧学生思维的"发条",使它转动起来。

17. 注重培养学生独立思考的品质

问:培养学生的思维品质很重要,但是当我们面对全班学生的时候常常感到无所适从,学生之间差异太大了,很难照顾到不同程度的学生,于老师您是怎么处理的呢?

于漪:对学生成长中遇到的问题除须深入了解原因外,要采取重点帮助的办法,为他们创造条件,促使他们开动脑筋,提高使用语言的能力。思考能力是逐步培养的,发表见解的能力是逐步锻炼的。怎么突破呢?

在难易适度上做文章。教练员训练运动员要善于发挥每个运动员的才能,教师训练学生也是如此,要认清学生的差异,使程度好的、中的、差的,思维敏捷的、迟钝的都开动脑筋,有所进步。对学习困难的学生尤其要保护他们的点滴进步,不挫伤他们的积极性。在设计课堂提问时应有难有易,有简单有复杂,高低兼顾。我在教《哥白尼》一文时,对哥白尼学说的重大作用设计了三个台阶式的问题启迪各类学生的思维,组织他们进行语文能力的训练。先要求学生找出表现哥白尼的学说对人类思想发生深刻影响的关键词语。学习困难的学生也能迅速找出,这就是"天翻地覆"。接着要求他们迅速改变词序而不变本意。"地覆天翻","翻天覆地",一般学生都能答上。然后要求学生说明怎样天翻地覆,天动——地动,中等程度的能用完整的语句抓住要点回答。最后要求学生组句,用这个关键词说明哥白尼学说对人类思想发生怎样的深刻影响,这就有了一定的难度了。"哥白尼的学说不只是在科学史上引起空前的革命,而且对人类思想的影响也是极深刻的,深刻到把人类的意识天翻地覆地倒转过来。"设计阶梯式的问题,由简到繁,由易到难,程度差的学生不仅能当堂积极思考,而且由于给他们指出了攀登的途径,攀登的勇气也就激发出来了。

变换训练的方式,不总是教师提问,学生举手回答。有时约定不举手,大家思维都处于兴奋状态,教师指人答。有时可七嘴八舌地答,有时采用轮流答、重复答、跳答。采用多种多样的方法的目的,都是让学生的脑子动起来,转起来。

此外,还要注意加温。教师教说、帮说,寻找学生优点真心实意地表扬、鼓励。思考能力是逐步养成的,发表见解的能力是逐步练好的,学生每有进步,必予充分肯定。

总之,教师要妥善组织和安排好每一堂课,指导和鼓励学生通过自己的脑力劳动学习语言文字,千万不能依靠灌输与注入。学生在学习中要记住一些知识,但更重要的是理解,托尔斯泰在其教育论文集中说,靠记忆力来掌握未检验过的概括,是破坏思维进程的最大祸害。这一论断是很有道理的。培养学生能独立思考、独立解决问题,从来是教育学中一个重要课题。

18. 教育无选择性

问:如今的学生干部中,女孩子的比例出奇的高,虽然我们内心也喜欢阳光的男孩子,但是比起女孩子的乖巧听话,男孩子实在是小毛病不少,于老师您是怎么看待这一现象的?能不能给我们一些建议?

于漪:眼下相当数量学校的少先队大队长、中队长都清一色由女同学担任。这些学生聪明、能干,学习成绩优秀,做事认真,能按老师意图完成任务。男同学能当上个少先队小队长,已是幸运的了。长期从事教育的同志每谈及小干部成长中的性别失衡,总忧心忡忡,乃至唏嘘不已。不少女同学确实优秀,无可非议,但男女生培养上的失衡也是不争的事实,须剖析原因,寻找对策,以取得突破性的进展。

众所周知,教育无选择性。只要生长在我们这片热土上的少年儿童,教师都有责任把他们教好。要面向全体学生,热爱每一个儿童,尽心尽力促进他们德智体美劳全面发展,这是为人师的道德底线、工作底线。两千年前先圣孔子就提出"有教无类",并身体力行,今日不仅有更丰富的时代内涵,而且在为全民族素质提高的奠基中发挥着无可替代的作用。

学生小干部的培养,是在教育无选择性的前提下的有所选择。一般地说,品德优良、学业优秀的儿童总是首选的对象。选上了,委以一定的工作任务,提供较多的学习与展示的机会,使他们得到锻炼,成长得更快,发展得更好。既然是选择,必然有标准。制定怎样的标准,怎样运用标准衡量、选拔,其中有不少问题值得探讨与研究。

在小学阶段,女同学的遵守纪律、学习认真细致程度普遍胜过男同学。由于物质生活水平的提高,又由于信息、传媒的种种影响,与20世纪比,儿童的生理发育明显提前,心理上也发生了前所未有的变化。但总体上说,还是比较幼稚,比较单纯的。而这种幼稚与单纯,男女同学又有些区别。在心理上女同学的早熟明显胜过男同学。特别是一些拔尖的女同学,比较懂事,善解人意,有自控能力。与他们同龄的男学生,有的在学校的表现常晕晕乎乎,懵懵懂懂,用老百姓的话来说,就是"还没开窍"。这种现象该怎么看待?是用同一把尺子衡量,还是用科学的眼光尊重儿童身心发展的实际,有差别地对待?再说,晕乎、懵懂,绝不是混沌一片,必然有些时候有些事情上清楚明白,甚至表现出具有个性、与众不同的看法,十分聪慧。细加分析,拿出眼光,就会发现他们身上潜藏着的优良资质。爱护，培养，提供锻炼机会，同样可成长得青枝绿叶。

调皮、贪玩，纪律方面常出现点小毛病，作业粗心大意，这些是小学阶段男同学常受到批评与指责的缺点，弄得不好，影响小队乃至中队的集体荣誉，令人头疼。其实，调皮、贪玩与品德不好是两码事。调皮、捣蛋、爱玩，是儿童的天性，小时候不自在地通过玩耍去追求新奇，释放生命能量，创造快乐，难道还到七八十岁去调皮、贪玩？调皮捣蛋的孩子起码有两点值得注意：一是身体好，精力旺盛，有使不完的劲；二是点子多，想出门道来玩，思维活跃，肯动脑筋。男同学身上就是要有点勇敢、冒险、好奇、不怕苦的精神。如果男孩子都女性化，扭扭捏捏，循规蹈矩，胆小怕事，那是教育莫大的悲哀。男学生从小培养阳刚之气是不可掉以轻心的大事，比作业上的小差错，纪律的偶尔不遵守重要得多。

儿童在成长过程中存在这样那样的缺点与不足是常态。如果都十全十美，还要教育者干什么。教育就是把学生蕴含的潜能开发为发展的现实。教育者要有一双慧眼，不为某些现象所迷惑，要洞悉儿童的个性特点，善于发现他们隐含的多样潜能，丢弃带有主观色彩的一刀切的习惯性思维，努力做到因材施教。教育者不是迁就差错、不足，而是要以宽容的心态、发展的眼光认真对待。对有潜质的男同学花更多的精力呵护、培养，创造更多的机会让他们实践、锻炼、登攀。真诚的信任和耐心的启发会融化为感情的潜流，滋润他们心灵，促进他们茁壮成长。

教学观

如何让学生"饮琼浆""灌醍醐"?

19. 教学需要精心设计,用心取舍

问:我教了几年书,上课上了三五年之后认为自己可以上得很流畅,但是总有一部分学生跟不上,听课听得蛮起劲,学习成效不理想,到底应该如何理解和处理教学工作?请您给我们支支招。

于漪:课堂教学是教师安身立命之本,它的质量高低是教师精神世界的直接体现。怎样把课教得有吸引力、感染力,能叩击学生心弦,触发学生思维?怎样让学生不仅学有所得,学有所能,而且让他们求知有欲罢不能之势,对语文宝库有探宝觅宝的热情与积极性?怎样营造语言文字闪发能量的磁场,让学生思维活跃,心灵碰撞,享受文化哺育的快乐?这些问题的破解不是一时一事的短、平、快,而是要潜下心来深入思考、刻苦钻研,反复实践,积累正反经验,切实改进、提高。动力支撑来自敬业精神、学识功底和对学生的仁爱之心。

教学相当程度是创作,精心设计,用心取舍。既有感情的激活,又有思辨的活跃,它的质量支撑是学术素养与仁爱之心。当崇高的使命感和对教材的深刻理解紧密相碰,在学生心中弹奏的时刻,教学艺术的明灯就在课堂里高高升起。

三尺讲台,紧连着学生生命的成长,教什么,怎么教,怎样才能引领学生主动积极地发挥学习主体作用,是科学,也是艺术。要深入钻研业务,认真研究学生,努力使自己的教学理念、教学行为符合学生学习语文的规律,在学生心中撒

播博大精深的中华优秀文化及人类进步文化的种子,使学生心灵获得美好的滋养,静态的语文知识又能活化为他们运用语言文字的能力。要努力做到每节课都有亮点,都有耐人咀嚼、耐人寻味的东西,经得起听,不同层面学生都能受益,都有满足感、上进心,每节课都有你的信念、情操、学识、仁爱之心在闪光。

教育教学理论给了我一辈子坚持教学改革的动力和标尺。教育教学理论给我们展现的是理想状态,作为老师我们要不断地追求这种教育理想状态,因为教育本身就是信仰,没有理想就没有好教育。在教学过程中是理论指导我思考与发现很多问题,并不断地加以改正。比如,我开始做老师的时候认为只要课教得一清如水,学生就一定都能够学得很好。但现实是,不管讲得怎样好,学生学习的状况都是不一样的,是我的想法违背了教育教学理论。因为学生是学习的主体,任何一个教师都是无法替代学生学习的。如果学生不是学习的主人而只是听众、观众,那么他是没有办法学好的。正是得益于教育教学理论的指导,我逐渐把"以教为主"转换成为"以学为主",让学生真正成为学习的主体。

记得有一年,语文高考题型中有改错题,分值大概是五六分,于是开始有了铺天盖地的练习。我当时教高三,学校发给我们300道改错练习题,但我没有给学生做。因为我思考,这违背了教育原则。教育应是正面教育,要让学生"饮琼浆",要给他们"灌醍醐";在学生对语法、修辞、逻辑知识还不十分熟练掌握的情况下,要让他们做300道改错题,让他们脑子里犹如马蹄杂沓,这显然有违教育规律,也不符合教育常识,所以我是不会让学生机械练习的。

语文教师更应具有炽热的感情和创新的智慧,扎实的文字功夫和文化积淀,努力追求在黑板上书写的是真理,抹掉的是功利,举起的是别人,奉献的是自己。

学生获得知识、提高能力不是全靠教师的"外塑",主要靠学生自己的"内建"。学生是在一定情境下,如在社会文化背景、学校文化背景、课堂环境气氛下,借助他人的帮助、协作,获得知识与能力,获得思想、情操的熏陶。教师传递知识信息,撒播做人良种,学生积极参与,主动参与,方能内化为自己的所得。"外塑"要促进"内建",根据学生内在需求,激发他们生命涌动,动脑、动口、动手、动心,散发学习活力,品尝求知的快乐。

每个学生的心灵深处,都有求知的需要,希望自己成为一个发现者、研究者、探索者。当寻觅、探求获得预期效果时,那种愉悦往往难以言表。但我们教师对此常视而不见,总认为自己是传授知识的"权威",学生无知,不懂,教师一味往学生大脑器皿里"灌",紧张、急躁。

教学绝不是教师的单向活动,学生是学习的主体,越俎代庖,他们的学习主动性、积极性就受到侵害。教学历程本应师生互动,思想碰撞,心灵交流。要营造宽松、和谐的课堂气氛,学生身心解放,无拘无束,无心理负担,就能乐于求知,寻根究底,勇于表达,博取佳音。学习就不会浮在表面,而会纵向深入,横向扩展,形成发自内心的独特体验与感受,学习质量就会提升。

20. "学科育人"重在一个"融"字

问:现在大家都在谈"学科育人",但是究竟怎样才算学科育人,其实我们也搞不太清楚,我只知道上完课完成教学任务,而于老师您还提出上课魂要附体,体要附魂,这其中的秘诀是什么?

于漪:学科教学,不仅要实现学生的知识成长与能力成长,还要实现其思想情操与价值意识的成长,从而培养完整的人,这构成学科教学的重要使命。

基础教育是帮助学生打"地基"的重要领域,它的成功与否,会影响学生的一辈子。并且,这一"地基"的打造,必须建立鲜明的时代意识,要放在特定的历史条件和社会环境中去认识,要以明日建设者的素质要求、德才要求为标准,要明确"育人"目标的内涵。对这个"现代人"的内涵,我的理解是思想活跃,富于理想,自学能力强,善于吸收各种新信息,能不断更新自己的知识结构,勇于改革创新,有良好的习惯,有奋发的精神,有追求真知的旺盛的求知欲,有克服困难的锲而不舍的意志与毅力。

学科教学的重要追求,就是在学生的心底撒播种子,知识的传授也是如此。只要把种子撒播到学生的心田里,就会开出智慧的花,结出能力的果。

因为,前人的知识是后人创造新知的摇篮,历史文化的积累,知识的传承与发展,是科学文化知识创新的基础。教师如果不能把这种文化科学知识的历史继承性告诉学生,不把学生引到知识的巨人肩上,激发他们思想的火花,教学就失去了意义。所以,学科教学肩负培养"现代人素质"的宏大任务,学科教学要进行价值重构。

第一要提高认识。学生发展核心素养的确立抓住了教育的本质,抓住了教育之魂。新世纪的课程改革也使我们从多年来的知识教学为本转换到学生发展为本,是极大的进步。这不仅是教育理念上的突破,更是教育本质的回归,凸显了学科教学蕴含的育人价值。西方教育界讲过教学的教育性,陶行知先生也曾经讲过,"学习知识与修养品行是受同一学习心理定律支配的。我们如果强为分家,必致自相矛盾,必致教知识的不管品行,管品行的不学无术"[1],不能人为地把学习知识跟修养品行割裂开来。我也一直认为德行和智性同为学生生命成长之魂,德行是做人的方向,智性是人生存发展的保障,二者互相渗透互相融合互相制约,共同构成一个人的综合素质。所以教师首先在认识上要真正从以"知识为本"转移到以"学生发展为本",改变"教书"与"育人"割裂的现状。

第二要转换思维方式。我们通常习惯于线性思维,但如果用历史唯物主义和唯物辩证法看问题,任何学科的教学都需要用系统论的思维方式来思考。比如语文教学,本身就是一个完整的、多元的系统工程,高中语文的核心素养包括四点:语言建构与应用、思维发展与提升、审美鉴赏与创造、文化传承与理解,这本身是一个综合性的统一体。但它又是多元的,是由多个要素构成的,除了语言文字,还涉及德育、美育的范畴,比如美的鉴赏与创造是美育的,文化传承与理解是德育的。语言文字是跟思维紧密结合的,语言文字为表,思维内容为里。我们机械操练犯的一个错误,就是把语文要素与人文内涵割裂开来。判断一个语句或文字用得精不精当,一定是看它能不能表情达意,"表"是语句文字,"情"是意蕴内涵,二者是"一而二,二而一"的关系,是一个问题的两个方面,相互塑造不可分离。我曾经以洋葱打比方,洋葱剥了皮就剥了肉,剥了肉皮也剥掉了,

---

[1]　陶行知. 陶行知全集(第一卷)[M]. 长沙:湖南教育出版社,1985:623.

说明语言文字为体,人文内涵是魂,上课魂要附体、体要有魂。这些年来受工具理性的影响,我们的课程只重视了实用功能,而忽略了它的思维功能、发展功能、熏陶功能、感染功能和教育功能。所以核心素养的落地生根,就是强调学科教学要回归其本体价值,这个价值取向是完整的,给学生的培养教育也是整体的。也正是因为多个要素构成了语文学科系统,其中任何一个要素对于系统而言都不具有整体性,只有当系统中的诸要素共同发展、和谐发展的时候,各个要素之间才相互作用,实现整体发展,教学质量才能整体提高。这样的系统思考也是课标精神的综合性体现。我们对核心素养的理解常常是不得要领,往往习惯于用二元对立的思维或一加一加一的线性思维,将学科和育人人为地割裂开来,其实"学科育人"是不可分割的、相互融合的整体。语文就是语文,语言建构与应用是其基础,在这个基础上根据文本单元的特征,融合审美鉴赏与创造和文化传承与理解。所以,思维方式的转换,最关键在一个"融"字,融合不是简单相加,或是在学科之外刻意地穿靴戴帽或讲大道理,而是在备课和教学的时候深入挖掘文本原有的内在教学价值。

在"融"上下功夫,有多种多样的方法,我举一个例子。有一个青年教师教《老人与海》,他并没有给学生讲多少大道理,而是给他们发了一篇海明威写的短篇小说《一个干净明亮的地方》,让学生将此与《老人与海》共同阅读,然后问学生一个问题:这两篇小说你们看哪个写在前面,哪个写在后面? 这个问题学生没有想到,一下子兴趣就调动起来了。学生们满怀自信地讲,当然是《老人与海》写在前,《一个干净明亮的地方》写在后。理由是什么呢? 学生说《老人与海》里面的老人是充满了斗志的,而《一个干净明亮的地方》中的老人又丧又颓废,所以是《老人与海》写在前面。但当老师告诉学生其实《老人与海》写在后,而《一个干净明亮的地方》写在前时,学生非常吃惊,整堂课学生的思维就活跃起来了。这位青年教师为什么要这样设计教学? 因为他看到了社会上有些人要"躺平"、要"佛系"等现象对学生产生的影响,因此他要用这样对比的方式引发学生对人生价值的思考。学生也马上领悟到,由拼搏到平静再到颓唐这是常态,但由平静、颓丧到拼搏这才是海明威的深刻之处。这对学生学习小说要素、发展探究意识、熏陶感染其精神成长起了很重要的作用。所以学生的思考深度如何,在于教师的思考与引领是不是得法。

人的成长最重要的是精神层面的追求。因为物质生活是生存的基本保证,物质基本满足就能获得快乐,而精神上的追求则是人内在的需求,人要追求诗意的精神家园,让生命的清泉汩汩流淌,这些是生命成长的本源,体现了生命的意义、生命的价值、生命的丰厚和完美。

21. 一流的化妆师是生命的化妆

问：于老师,您有一句话让我们普通老师感触很深,就是脸上的化妆、精神的化妆和生命的化妆,做老师需要的是生命的化妆,这提示我们要警惕脸上的化妆,除此以外您能不能给我们一些进一步的建议?

于漪：如果有人问我在语文教学实践中最主要的体会是什么,我的回答是:既教文,又教人。真正的教育,就是培养人、牵引人的灵魂,提升到真善美的境界,个人价值一定要和社会价值统一。育人之妙,存乎一心。一个语文教师当自己对教材的深刻理解和育人的崇高职责紧密相碰的时候,课堂上就会闪烁智慧的火花,产生能量,推动学生思想感情深化,就会延伸扩展到课外,创造出一个个具有独特性的、富有吸引力的教育情境。三流化妆是脸上的化妆,二流化妆是精神的化妆;我们要的是一流的化妆,是生命的化妆。我就是语文,我和语文是融为一体的,要全身心地投入到语文的教学中,不要涂脂抹粉,满足于三流化妆。

教师的视野不能只局限在文,教文须服从育人的大目标,为这个大目标服务;也只有心中有活泼泼的一代新人的生动形象,想得远些,想得深些,才能站在高处认识培养和提高学生语文能力的重要意义,才会在培养学生掌握与运用祖国语言文字的过程中渗透时代的精神,才不至于把语文教学的这样那样的活动只单纯做技术上的处理。任何教学都具有教育性,没有教育性的教学是失掉灵魂的教学,苍白无力。

教育人使用的语言,应当是艺术的语言。教学用语里既要有经过锤炼的活泼的口语,又要有优美严谨的书面语言,有文化含量,应言之有物,言之有理,言之有序,言之有情,言之有文,悦耳动听,如潺潺溪流、叮咚泉水,伴随着知识传授、能力培养,情感熏陶渗入学生心田,滋养学生成长。

课堂上讲和练既要重视眼前的课文,又要不为课文内容所限而不思其他。要认真地审慎地选几个知识点或训练点纵横延伸。选的点要恰当:在课文中能起点睛作用或关键作用的;语言经得起推敲,内涵丰富而又咀嚼有味的,能在思想上给学生以启迪,能拨动情感的琴弦的;读、写、听、说能力某一方面或某几方面能切实获得训练的;能拉出联想或想象线索,知识和能力训练扩散点鲜明的、丰富的。所选的知识点或训练点应是在培养学生语文能力、陶冶情操、提高文化素质方面闪光的,或辐射,或折射,使课堂教学充满明亮。

课不能雁过无声,而要感情搅动,留下不尽的思考。要追求"三动"的境界:一要动听,使学生有愉悦、快乐的感觉。教学内容的确定与选择,怎样输送这些内容,须深入细致探讨、研究,教师的语言应该有磁性的魔力,对学生有吸引力,激发他们浓厚的兴趣,在求知的海洋中搏浪前进。二要动情,使学生情感世界泛起涟漪,动情之处掀起波澜。作者写作是"情动而辞发",教师读作品要"披文以入情",阅读是心灵的浅唱低吟,教师引领学生步入文本情境之中,进入角色、品味、体验,受到"感情的传染",情怀丰润起来。三要动心,使学生思想深处留下难以磨灭的印象。教与学需要激情,但激情不等于真理,它需要积淀,需要净化、深化、凝化,深入事物的本质,教师要带领学生开展理性思维的锻炼,在发现、分析、比较、判别上下功夫,提升思维品质,增强价值判断力。

在教学实践中,如何处理教文与教人的关系,教材与教法的关系,知识与能力的关系,能力与智力的关系,听、说、读、写之间的关系,讲与练的关系,课内与课外的关系,教与学的关系,语文学科与其他学科的关系,等等,如果不坚持辩证法的观点,往往就会挂一漏万,顾此失彼,往往就会单打一,就局部论局部,缺乏整体观念。如果不坚持辩证法,在进行实践或开展研究时,就可能钻牛角尖,搞得很片面,弄得不好,把第二位的东西弄成第一位的,流连忘返,影响教学的健康发展。抽去内容光讲技巧,把原先浑然天成、有血有肉的文章,变成鸡零狗碎、毫无生气的东西,怎么能让学生学到作文的真本领呢? 学语文就是学做人。

因此我始终强调"熔知识传授、能力培养、智力发展、思想情操陶冶于一炉"的教学观。

22. 对所任教的学科要有整体认识

问：我是一名语文教师，前辈师傅告诉我，备课要备学生、备教材，因此平时十分注重教材，对一些重点内容可以说已经到了滚瓜烂熟的程度，但到具体的教学情景中，常常面对学生异想天开般的提问或回答有措手不及的感受，这是什么原因呢？

于漪：教材与学科之间有密切关系。教材是体现国家意志、培养学生核心素养的依据。怎么样用好教材，同样是一个需要深入研讨的问题。教书育人、立德树人，体现着任教老师的必备素养和关键能力。所以，教师不能只看到教材，只围着教材转，最为重要的是要对所任教的学科有整体认识，脑子里要有知识体系的框架。比如说我转行教语文，就一定要对语文在高中这个阶段的知识框架建立点、线、面、体的整体观念，我教的课文是一个点，这个点在线上是什么位置？我教记叙文、说明文等，这个点在线上是什么样的位置？在整个文体教学的面上是怎样的？在什么阶段学习、教到什么程度？要对这一系列问题有清晰的规划。以语文教学为例，语文学科是一个庞大的家族，字、词、句、篇、语、修、逻、文、听、读、说、写，一条一条线索教师都要梳理清楚，整个知识体系和语法、修辞学到什么程度，高中阶段教到什么程度要搞清楚。所以，建立点、线、面、体的观念，脑子里有知识框架，把具体的知识点放在哪一个条线上，这几条线构成怎样的面，这几个面如何构成了语文核心素养的整体，一定要十分清楚。尤其是语文学科的社会关系极其复杂，我们通常讲文史哲，其实语文的社会关系体现在上至天文下至地理无所不包，人类创造的所有精神文明，都可以用语言文字表达出来。因此，语文教师对学科的认同，体现在不断学习，不断提高学养。

站在育人的战略高度思考，对语文学科的价值与意义就有了认识上的突破。语文学科教学当然要重视实用，但绝非只教雕虫小技，而是要清醒地认识到语文是育人的重要载体。语文教育是母语教育，母语教育在促使学生成为"社会人"的过程中发挥着特殊的功能。它与其他学科最重要的区别在于它始终是指向人的，与人的思维、情感、品质、能力密切相关。可以说，语文就是人生，它伴随人的一辈子。语文能力培养与思想道德熏染融合塑造，对人的成长发展会有长期的影响。

我从两个方面思考与实践：一是语文课到底教什么，语文究竟具有怎样的性质；二是课堂教学谁是真正的主人，怎样的课堂教学结构才能发挥所有学习者的积极性。课堂教学的第一立场是学生，改革的根本力量是学生的需求，他们迫切需要优质语文教育的滋养，迫切需要在有限的青春年华养成对语言文字的敬畏之心、热爱之情，学得理解与运用祖国语言文字的真本领，切实提高语文素养。

语文课堂当然是传播语文知识、培养语文能力的场所，但它首先应该是一个诗意的存在。语言文字是民族之根基，对传播民族情感、滋润学生心灵具有不可替代的作用。语言的背后是一种文化的深层编码，是一个民族的集体意识。语文课堂营造的应该是学生语文素养成长的精神家园。语言文字是文明的风向标，理解与运用，不仅要掌握其形式，更要掌握其内涵；也只有真正掌握其人文内涵，才能充分展现语言文字的表现力、生命力。语言文字来自人生，而不是来自书斋。语文教学在传授知识、培养能力的同时，要进行文明的教化。不管是东方还是西方，教育最初的目的都是文明的教化。尽管近现代教育内容随着科学技术的进步与发展已无限丰富，但文明的传承、真理的追求、人格的塑造仍是教育的要义。培根说过，物质是以它感性的诗意光辉向着整个人微笑，语言文字也是如此，它应该以诗意的光辉向着学生微笑，来感染、影响学生。在引领学生对语言文字含英咀华、探讨篇章结构、研究运笔技巧的同时，传播高尚思想，传播优美情操，指引人生的追求，让他们品尝到、享受到精神成长的快乐。

从重技轻人，到把立人放在第一位，知识、能力是攀登精神世界的阶梯，我尝到了精神突围的快乐。原本总在实用、功利、技能技巧的圈子里转，看不到全局，想不到未来。现在，精神上突围，狭小的心似乎一下子有了伟大的宇宙。学生不好好教育，不能成人成才；语文是人生，不精心教育，影响学生成人成才。

语文教师肩负教文育人的历史使命,生命与使命应结伴同行。我立下了这样的志愿。

我的总体设想是:要站在育人的战略高度,跳出语文看语文。教育的本质是培养人,中国的教育应该是培养有中国心的现代文明人,语文教学应该教文育人,教语言文字、文学文化,为培养人的大目标服务。要适应时代发展的需要,变革思维方式,从线性思维"我讲你听"转换为多维思维,使教与学、学与学的信息交流成为网络式、辐射型,从根本上改变课堂中部分学生成为旁观者的状态。同时,语文课堂中不能只是教师发光,还要为每个学生提供锻炼与提升语言能力、思维品质、文化素养的用武之地,让每个学生都成为发光体。为此,除了课内精心设计,让学生有兴趣、有收获外,课外也得巧布置,让学生不仅看到而且体验到学习与运用语言文字的广阔空间。

23. 教学研究和教学实践需要相互印证、共同推进

问:现在当老师尤其是我们中青年教师不参与教育科研、不搞课题,很难有专业上的晋升,但同时又觉得这些研究似乎跟自己的教学工作没有太大的关系,这成了一件令我们苦恼的事,于老师您会怎么处理这些关系?

于漪:一线教师普遍地认为,教学研究和教学实践是两回事,教学研究高不可攀。其实教学实践与教学研究的关系十分密切,难解难分。因为教师在教学实践中总会出现这样那样的问题,发现了问题就想找到解决的办法,于是要寻找原因,寻找方法,以对症下药去解决,这就必须要提升到理性层面来探讨,从更高的维度去剖析、挖掘深层次的原因,揭示其本质与规律,寻求攻坚克难的路径与策略。当思想观念、方法方式有所改变,上了新的台阶,转而再用于指导教学实践,就可以取得改进教学的效果。所以,教学研究和教学实践二者是相互印证、共同推进的,那种认为是两回事、教学研究高不可攀的心理障碍要克服。

比如我曾经在 20 世纪 80 年代就提出,必须要把思维训练与语言训练放在同等重要的位置。思维是对外界事物的概括的、间接的反映,思维是借助于语

言来实现的。语言是思维的工具，没有语言的思维是不存在的；思维是语言的内容，没有思维就不可能有语言。学生要学好语文，提高语文能力，取得综合效应，思维方面应进行扎扎实实的训练。如果忽略这一点，学生不认真进行思维训练，读，就有口无心；看，就浮光掠影；说，就不得要领；写，就内容干瘪，词不达意。之所以有这样的认识，是因为我教学生写作文，在技术层面对学生运用语言做了大量的训练，有的学生作文写得文从字顺，但是文章内容却平淡如水，一点价值都没有，因此我就想为什么学生作文能力总是提不高？因为他的思维问题没有解决。语言为表，思维为里。思维有条理有深度，语言才不会杂乱无章，内容才会有新意。有的学生总是句子纠缠不清，实际上是思维不清，只有抓思维训练，才能促进语言表达能力的提升。我曾经有一个女学生，她的思维始终是慢半拍，反应比较迟钝，课堂发言时我以为她口吃，语言表达有问题，但深入了解后发现，是她的思维反应比较慢。因此，我就给她单独布置个性化作业，让她每天来学校时，注意看路旁有什么树，有什么花，校园荷花池里的荷花是怎么开的，看到什么反映什么，如此训练了半年，结果这个女生的思维慢慢就跟上来了。持续抓思维训练，促语言表达，结果到初三年级的时候，她的思维就比较灵敏了，在全国作文比赛中可以拿到三等奖。因此，教学中发现的问题，和对这个问题的思考研究是紧密结合的，并不是两回事情，而是在研究中解决问题。

第二，研究自己真想解决的问题。教学研究从问题开始。所以，教师到底想解决什么问题，一定要搞清楚，要研究自己真想解决的问题，而不是先搭个理论框架，或者搬用国内外某个理论框架，然后再找一些材料来论证，为别人的理论做论据，这并不能解决自己的问题。我们搞教学研究，一定要有开放的视野，接纳人类文明的多样智慧。但是不能以单向迎合西方思想的倾向，把我们自己具体的教学实践简单地用西方某一个概念、某一个理论来统摄。

举个例子，有一次评特级教师，某位申报者说他的科研是强项。我就问他，你的这个科研项目是怎么来的？他说是从学校到区级到市级再到教育部层层申报审批的。我又说，请问你解决了你自己的什么问题？他沉默而思，讲不出来。他有一整套的名词术语，但是并没有解决他所要解决的问题，这就是典型的为研究而研究。教师的研究是要解决自己实践中的问题，提高教学质量。教师只有根植于自己的教学实践,解决我们中国的教育教学中的具体问题,这样的研究,才具有中国土壤的气息,才具有中国文化的精神,也才能建构属于中国自己独特的教育思想体系。

第三,研究要紧密结合教学实际,并要坚持"在实践中检验,又指导实践"。教师的教学研究要紧密结合教学实际,并在实践中要检验这个研究到底符不符合规律,以此来引领实践质量的提升。老师们的教研花了不少时间和精力,而且做课题会有许许多多奖励,最后还有报告论文的发表与评奖,这好像就告一段落了。这样的教研成果不会有实效,更不会成为大家的精神财富。研究教学不外乎三个层面:上位是教学思想、教学理念,中位是教学方式、教学策略,下位是教学手段、教学方法。不管从什么角度切入,这三者的研究总是相互联系,一脉相承,而且一时一刻也离不开教学实践。所以真正的教学研究,就体现在深入备课、踏实教学、增强育人本领的过程中。而教学实践的备课,本身又是在研究,是在研究教学对象,研究文本,研究教师自己。教学研究与教学实践二者难舍难分,共同推进,两全其美。

第四,要学一些教育科学研究的理论与方法。学习永远是教师成长的第一要务。教得好,首先是学得好;学不好,没有办法教得好。同样,教研要有成果,要能促进教师教学水平的提升,学习仍是第一位的。教师教学研究要取得实效,需要借助相关的理论与方法。所以,围绕着教学实践中的问题,不断学习一些教育理论,积累一些基本的方法,对提升研究能力很重要。

24. 教学是用生命在歌唱

问:这些年我有机会观摩了不少教学展示课,包括各类教学大奖赛和教学比武活动,有感于一堂堂出彩的课堂设计和展示,也在自己的教学实践中进行了一些尝试,也小有成绩,但事后反思却难有让自己内心激动的记忆,学生也好像若有似无的感觉。对于这种状态想请于老师指导一二。

于漪:学校里最难的是上课,上一节两节好课是不稀奇的,每堂课都上得学生学有兴趣、学有所得、学有追求、学有方向,这不仅是科学,而且是艺术。它不是雕虫小技,而是用生命在歌唱。课堂,不是教师一个人的生命活动,而是以教师的生命激发孩子的生命活力,让孩子一起动起来。春风化雨,春意盎然。要研究学的方法,教法和学法相互沟通就能够教在点子上,只有知之准、识之深,才能教到点子上。课要上得立体化,使思想、知识、能力、智力融为一体,发挥多功能的作用,课前须精心设计,须把教材的逻辑结构和教学过程的程序结合起来,探索最佳结合点。师教之功在于启发点拨,让学生开窍,课堂绝对不是教师传递知识的场所,而是教师引导学生学习知识、提高能力的场所。课终人散,只要稍加思考,若有所失的感觉就会升腾而起:学生学到了什么?好像学,又好像没有学,花里胡哨一阵,没在脑子里留下多少痕迹,于是,课就成了货郎担,什么货物都有,多目标成了无目标。这堂课学生学到东西没有?思想感情受到熏陶没有?价值观受到影响没有?这是影响学生生命质量的。教师教的是语言,你给学生的不仅是语言的掌握,而且是灵魂的震撼,是人文。人文和工具是一个事物的两面。教育教学的出发点和归宿点是学生,课如果只教在课堂上,就会随着教师声波的消失而销声匿迹。课要教到学生身上,教到学生心中,成为他们素质的一部分。教学不是一次完成,它有连续性、阶段性、层次性、反复性。让学生对课堂生活产生持久的魅力,首先在于教师对生活有执着的追求,在课中倾注自己的爱。和爱同样分量的另一个字是"心"。用心去教学生,这也是我的教育信念。课堂生活其实就是师生间的心的沟通,情的交流。不达到心心相印的程度,是教不好学生的。课要教得精彩纷呈,美不胜收,不仅让学生有所得,而且要有"如坐春风"的感受,教师就必须对所教学科的基础知识与技能有广泛深刻的理解,熟悉与该学科相关的知识背景材料,了解本学科产生和发展的历史脉络及将来的发展趋势,只有在这方面真正做到行家里手,教学生时才能要言不烦,一语中的,才能居高临下,左右逢源,激发学生强烈的求知欲望。

教师的脑力劳动应当跟学生的脑力劳动相结合,而最终目的还是学生开展积极的脑力劳动。从这个意义上说,教师应该是学生脑力劳动的指导员。语文教学的核心是从学生实际出发,按照教学大纲的要求,对学生进行语言训练。教师在对学生进行语言训练的同时,必须大力发展学生思维的能力。

在现代社会从事语文教学，当然不能采用嚼烂了知识喂给学生的陈腐办法，要学生死记硬背，不能用"零售"的办法把"散装"的字、词、句、篇送给学生，使学生难以捉摸规律，把思维方面应有的锻炼"转嫁"到记忆上。思维训练和语言训练应放在同等重要的位置。思维是对外界事物概括的、间接的反映，思维是借助于语言来实现的。语言是思维的工具，没有语言的思维是不存在的；思维是语言的内容，没有思维就不可能有语言。学生要学好语文，提高语文能力，取得综合效应，思维方面应进行扎扎实实的训练。如果忽略这一点，学生不认真进行思维训练，读，就有口无心；看，浮光掠影；说，不得要领；写，内容干瘪，词不达意。学习困难的同学在思维方面往往有很大的弱点，比如提问题，他们不是不想提，而是提不出问题，发现不了问题。不会思考大大阻碍了他们学习的步伐。早在两千多年前孔子就说过："学而不思则罔，思而不学则殆。"（《论语·为政》）光学习不思考会迷惘无知。教师要想方设法让爱思考的学生多思、深思，让不会思考的学生爱思、会思。在教学过程中，教师要根据教学目的要求善于选用恰当的钥匙，不断拧紧学生思维的"发条"，使它转动起来，不断开启学生思维的门扉，引导他们发挥聪明才智。

教学过程实质上就是教师在教学大纲指导下有目的有意识地使学生生疑、质疑、解疑，再生疑、再质疑、再解疑的过程。在此循环往复、步步推进的过程中，学生掌握了知识，获得了能力。基于这样的认识，我在教学中经常问："为什么？""怎么样？""有何根据？""理由何在？"不但要让学生理解并掌握现成的结论，更要让他们积极思维，懂得形成结论的过程以及怎样去掌握结论。

教课，全身心投入，用生命歌唱，是一种境界，一种诲人不倦、乐育英才的境界。这种教学境界的出现，是要尽心尽力攀登的。这种攀登是为师者一种风范的确立。敬畏专业，敬畏学生宝贵的生命，对专业对学生"沧海自浅情自深"。

25. 教师热情洋溢，课堂生命涌动

问：我们常常听到"教学是艺术"，就是说教学难有绝对的定则，需要教师去

创造,问题是这样的创造有的时候大家说好,有的时候向我们提出一堆的毛病,究竟怎样才能让课堂生命涌动?

于漪:课要上得生命涌动。文章不是无情物,都是作者生命的倾诉。追求真理,探究社会,品味人生,无不在语言文字里蕴含着对生命的理解、尊重、珍惜、热爱;学生是一个个鲜活的生命体,学习、求知,听说读写是生命活力的展现;教师上课热情洋溢,激情似火,用生命歌唱,就能点燃学生求知的火焰。"我见青山多妩媚,料青山、见我应如是。情与貌,略相似。"(辛弃疾《贺新郎》)课堂教学出现这样的境界,师生生命涌动,对文本的深入探讨,心灵之间的沟通就畅通无阻。课上要生命涌动,须做到三激一实。激情、激趣、激思,主动积极进行语言实践。"情"忌外加,忌矫揉造作,忌滥。"情"是文章内在的,固有的,贵在咀嚼语言文字,对它们所传递的情和意深有领悟;教师只有自己真正动情,才能传之以情,以情激情,感染学生。这种情是真挚的、高尚的,学生耳濡目染,就会受到熏陶。教师引领学生进入与教学内容相应的情景之中,情感激发,沉醉于文本之中,朗读时会情不自禁,讨论时会精心寻找"惊人"的语言表达自己的看法。兴趣往往是学习的先导。"知之者不如好之者,好之者不如乐之者",教师在教学全过程中着力启发学生"好之""乐之"。初则萌发热爱的感情,继则求知的欲望在胸中激荡,终则进入徜徉美文佳作之境,咀嚼品味,乐在其中。

在我的课上,五花八门的事情随时都有。比如说我在教初中课文《记一辆纺车》时,是在刚刚学完朱自清的《春》之后,听课的人很多。我很随意地问:"大家预习了这篇文章,喜不喜欢?"我以为他们会说喜欢,谁知学生异口同声地说:"我们不喜欢!"如果我是青年时期,肯定就手足无措了,但是我毕竟是"久经沙场",立即反问:"不喜欢的话,请你们讲讲不喜欢的理由。"他们回答说:"不清楚这到底是说明文还是散文!""没有文采,不好看。"有个学生反过来问我喜不喜欢。这都是我没有想到的。我告诉他们:"朱自清的《春》是抒情散文,而《记一辆纺车》是记事散文。这篇记事散文的特点是托物叙事见精神。两节课学下来,包你们喜欢。"其实我当时也很紧张,因为当堂要检验啊!学生学下来感到同样是散文,但各有不同的特点。

仰慕英雄,喜爱听英雄的故事,容易受英雄形象感染,这是青少年的一种心理特点。而英雄的一生就是树立崇高理想并为之奋斗的一生。因此,用英雄的榜样来教育学生,便容易使学生从英雄身上实实在在地体会到什么叫革命理想,什么是生命的价值,怎样才能使青春放出光辉。英雄人物的豪言壮语,名诗、警句,是他们发自肺腑的心声,往往言简意赅,有巨大的感染力,教师可对学生作有感情的朗读,或要求他们背诵、学习和讨论。这对丰富学生的精神生活,提高他们的思想境界,都是很有益的。

开展学英雄活动,我很注意事先的周密计划,努力做到一环扣一环,逐步深入人,使英雄的榜样牢牢地扎根在学生心中。比如,我给学生讲周总理的光辉一生,讲他的无私的品格、谦逊的美德、非凡的才能、盖世的功勋,以此来感化、教育学生。在周总理逝世和诞生的纪念日,我常和学生一起满怀深情地悼念总理,学习总理。我们的纪念活动有这样一些内容:播放《周总理,你在哪里》的歌曲,用激越的歌词、感人的音乐旋律扣人心弦,让学生懂得人民深切缅怀总理,是因为总理与人民血肉相连;组织学生观看《敬爱的周恩来总理永垂不朽》的纪录片,忆总理为中华民族崛起而奋斗的一生,使学生意识到自己肩负的使命,并以总理为榜样,干工作像吐丝的春蚕,兢兢业业,到死方休,做人像点燃的蜡烛,从头亮起,一生光明;师生一起吟诵《天安门诗抄》和赵朴初同志的《金缕曲》……经过这一系列的教育活动,学生的眼睛明亮起来了,青春的火焰点燃了。有的学生写下了这样的感受:"我深深感动了,这不是普通的教育课,这是揭示人生真谛的课,我将永志不忘!""人的生命是短暂的,但要在这短暂的时间里活得有意义,有作为,就要为'四化'做贡献。"

又比如,在开展向秦鸿钧烈士学习的活动中,先让学生观看影片《永不消逝的电波》,评论主人公李侠崇高的革命气节、可歌可泣的献身精神,然后请秦鸿钧烈士的夫人韩慧如老妈妈讲述烈士的生平事迹,对革命后代提出殷切的期望。之后,又开展了扫烈士墓活动,举行了学习座谈会。这样,秦鸿钧烈士的崇高精神品质和顽强斗志留给学生的印象非常深。

这里,让学生弄明白理想与现实的关系是很重要的。今天,在我们伟大祖国,有着优越的社会主义制度、巨大的经济建设成就,中国人在世界上已能挺直腰杆,扬眉吐气,这一切都是我们的前人梦寐以求的理想。而前人的理想转化为今天的现实，正是历代志士仁人不怕牺牲前仆后继、英勇奋斗的结果。同样，要实现四个现代化，我们就得进行比我们的前人更加艰苦的斗争。因为我们要最终消灭生活中一切不合理的现象，极大地提高社会生产力和人们的思想觉悟、道德品质。要实现这样宏伟的理想，对我们每个人来说。就得有渊博的知识、高度的才能和强健的体魄。这些条件必须从学生时代起，靠认真刻苦地学习、锻炼来创造。这些道理要让学生有足够的认识。但更为重要的是，老师还要善于引导学生将这些道理自觉地贯彻到日常的学习、工作与体育锻炼中去，使他们经常想到自己肩负的历史使命，始终保持旺盛的热情和斗志。总之，我们要持之以恒地对学生进行革命理想教育，用我们的汗水、心血把他们培养成为人民所需要的有理想、有道德、有知识、有体质的一代新人。

当然，要塑造学生的灵魂，教师就得塑造好自己的灵魂。孩子们的目光是极其敏锐的，他们会观察你的言行，会掂你的分量，会窥测你的内心深处。班主任几乎每天都在教育对象面前进行世界观的"亮相"。血管里流出来的是血，水管里流出来的是水。要使理想教育取得良好效果，班主任老师自己必须树立革命理想，脱离低级趣味，对革命事业一往情深，坚韧不拔；对工作勤恳认真，一丝不苟；对学习孜孜以求，不断进取，这就是我们通常说的教育者必须先受教育。

26. 打开一节课的钥匙是问号

问: 大家都说一堂好课要有好的问题,可是好问题很难得,我们去听课总感叹别的班的学生怎么有那么多好的问题,自己教的班的学生没有那些底蕴,提不出好问题,没有办法,只好认命,是这样吗?

于漪: 教师与学生的关系亦师亦友,在学生面前,应做到师风可学,学风可师,学习方面也应是学生的榜样。与学生交往,学生耳濡目染,不仅增长对教师的依赖与尊敬,而且学习态度、学习习惯、学习方法会受到良好的熏陶。

教师一定要教到学生身上,刻在学生心中。教是脑力劳动,学也是脑力劳动。对于学生,重要的是发展思维能力,因为掌握知识,获得能力,都要动脑子,孔子说"学而不思则罔,思而不学则殆",就是这个道理。学是接收和储存外界信息,思是分析、判断、处理外界信息,教师要把问号装进学生的脑子里,所以学与思一定要结合。思维是学生学习的基本功,一个人的认识不能停留在感觉上,不能老是跟着感觉走,不能只认识事物的现象,要认识事物的本质。

学源于思,思源于疑。一个班里,成绩好的学生经常问老师,成绩差的学生很少问,你要求他提问,他也提不出什么。这就需要教师去激发,培养学生提问题的能力。学生没有问题,教师要设疑。

备课有三:一备教材,心中有数;二备学生,目中有人;三备提的问题。运用教材,针对学生实际,设计好有质量、分层次的问题,激发学生思考。这些问题是学生学课文的桥梁,学课文的路子。这些问题设计得好与不好,关系到教学的质量,一个问题设计得好,一石激起千重浪,有时也能激起一阵涟漪。巴尔扎克说:"打开一切科学的钥匙都是问号。"打开一节课的钥匙,毫无疑问也是问号。我们要使学生学到语文知识,培养思维能力,就要把问号安到学生脑子里。

有疑就有问,有问就要答,教师不是万能博士,要发动学生辨疑,启发学生挖库存,学生是有知识积累的。有一种误解,认为学得好的学生有库存,学习差的学生没有库存。其实不然,我们教的是中学生,再差的学生知识也不是零。有一条规律,温故而知新,启发学生挖库存,就是温故而知新。

灵活运用多种比较方法,培养学生辨疑析疑的习惯。可以是纵向联系,也可以是横向联系。辨疑时,对学生要注意层次,设计的问题,提的问题要有层级性,面对大多数,让程度好的、程度差的都跟得上,让每个学生都有所得,认识到自己是要攀登的。有时可以带着问题下课,允许课后析疑。

上《木兰诗》一课时,我说"历史学家范文澜先生在世时说历史上有双璧,一块是《孔雀东南飞》,一块是《木兰诗》,这是乐府中的两块美玉,写古代女子刚劲风格的就是《木兰诗》,音韵非常美,课后要好好朗读"。一学生站起来说:"好是好,但尽是吹牛。"我说"何以见得?"他说:"你想想看,从军十二年,不知木兰是女郎,军队里的人全是傻子。"我要他说说理由,他说:"行军打仗,关山度若飞,跋山涉水。跋山涉水就要脱鞋,就要洗脚,鞋一脱,洋相就出来了,因为古代女子是小脚。"我说:"那时女子不缠足。"于是他又进一步问:"老师,你说我国古代女子是什么时候缠小脚的呢?"我从来没有想过这个问题。我说:我没研究过,不能回答你。这样吧,你也思考,我也思考。课后我就找资料,经常注意报纸杂志上有关这方面的介绍。我从《陔余丛考》和《文物》杂志上找到了答案,回答了学生的问题。学生积极思维,也激发了教师的思考,达到了教学相长的目的。

27. 我的教学五字核

问:我从事语文教学多年,从关注知识到关注人,如今才明白教学应该注重整体效应,您能不能跟我们介绍一下怎样才能更好地发挥教学的整体效应,您的经验是什么?

于漪: 我把课堂当作传播知识、促进学生整体成长的广阔天地,打开四面窗户,引进八方来风,把大量的知识信息带入课堂,根据学生的年龄特征、知识水平和理解能力,补充大量课外有鲜明时代特色的知识,使教学的整个过程充盈时代的活水,激发起学生内在的持续不断地探索语文知识宝库的求知欲。课堂教的是"知识的核",因此,语文学科必须从母语教学的个性特点出发,把学生领进语文学习的广阔天地,把语文学习的课堂延伸到课外、校外,为学生打开认识现代社会、认识生命价值的大门,全面提升他们的整体素养。

让课堂生活产生持久的魅力,首先在于教师对生活有执着的追求,在课堂中倾注自己的爱。

发轫于"美",即语文教师在课堂中所要抓住的根本就是"美"。如文学作品的解读,就是一个审美的过程。作品的"真"与"善",都必须融入"美"的形态中来。因此,对一篇作品的"真"与"善"的求索,也只有从"美"的角度切入才能取得良好效果。这是语文课堂上教与学都要遵循的一条重要原则,背离这个原则的语文教育和语文教学,是不可能成功的。

直面于"人"—植根于"爱"—发轫于"美"—着力于"导"—作用于"心",就是上述五点,构筑起我教学艺术的"核"。它没有一个固定的程式,我们也许可以用一个比喻来表述:我的教学风格像"水",水本无形,形随容器,因势赋形,所以"大象无形"。

语文教学是一个完整而多元的系统工程,德育、智育、美育等各个具体范畴的教育目标,均构成这个系统的要素。而任何一个要素,对于系统来说,都不具有整体性,整体性只存在于系统本身。因此,只有当整体中的诸种要素共同发展、和谐发展的时候,各要素之间才能相互作用,实现整体的发展。也就是说,在语文课堂教学的过程中,只有当"知识传授、能力培养、智力开发、思想情操陶冶"多管齐下、齐头并进时,语文课堂教学才能收整体之效。

这个整体之效又绝不是各部分简单相加之"和",而是事半而功倍之"积"。也就是说,课堂教学要实现多元价值的有机融合。用了一个字表述就是"熔",它表明整体的系统培养目标中各种因素不分主次轻重的同等地位,而且强调了几种要素结合的最佳途径和方法,是春风化雨,是水乳交融,是"化",是"育",而不是贴标签,不是生搬硬套,是内在构建,而不是外在塑造。这样一种理念,来自全面育人的高度。全面育人,就是要求语文课堂熔思想、知识、能力、素质培养于一炉,以"多管齐下"的全局观念来处理教材,设计教学过程,使学生在各方面得到培养和发展。

比如,我教《晋祠》,课堂的第一个环节,要求每个学生口述祖国的名胜古迹,而且在速度和表达上有要求。学生从上海小刀会起义的点春堂讲到西藏的布达拉宫,从杭州的西子湖谈到长白山的天池,思想集中,兴趣甚浓。安排此环节,目的是使学生在以下几方面获得培养:锻炼口头表达能力;相互启发,扩大视野;了解中华民族的灿烂文化,进行爱国主义教育,增强民族自豪感。第二个环节,学生听写《中国名胜词典》的"晋祠"条目,并与课文对照比较,找出异同。其目的是:激发求知欲,训练学生听和写的能力,训练其思维的敏捷性,检验阅读理解的准确度,训练比较思维的能力。这正是我全面育人观在课堂教学环节中的充分体现,每一环节都有明确的训练目的,每一环节都从多方面起育人作用,都具有多重功能。站在这样的高度,讲课就会立体化,就会出现轩昂的轮廓;否则,起点太低,通道太窄,课堂教学就很难有纵横捭阖、收放自如的广阔天地,而只能给人平面化的局促的印象。这样的语文,其教学目标怎能不"熔"杂多于整一?

可以这样说,没有我对语文教学整体性的认识,就不会有我语文教学的"教文育人"观。在语文课堂教学的过程中,只有当"知识传授、能力培养、智力开发、思想情操陶冶"多管齐下、齐头并进时,语文课堂教学才能收整体之效。

28. 教学目标制定中的基础

问:从您的教学经验可以看出,目标的设定十分重要,我们在自己的教学实践中也会根据要求列出一些教学目标,问题是实战教学中这些目标要么游离于教学实践,要么固守死板,对于教学目标的制定您有什么建议?

于漪:关于设置教学目标,语文课常出现两种情况,一种是明明教案上教学目标写得很明确,在教学实践过程中却不自觉地把它丢在一边;另一种情况是,我完全按照教学方法的设计,一环扣一环,但这两种在教学效果上都不太理想。

究其原因,一是对教学目标在课堂教学中的重要性缺乏足够的认识。饭是一口一口吃的,教学中一个个具体的目标是通过一节节课有序地实现的。一节节课具体的教学目标没能落到实处,要提高语文教学质量只是空中楼阁。二是对实现语文教学目标的特殊性缺乏足够的认识。数学、物理、化学等课程科学体系严密,知识的坡度清晰,循序渐进,一环扣一环,确立与实现教学目标比较单纯。而语文课程综合性强,同一篇作品,可在中学教,也可作大学教材,区别在教学目标不一样,目的要求有高低之分,繁简之别。也正由于综合性强,从思想内容到篇章结构,从写作方法到语言表达,可教给学生学习的很多,因而教学时容易被教材牵着鼻子走而忽略了教学目标的实现。三是广种薄收思想的障碍。认为语文老师多教一点,学生多少总可学到一点,殊不知漫无目的地学,效果并不佳,反而浪费了不少时间。教学须有目的、有计划,课上随意性越大,学习效率越低。

教学目标的制定须有坚实的基础。每个单元每节课的教学目标须放在语文课程总目标与分年级目标中考虑,每节课的目标就是课程总目标、学年总目标、学期总目标以及单元目标在某一方面或某几方面的具体体现。从整体出发来考虑局部、认识局部,就可加强科学性,减少随意性,这是一。第二,须研究教材,研究课文,从课文的实际出发,把握重点,把握特色,把握个性。第三,须研究学生,了解他们的语文水平、学习方法、学习能力、学习习惯,从他们的实际出发。这三个方面认真考虑,仔细斟酌,制定的教学目标就可避免主观臆断,避免心血来潮。

语文教学目标的制定要从两个维度来考虑:一是语文知识、语文能力训练要达到的目标;二是情感态度价值观,也就是德育与美育方面熏陶的要求。两者在教学过程中不应分割,而应融合,方法指导渗透其中。

29. 对教学内容要进行详略取舍的处理

问:在教学的过程中,我们怕学生掌握得不全面,总想着不放过任何一个细节,希望每一个地方都能讲到,但教学效果往往不尽如人意,总感觉该讲的重点没讲清楚。那么教学内容到底应该怎么处理呢?

于漪:我以语文学科为例来试着回答这个问题。使用某篇课文对学生进行知识传授和语文能力的训练,不能面面俱到,不能胡子眉毛一把抓。究竟教什么给学生,这是必须明确的首要问题。教学目的不明确,节奏就成了随心所欲的制品,缺少科学的依据。教学目的清楚实在,教学前就可根据教学目的对教学内容进行处理,量体裁衣,轻重有当。

要善于拎出课文的要点,尤其是长课文,更要透过繁多的文字拎出全文的要点。这些要点往往分布在文章的各个部分,把它们排列成序,根据学生理解的程度,确定教学重点,明确教学难点。这些要点基本上是有起有伏教学节奏的波峰部分,要学生全神贯注学习思考的。如《二六七号牢房》是一篇较长的课文,学生似乎一看就懂,但知之甚浅,兴趣不浓。这是由于学生的生活实际与课文中所抒写的生活距离极大,有质的区别。如果磨碎了教,学生更会味同嚼蜡,而抓住要点,组织鲜明的教学节奏,可唤起学生注意力,在时间和空间的跨度上搭起认识的桥梁。这篇文章从全文看,要点有二:一是揭露德国法西斯狡诈凶残的反动本质,二是歌颂捷克革命者坚强不屈的崇高品质和乐观主义精神。这两个要点分布在课文的三个部分之中,形成每个部分各有自己的侧重点。第一部分:牢房环境,爱国者卡瑞尔形象。第二部分:牢房中难友更迭;"老爸爸"约瑟夫·贝舍克的战斗深情。第三部分:法西斯暴行;伏契克的信念、意志和乐观主义精神。三个部分的要点并不割裂,而是有交叉,互补互透。捷克英雄群像中伏契克是最主要的,三个部分均用了笔墨,不过主次的位置有变化,使各个部分要点更为显露罢了。因此,排列要点对人物形象以伏契克为主,卡瑞尔、"老爸爸"居次;而人物思想精神的光芒是在法西斯牢房中闪耀的,因此环境写实也是必不可少的教学要点;人物的思想精神和感情上的爱憎又是通过平实含蓄的语言来表达的,因而这个特点理所当然地应该是教学要点。不过,排列时应将它贯穿于前二者之中,在特征明显之处深入推敲。

教学要点拎准了,就可大胆地有勇气地删剪繁枝繁叶,使教学上的重点显露、突出。对教学内容不作详略取舍的处理,教学上就难以摆脱平板呆滞的气氛,难以形成教学节奏。无"轻"显不出"重",无"伏"不易看出"起"。疏密也是相同情况。如《二六七号牢房》的第一部分两个要点的处理可形成鲜明的节奏。"从门到窗子是七步,从窗子到门是七步。这个,我很熟悉。""走过去是七步,走过来是七步。……是的,这一切,我很熟悉。"四个"七步",两个"很熟悉",言简意深,学生不易理解得周全深入,故而要揭示其内在含义:用反复回荡的句式描写牢房的狭小,令人窒息;揭露捷克反动派和德国法西斯是一丘之貉,都是迫害革命者的刽子手;表达作者身陷囹圄而渴望自由的感情和勇于献身的精神。这是教学节奏中的"起""峰",教学中从"重"到"详"。而第二个教学要点的处理就要大力删剪枝叶。写卡瑞尔的笔墨多达近千字,不分巨细都教,学生反会模糊一片。哪些句子最能深刻揭示他的精神世界的,就牢牢捕捉住。一个侧面描写"他留在我们记忆里的,只有他那善良的心",一个正面描写"但这是我的义务,你知道,我只能这样做",二者结合起来刻画,人物精神毕现,其余描写部分只需用概括的语言疏疏一带而过。该详则详,该略则略,节奏就分明。

教学难点不一定是教学重点,如根据教学目的要求衡量,不作为教学重点时,对有关的教学内容同样有个删繁就简的问题。否则,容易拖长时间,拖拉节拍,影响教学效率。如《事事关心》一文中"围绕对联评东林"是全文中的难点所在,因牵涉到东林党人等历史知识,学生不易弄清楚,如花费许多时间去疏导又非教学目的所需,就应避开,只要与学生研究这一部分在全文中的作用和一些语句在表情达意上的妙处就行。至于教学难点又是教学重点,处理时当另作别论。

30. 读懂课文不是一句空话

问:在语文课的课堂讨论中,我们常用的方法是就课文内容设计几个问题,然后组织学生进行讨论,但这样的讨论常常浮在面上,难以真正激发学生的思维、情感,也很难帮助学生获得有品质的语言体验,对此,于老师您有什么建议呢?

于漪:语文课程丰富的人文内涵对学生精神领域的影响是深广的,要使学生从中获得启发与教益,就须充分激发学生的主动意识和进取精神。为此,课堂教学中经常采用问题讨论的形式,鼓励学生积极发言,发表看法,或小组,或班级。这种形式无疑能活跃学生思维,培育合作精神,激励创新意识,提高口语交际的能力。用得恰当,有利于学生充分发挥学习的主动性,促进学生自主、合作、探究学习方式的形成。

值得注意的是设计怎样的问题,要实现怎样的目的。经常碰到的情况是:就课文内容设计几个问题,组织学生讨论,意图在于体会作者要表达的思想感情,增添教课的人文含量。以课文内容为切入口,组织问题讨论,是学生学习语文与作者对话的一种学习方式,无可非议。遗憾的是这种讨论往往就内容谈内容,脱离文本拎空谈。语文课堂教学是教师、学生、作者、编者多重对话的过程。学生要从作者的写作意图中感悟到什么,体验到什么,一定要认真阅读文本,认真理解语言,认真思考,也就是要认真与作者对话。教师要指导学生有效地阅读,不但要深入地与作者对话,而且还要与编者倾心交谈,弄清楚选这篇课文的意图,组合这个单元的意图。因此,无论从教的角度,还是从学的角度,都要紧扣教材,以文本为依据。那种文本的内涵还未掌握,就延伸,就拓展,远离文本去过度发挥,语文课就会打水漂,就会浮泛,语文的个性淡化了,乃至难以找到痕迹。

文本内容当然要探究,但内容是借助语言来表达的,因而,在探讨内容的同时,必须咀嚼语言,推敲语言,品味语言,让学生在学习过程中有自己独特的体验。学习任何课文,不管是怎样的体裁,一般说来,师生至少有三个问题要把握:一是作者写了什么,二是作者怎样写的,三是作者为什么这样写而不那样写。从思想内容到语言形式,从语言形式到思想内容,阅读,思考,体验,感悟,真正读懂,把握真谛。必须清醒地认识到:课文的内容和课文的语言不是两张皮,而是一个不可分割的整体。文中深邃的思想,精辟的见解,丰富的感情,是借助精当、精彩、精妙的语言文字来表达的;也只有真正体会到文中语言文字的精湛,体会到它表现的魅力与魔力,感受到它站立在纸上与你交谈,你才会真正触摸到作者思想的深处、感情的深处,跨越时空,与他们进行心灵的交流,乃至思想的碰撞。语文教学一定要正确把握语文课程工具性与人文性统一的基本特点,展现语文教育的个性。语文课就是语文课,不是思想品德课,不是某种文化某种艺术的课。文本中人文内涵对学生的熏陶感染与学生语文能力的提高是融为一体的,相互渗透的。离开文本中语言文字的具体运用,讨论某些内容;不探究文本内容,却醉心于语言文字排列组合的技巧,割裂开来,厚此薄彼,或厚彼薄此,都会造成阅读中的残缺,影响学生良好语感的形成和语文素养的全面提高。

正因为如此,设计问题时须有整体观念。指导学生讨论时,无论是以文本的内容为切入口,还是以语言文字如何运用的推敲为切入口,均要牢牢把握住内容与形式如胶似漆、互为依存的这条线,发挥语文课程的多重功能。

31. 合理地安排课堂结构

问:于老师,您常说上好一节课不难,要上好每节课才难,对于我们老师来说,困难主要是课堂上要面对的不是一个学生,而是每个都不一样的学生,这除了要不断研究学生以外,有没有较为合理的课堂教学建议?

于漪:如今每个班级有这么多学生,上课的时候很难照顾到每位学生,怎么让每个学生都沉浸在浓厚的学习气氛中? 这就免不了要考虑课堂结构的问题。

班级教学要面向全体学生,让每个学生沉浸在浓厚的学习气氛中,学习,思考,讨论,发挥聪明才智。因此,教师和全班学生在课堂教学中的合理构成应该是:

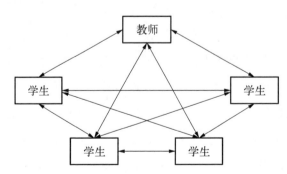

为什么说图中的结构是合理的呢?(1)教学过程这个脑力劳动过程,需要师生共同参与,形成一个整体。(2)教师的"教"作用于全班所有的学生,学生积极性被充分调动,既向教师反馈,又与同窗交流。(3)形成了思想、知识、情感、能力交流的网络,信息量大大增加,传递的渠道通畅。(4)在特定的教学活动中,学生之间不仅可切磋琢磨而且能充分发展个性和才能。学生学的是祖国的语言文字,学的是母语,平时接触广泛,由于生活和学习的储存,在钻研或讨论某些问题时,常会有"神来之笔"放出异彩。广泛的知识信息交流常常是触媒剂,促使学生正常发挥乃至超水平的发挥。(5)体现了"能者为师"的特点。教师和学生一起参与教学活动,既引导学生"学",又从学生的"学"中得到启发,验证课前设计的正误,收教学相长的效果。(6)发扬了班级教学的优点,在同一时间内教授很多学生,又可克服班级教学不重"区别"的缺陷。只要教学内容适度,教学环节安排得当,各层次的学生均可有所培养。(7)课堂气氛活跃,学习情境优化。

课堂教学的构成从单向型的直线往复转换为网络式、辐射型,语文课程综合性、实践性特点能切实体现,能根据教材特点,针对学生实际,把语文知识传授、语文能力训练、智力发展和思想情操陶冶熔为一炉。采用网络式的教学形式,师生积极性双调动,课就会上得立体化,空间充实,时间紧凑,发挥多功能的作用,教学效率大大提高。

当然,课堂教学的合理构成能不能形成,网络的作用能不能充分发挥,不是凭教师的主观臆想,而是建筑在教师对语文教学中方方面面的问题不断研究的基础之上。要整体发挥效应,一个个局部、一个个具体问题需要研究,要弄清楚。只见整体,不深入地研究一个个局部;只见一个个局部,不研究整体,都收不到良好的效果。

课堂上教师以教材为依据和学生进行思想、知识、能力的交往,用网络式组织,充分调动学生的积极性,即使语文水平较差的学生也能发挥聪明才智,成为学语文的"发光体"作用于教师,作用于其他同学。比如,学《谁是最可爱的人》一文,口述文后一练习题,要求学生在文中找出相应的反义词,说到"谦虚"这个词,一名程度中下的学生斩钉截铁地说:"没有。"其他同学为之一愣,好奇地看着他,他却慢条斯理地说:"文中的'骄傲'不是'谦虚'的反义词,文中的'骄傲'是自豪的意思。"这位同学潜心思考,对反义词领悟的准确性给同学以启发。这个例子说明,并不是语文程度高的在课堂上才有惊人之语,可以发光;程度一般的,乃至较差的只要思想集中,学得深入,同样可把学习所得辐射到同学身上。

教师要善于抓住时机,把来自学生中的问题再返回给学生探讨,相互作用,求得真知。如学《听潮》时,有同学提出:"'铙钹',书上的注释是:一种铜制的打击乐器。小的叫'铙',大的叫'钹'。我查《新华字典》,上面说得和书上注释不一样,'似铃而大',请问老师,我相信书还是相信字典?"一石激起千层浪,好几个同学举手说:"我们查了《现代汉语词典》,'铙'有几种,怎么回事?"教师没有立即解答,而是请每位同学课后再查字典,然后课上交流。学生积极性高涨,有查《辞海》的,有查《辞源》的,有查《康熙字典》的,个别乱查的也有,说查《中华人名大辞典》,查不到。全体学生活动,激发了学习兴趣,培养了查用工具书的习惯,了解了学生情况,错误的加以纠正,师生互动,同学之间互动,教学有声有色。

32. 有效把握课堂教学流程

问:根据您前面的一系列建议,其实已经领我们进到了课堂教学的内层,那么从教学流程角度,您能不能以语文课为例给我们进行一些解剖?

于漪:众所周知,我们所说的教学过程是指学生在教师有目的、有计划地指导下,积极主动地掌握系统的文化科学基础知识和基本技能,发展能力,增强体质,并形成一定的思想品德的过程。语文课堂教学过程是其中有机组成部分。要在一堂课内完成特定的教学任务,须有效地把握其流程,如课的类型与结构、课堂各教学环节的构成、时间分配、教学过程中各教学环节的组织工作等等,均须认真而细致地考虑。

首先是要有"序",循序而渐进。

生产任何产品,都有一个操作过程,操作程序愈合理,劳动效率愈高。教课不是从事物质生产,不是依附机器而操作,但是,要有效地传授知识,有效地培养能力,学生学习有实效,同样要讲究操作的程序。操作程序合理而科学,符合学生认知的规律,教学时间就能充分运用,学生受益就比较多。

语文课堂教学中要防止种种无"序"的现象。一是一讲到底,课文里碰到什么自以为要讲的字词、语句,就讲什么字词、语句,碰到什么修辞手法、写作方法,就讲什么修辞手法、写作方法。这种课讲得再清楚也是"模糊"的。既没有按照教学要求、按照循序渐进的原则,对教学内容进行裁剪与取舍,又无视学生当堂训练语文能力的需要,何"序"之有?实质上教师"广种",而不管"收"什么,学生有意无意地选择,不可能丰厚。二是设计许多问题问学生,美其名曰要学生动脑筋,却不考虑问题的质量与价值。三是听任学生摆弄,学生提出问题,就跟着他们转,让全班同学东拉西扯,不得要领,貌似热气腾腾,实则空洞无物,浪费时间。从"满堂灌"到"满堂问"至"满堂乱",看来形式不同,但在无序、无视教学实实在在的效果本质上没有两样。教学是有计划有目的地进行的,学生能提出问题,这是学习积极性的表现,但问题要立即筛选,立即分类,根据教学目的择其精要进行讨论,进行研究。有的只需个别指导或课外指导,无须在全班铺开。班级教学面向全体学生,不能追求热闹,东一榔头西一棒槌,影响学生有序地学习语文。

就一篇课文来说,循序而渐进,指遵循教材内容结构的顺序,组织教学内容,安排教学环节。教学流程中一环扣一环,有逻辑性。

例如秦牧的《大自然警号长鸣》是一篇说明成分很重的议论文。指导学生阅读,使他们弄清楚"大自然已到处发出紧急警号"的主旨,可充分运用文章层层推进的特点,以问题组织学习的台阶,逐层深入地有序进行。如文章标题中的"警号"是什么意思?作者怎么会提出"大自然警号长鸣"这个问题的?从哪件事实入笔?又如何逐步扩展的?作者说明这些事实目的何在?文中是怎样阐述"大自然警号长鸣"原因的?作者具有怎样鲜明的态度?这些议论与前半部分的说明有何关系?组织学生阅读,讨论,"序"在其中:

——课文的先后顺序。

——先说明，后议论。说明由个别到一般；议论是正反两面进行论证。前者为后者铺垫，是后者的依据；后者是前者的深入，上升到理性的思考。

——先感性，后理性。

学生在总体理解的基础上，对某个局部、某个细部可推敲一下。比如：由说明转入议论之时，为什么作者提出"别太过分以为我们'地大物博'吧"？这样提的作用是什么？这个问题如果放在梳理全文时提出，反而容易扯开，造成模糊。全文脉络疏通，每个部分把握得清楚以后，回过来再推敲，学生对于立论根据的把握就更为清晰。有序不等于机械化、呆板，如何处理得当，要从效果出发。

至于传授知识，培养语文能力的由易到难，由简单到复杂，由个别到一般，由单项到综合等等，均应注意与教学流程相协调。

其次是可变"序"，创造最佳效果。

"序"不是绝对不能改变，所有的课文都按照作者思路从开头推到结尾。就如写记叙文一样，如果只允许顺叙，不允许倒叙、插叙，岂非笑话？"序"，是指不杂乱无章，有一定的规则，至于按怎样的规则进行，要根据教材的特点和学生的知识水平、语文能力。

课堂教学有时可用逆推的方法。先让学生找出文章的主旨或结论，然后围绕主旨或结论逆推到课文的开头，再顺势而下，把握全文。

如茅盾的《雷雨前》，用变序的方法组织教学，比用顺推的方法有效，学生容易直奔文章的中心。课的起始就启发提问：文中哪句话点明了全文的主旨？学生浏览全文，找到了文章末尾的最后一句话："让大雷雨冲洗出个干净清凉的世界！"抓住了文章的主旨，再进一步启发：作者希望"冲洗出个干净清凉的世界"，那么，雷雨前究竟是怎样一个世界呢？请同学们就"干净清凉"这个词寻找两个反义词。学生思考后回答："雷雨前是个肮脏闷热、龌龊窒息的罪恶世界。"学生领悟到这一点，教师就顺势而下，要求学生阅读，找准描绘雷雨前肮脏闷热世界的五幅画面，拎出以时间推移为线索的纵式结构特点。最后再来品析文章主旨的深刻思想、扎实基础和丰富感情。"让大雷雨冲洗出个干净清凉的世界"表达了人们要求推翻旧世界、创建新世界的信念。对大雷雨的渴望，对大雷雨来临的喜悦,充满了对光明前途的向往,是乐观主义精神的体现。这句话的出现,不是空穴来风,而是一步一步逼出来的。正由于作者精心描绘了一幅幅闷热龌龊的图景,层层推进,步步紧逼,比比加浓,人压抑得透不过气,压到了绝处,就在这刹那,人们从心灵深处必然爆发出这种强烈的呐喊。前面的文章写透,主题的出现就给人豁然开朗的感觉。结尾—全文—结尾,主旨—"逼"出主旨的一幅幅画面—主旨,文章写作思路的"序"被变动了一下,但教学流程更符合教材特点,更符合学生认知规律,因而,效果比较好。

课堂教学有时可用纵横交错的方法。有的教材比较长,结构比较复杂,既有横式结构的组材,又有纵式结构的组材。为了在有限的课时里,让学生一眼看清文章的脉络可采用纵横交错的方法。把纵向排列的材料排成纵队,把横向排列的材料排成横队,再找出二者的交接处,文章的骨架就一清二楚。如《为了六十一个阶级兄弟》,以时间为经以地点(空间)为纬,根据这一特点,要求学生边阅读边纵横交错地排列材料,学生很快理清线索,把握内容和写法。

变"序"的方法很多,可因文而异,因学生情况而异。但不管怎样处理,目的只有一个,就是取得良好的乃至甚至最佳的教学效果。

第三是环节清楚,阶段分明。

前面侧重从教材内容的组织谈教学流程的把握,这儿侧重从课的步骤述说。

一堂课要富有节奏,须对教学过程中的各个阶段妥作安排,要树立一个"分"的观念。课不能模糊一片,要根据学生的认知规律分阶段有步骤有阶梯地进行。一堂课是个整体,可视课的类型、教学目的、教学内容、学生情况的不同而分为若干阶段,在每个阶段之中根据教学内容、教学要求又可分为若干环节,环节与环节之间应紧密相扣。

就阅读课而言,粗略分一分,可分为课的起始阶段,阅读理解、分析鉴赏阶段,课的结尾阶段。有的课还可设计一个"尾声",让学生带着问题下课堂。比如阅读理解阶段又可分为整体感知、重点剖析、字词推敲、朗读领悟、讨论评析等若干环节,每一环节都为下一环节作准备,作铺垫。要有效地把握教学流程,必须:

（1）每个阶段、每个环节的设计要服从教学目的，避免旁逸斜出。

（2）教师组织学生学习的工作要贯彻始终，使每个阶段学生都学习情绪高涨。

（3）学生语言和思维的训练犹如红线贯穿各个阶段。

（4）课时分配合理，避免前松后紧或草草收场。

（5）有一定的速度，注意培养学生适应现代社会生活节奏的能力，避免课总是慢镜头、慢动作。

写作课、练习课、复习课等，同样需要注意分阶段、有步骤，有效地把握流程。

33. 单元教学要目标集中，重点突出

问：您关于教学内容和教学流程的建议，给了我们不少启发。近年来，单元教学重新引起了大家的重视，这很有必要，但是我们同时感到如今关于单元教学的论说比较驳杂，尤其是实践环节的处理和把握缺少章法，您能不能结合语文学科的情况给我们进行一些指导？

于漪：进行单元教学，目标集中，重点突出，学生易有明显的收获，必须重视，必须加强实践。总揽全局以后，对各个单元的教学须精心设计，寻求教学实践中的"最佳方案"。一个单元教学的内容比一篇课文教学的内容要丰富得多，它应该是一个完整的教学独立单位，在知识传授、能力培养和智力发展方面比较"配套"，在读、写、听、说训练方面比较"配套"。一般说来，设计单元教学可包括以下一些内容：

（1）制订单元教学目标，包括思想教育、知识、能力、习惯、态度等。

（2）处理教材中的主篇和次篇，基本学习材料和一般学习材料之间的关系，明确教学的重点和难点。

（3）确定教学程序，包括如何激发学习兴趣，如何铺展教学内容，如何进行读、写、听、说的训练；包括课时安排，教学环节的衔接等。

（4）选择教学方法，包括阅读、讲解、提问、讨论、练习、总结等。

（5）安排训练项目,包括读、写、听、说等方面的训练,须要求明确,方式多样。

（6）考虑必要的教学手段,如运用挂图等教具和视听的现代化手段,以取得直观的效果。

（7）进行适当的测试,对学生学习本单元的情况及时获得反馈。设计单元教学的内容不是凭空臆造,除了要依据大纲要求,考虑本单元在整册教材中的地位和作用,本单元与前后单元的关系、本单元教材的共性与个性,还要特别注意学生的语文水平和学习心理、学习习惯。只有牢牢把握这些依据,才不会离谱走线,才可能制订出切合学生实际、切合教材实际的单元教学目标,才可能取得良好的教学效果。

要落实单元的教学目的要求,须弄清楚本单元内自读和讲读两类课文之间的关系和各篇课文之间的关系。两类课文之间的关系有类比的、对比的、补充的等。高中第三册第三单元有四篇课文,自读课文《雄关赋》《西湖漫笔》和讲读课文《内蒙访古》同是写景状物、夹叙夹议的比较复杂的记叙文,是类比型的关系;《为了忘却的记念》是叙事记人的文章,熔记叙、抒情、议论于一炉,《内蒙访古》与《为了忘却的记念》之间的关系可视为补充型的关系。讲读课文是两篇比较复杂的记叙文,夹叙夹议是它们写作上的共同特点。后者以记事为主,间或有所议论;前者采用了访问游记的形式,先后围绕古长城和阴山一带的汉代城堡组织材料,在复杂的记叙中引用文献资料或数字以加强表达效果。把两篇互为补充的课文组合在一起,既可引导学生比较两文中夹叙夹议的共同点,又可让学生懂得夹叙夹议在叙事记人文中以及写景状物文中的具体运用。又如高中第一册第四单元说明文,有四篇课文,它们的共同点是抓住事物的特征说明事物,又都是对具体事物进行说明,有说明植物的——《南州六月荔枝丹》《一个好树种——泡桐》,有说明动物的——《蝉》,有说明手工艺品的——《景泰蓝的制作》,因此,它们之间的关系是类比型的。然而,深入一步剖析,就可知道这一组比较复杂的说明文由于各自说明的角度、说明的方法不尽相同,因此,又可视为补充型的。《南州六月荔枝丹》和《蝉》是对于具体事物做文艺性说明,而《景泰蓝的制作》和《一个好树种——泡桐》文章平实质朴,从这一方面看,又可视为对比型。弄清楚这些关系,教学时可有意识、有目的地抓相同点、相异点的比较,落实教学重点,落实读、写、听、说的训练。

进行单元教学不能就某一单元论某一单元,要全局在胸,认真运筹。

单元教学不可模式化,应根据各单元中各类课文的特点、课文编排的意图和学生学习的实际情况选择恰当的教学方法。常用的方法有:

(1)以一篇带多篇。选择单元中最为典范又能比较完整比较明显地体现单元教学重点的课文为主篇,引导学生精读这一篇,从语言文字到思想内容反复推敲,然后以此为中心,组织学生将有关课文与之比较,或补充,或生发,或延伸,形成众星捧月之势,在读读、讲讲、议议的过程中,落实单元的教学目的。如上述的高中第三册记叙文单元的教学,就可以《为了忘却的记念》为主篇,带其他四篇。前者在记叙的基础上夹以犀利的议论和强烈的抒情,组织材料严谨,是比较复杂的记叙文的典范。文章的时代背景,感情的深沉委婉,将零碎材料组成严谨的整体,议论的精辟,等等,对学生来说,均有一定的难度,精读、推敲,比较合适。

(2)分类比较。选择某一个角度,将有相同特点的课文归并成类,指导学生进行比较。通过比较,突出重点,克服难点,落实单元教学目的。如高中第一册第二单元共五篇课文,都是写景状物的。根据组材特点来看,《雨中登泰山》《长江三峡》《难老泉》三篇是按照作者的游踪安排的,用了移步换景的写法;《海燕》《我的空中楼阁》两篇是定物换点,定景换点,对描写对象从不同的侧面进行刻画。把两类课文进行比较,不仅景物的特征毕现,而且可学到多种组材的方法。

(3)对照阅读。根据单元里课文编排的特点,教学时可把相关的几篇组织学生对照阅读,以加深对知识点、训练点的理解与掌握。如高中第五册第三单元应用文,《〈农村调查〉序言》《怎样写调查报告》两篇课文从理论上阐述了调查研究的意义、态度、方法,以及怎样写调查报告,而《昔日荒山变绿洲》正是一篇调查报告,以后者为实例,与前两篇课文对照起来阅读,相互印证,对调查报告的写法可领会得具体、深入。

(4)梳理问题,开展讨论。先组织学生通读单元里所有课文,在通读的基础上梳理出若干问题,重点讨论要求掌握的知识点和训练点。选用此种方法,单元课文的难度不能过大,课文之间共同点、联系点应比较明显。

不管采用哪种教学方法,都要贯穿读、写、听、说的训练,都要充分调动学生学习的积极性,都要讲究教学效果。

进行单元教学必须注意以下几个问题:

(1)有侧重点,不平均使用力量。单元教学具有整体性的特点,使用单元内各篇课文的目的,在于落实单元教学的目的要求,在实现教学目的的过程中,各篇课文所发挥的作用应不尽相同,有主,有次,有轻,有重,这样,方能突出重点。如果不根据教学目的要求对课文内容作恰当的配置,不作取舍、剪裁,平均使用力量,其结果是徒有单元教学的虚名,实质上仍然是单篇教学,难以发挥单元教学的优势。

(2)单元内各篇课文的共性与每篇课文的个性须结合起来。教学中抓各篇课文的共性,可帮助学生认识某类文章写作上的某些规律,如仅停留在"共性"的探讨上,就失之于笼统。共性寓于个性之中,只有牢牢把握各篇课文的特色探讨"共性",才能既认识文章中的某些规律,又能具体感受遣词造句的语言技巧。

(3)激发学生的求知欲和学习的主动性,着力培养他们独立思考、独立分析问题的能力。单元教学与单篇教学比较,单元教学必须思考的问题容量要大得多,它往往涉及前后、左右及方方面面之间的关系。如某篇课文与某篇课文相同点的概括,某篇课文与某篇课文相异点的比较,读、写之间的知识如何互补,听、说训练如何相互促进,前后知识如何连成串,等等,均须在读、写、听、说训练的过程中,引导学生独立思考,认真分析。

(4)及时检测,反馈,加强教学效果。单元教学内容比较丰富,知识传授、能力训练跨度都比较大,而学生的基础、接受能力又存在这样那样的差别,因此,对教学效果及时检测、反馈,有助于迅速采取相应的措施,弥补不足,提高质量。检测,不能只狭隘地理解为考查、考试,口头提问、书面练习也都可及时检测学生学习的情况,对教学信息进行反馈。

(5)教师要充分发挥主导作用。单元教学对教学内容的剪裁、组织,对读、写、听、说各项训练的搭配,对通过结合语文能力的训练有目的地发展学生的智力等,均有较高的要求,这就需要教师运筹帷幄,充分发挥主导作用。单元教学的各项内容犹如钢琴的琴键,只有综观全局,分清轻重缓急,抓住重点,分解难点,协调弹奏,才能演奏出悦耳的乐曲。教师要深入单元教学内容,洞悉底里,又要不受单元教学内容所限,根据大纲和学生的实际情况,开拓,延伸,注意精读、博览的结合,课内、课外的双向交流,大力提高语文教学质量。

怎样可以使课上得一清如水？

34. 课堂是在教师指导下让学生施展拳脚

问：我们今天都能明白课堂教学的重要性，也大体懂得教和学的关系，问题是在我们的实践中常常面对的尴尬是：一方面，要不课被我们牢牢控制着，通过一个接着一个的发问驱赶掉了学生可能发出的疑问；另一方面，要不被学生一个个新奇的观点或提问拖着走，看似开放民主，实则低效放羊。课堂到底是一个怎样的场所？

于漪：学生世界是一本内容极其丰富多彩的大书，读懂了这本书，语文教学中精心进行语言交、文字交、心神交，学生就会逐步告别"我不会"，走向"我会""我行"。那么，如何才能使课堂既不是教师包办，也不是教师放羊呢？

首先要解决认识问题，学生获得知识、提高能力不是全靠教师的"外塑"，主要靠学生自己的"内建"。学生是在一定情境下，如在社会文化背景、学校文化背景、课堂环境气氛下，借助其他人的帮助、协作获得知识与能力；教师传递的只是知识信息，学生积极参与、主动参与，才能内化为自己的所得。因而，学生在课堂上进行读、写、听、说的语文实践，动口、动手、动脑至为重要。教师不是可有可无，对学生的学习应启发、点拨、开窍，指点他们如何在已有经验的基础上主动建构，切实发挥指导、帮助、协作的作用。如果采用放羊的办法，脱离教材脚踏西瓜皮，滑到哪里说到哪里，不着边际地进行所谓讨论，那就走向另一个极端，异化了学生在课堂上"用武"的功能，语文能力、语文素养同样得不到扎实的培养。

其次是做有心人,要树立目中有人的观念,对学生现时代的状况就要做一番认真的调查研究,生理的、心理的,智力的、非智力的,知识基础、能力水平等,既要了解共性特征,又要把握个性特点,这样才能做到从学生实际出发,有的放矢。20世纪80年代的学生思维活跃,兴趣广泛,科技知识起点高,生活知识比较丰富,但语文基础参差得厉害,学习习惯等不尽如人意,给教学增添了难度。而今随着改革开放的进一步深入,西方文化的浸染,学生学习的兴趣爱好、追求发生了很大变化,对母语的认同与热爱随着内外种种干扰呈递减趋势,教学难度大增。如忽视这些因素,停滞在刻板、机械操练的窠臼里,就赢不到学生的心,教学中也就不可能创造精彩。知心才能教心,教学中的有效对策必然闪耀着从实际出发、实事求是的光芒。

了解学生说难也难,说不难也不难,只要耳聪目明,做有心人,课内课外,口头书面,时时处处都是好时机。关键在用心,胸中不仅有学生群体面貌,更要有一个个生动鲜活的个体形象。比如同样写错别字,用一种方法订正往往无济于事,因为形成的原因千差万别,有的是学用新词,以表示自己有水平,但又一知半解,把字写错了或写别了,这首先要鼓励,鼓励他们追求新知的精神,然后推敲词义,具体指导;有的是阅读马虎,字形、笔画、间架结构扫视而过,于是出现添一笔、少一笔、笔画搬家的情况,这就要在学习态度上下功夫帮助,佐以有趣的事例,说明写错别字的危害;有的是形成习惯,有些字一下笔就错,那就要加强记忆。凡此种种,不一而足。

35. 上课最忌一个"糊"字

问:于老师,您总说"课要上得一清如水",很传神。"一清如水"的课最忌什么?最重又是什么?

于漪:课要上得一清如水。语文课最不可"糊",也最容易"糊",似乎字、词、句、篇、修辞方法、写作方法、文学知识等等什么都有,又好像都未能落到实处。

一堂课教什么，怎么教，为什么这样教，教师心中须一清二楚。跟着教材转，跟着教学参考"飘"，必"糊"无疑。教材里有什么，就要学生学什么，一股脑儿搬出来，唠唠叨叨，目的不明，内容多而杂，学生学起来如堕五里雾中。

课要上得一清如水，首先教师要沉到文本之中，认真钻研，正确解读。从语言表达形式到课文的思想内容，从思想内容到表达形式，反反复复推敲。钻研教材钻研到文字站立在纸上，自己能跨越时空和作者对话，与编者交流，才真正洞悉文章的来龙去脉，体会语言表达情意的独特个性。对所教文章洞若观火，心中就会透亮。

其次，要反复推敲教学目的、教学内容。教学目的不能停留在教案上，教学过程中所有教学行为均应为教学目的的实现而选择而组织而展开。要准确把握住课文独特的个性，自己须深入课文底里，有真切的感受，胸中有书还不够，须目中有人，根据学生的学习实际，确定明确的教学目的。这堂课究竟让学生学到什么须十分明确，并要根据教学目的对教学内容精心剪裁，处理详略，突出重点。根是根，枝是枝，叶是叶，千万不能搅和在一起。一搅和，面目必不清。

再者，教学思路要清晰，教学线索要分明。抓一把芝麻满地撒，东一榔头西一棒，学生会丈二和尚摸不着头脑。围绕教学目的，拎起教学线索、教学思路逐步展开：或层层推进，或步步深入，或由具体到一般，或由一般到具体，或浅者深之，或深者浅之，轨迹清晰，轮廓分明。思路清晰是教课的基本要求，教学流程清晰，学生学起来心中才明白。

当然，教师的教学语言也要清楚明白，不颠三倒四，不拖泥带水，不语病丛生。须在要言不烦、一语中的上下功夫。教师语言规范、准确、生动，不含糊其词，学生听起来声声入耳，清晰可辨，就容易入心。课由"糊"到"清"，看似教学的技能技巧，深思一番，就可知晓其中蕴含的丰富。

36. 要让课堂情绪高涨

问：当老师当的时间久了，早年从教的那种冲动就渐渐淡了，上课的时候觉得学生的表现平平,从哪里看过去他们身上都是问题,课堂的气氛便随之沉落下去,想从于老师这里汲取一些养料。

于漪:学生学习语文过程中常有"吃不饱"的感觉,教师对学生这一心理特征常常缺乏认识,总觉得这个水平不理想,那个差错也不少,对学生语文的总体水平和潜在能力估计不足,于是,就出现讲得偏多偏浅的情况,学生能理解的还不厌其烦地教,这样,学生思维活泼不起来。

教课时,针对学生"吃不饱"的要求,多鼓励他们积极探求,不仅是课文本身,也可以拓展到课外。学生情绪高涨,内心喜悦,往往课堂上会出现"神来之笔"。

例如学习契诃夫《装在套子里的人》,学生被别里科夫这个可悲、可笑、可恶、可憎的形象所吸引,提出:小说刻画人物,先从衣、住、行、待人接物、精神状态、语言习惯、社会影响等等方面做一般性描述,然后把他放到"爱情"这件事中作具体描绘。显然,二者不并列,前部分是概况介绍,后一部分是具体刻画,以印证前面的介绍。但仔细推敲,又觉得不对劲。别里科夫逢事必讲:"千万别闹出什么乱子。"事情大到差点儿要与柯瓦连科的姐姐华连卡结婚,倒反而没有一句这样的话,似乎不合情理。再说,柯瓦连科、华连卡那么活泼、好动,单是骑自行车就够吓死别里科夫了,他怎么不怕"闹出什么乱子"来呢?

学生居然能看出这一点,这是教师始料未及的。教师在肯定这个看法的同时,趁势拓开,说:"课文是节选的,只有原作的一小篇幅。小说《装在套子里的人》原是以中学教师布尔金跟兽医伊凡·伊凡内奇讲故事的形式来介绍别里科夫的。现在请大家就结婚这个问题想一想,别里科夫会有怎样的心理活动,怎样的语言。"学生根据课文中人物的语言描写、心理描写,展开想象,有声有色地加以补充。在学生热情述说的基础上,教师把删节的有关部分告诉同学。"别里科夫曾说过这样一段话:'不成,婚姻是终身大事,应当先估量一下马上要承担的义务和责任,……免得以后出什么乱子。这件事闹得我六神不安,我现在通宵睡不着觉。老实说,我害怕,她和她弟弟的思想方式有点古怪,她的性情又很活泼。一旦结了婚,以后说不定就会惹出什么麻烦来。'"学生煞有兴趣地记录了下来,感到了一种满足,而提问题的同学更露出几分得意。

学生学习语文的兴趣，自主学习的意识和习惯，不可能自然生成，也不可能一蹴而就，要靠不断激发，要靠持续培养，要靠努力唤醒。对此，教师责无旁贷，要有所作为。付出的是久盛不衰的热情、持之以恒的耐心和锲而不舍的韧劲。

一个学生一个样，特别是内向的学生，更要多加关注。教学时必须有敏锐的目光，关注每个学生的表情、动作、神态，哪怕是细小的变化、些微的进步，都不能有丝毫疏忽，要及时添柴加温，让求知这盆火旺盛起来。

习惯贵慎始。教师教学的兴奋点常集中在知识传授，能力培养，如何把课上得精彩上，而未把学生学习语文良好习惯的培养放在应有的位置。有些学生，听，不抓要点；读，有口无心；写，潦草马虎。凡此种种的不良习惯，不但冲淡乃至冲走了教学痕迹，而且扭曲了学习正道，大大降低学习质量。学习困难的学生探究起来，多半是基础打得不扎实，缺这少那，而这又与不良学习习惯紧密相连。比如，上课猫抓心，听话听半句，不能全神贯注。须知：习惯有巨大的惯性，一旦养成，就成为人的自然而然的心理与行为状态。习惯可以改变，"改变"与"养成"一样，必备条件是时间。学生良好习惯的养成要在点点滴滴中引导，不断提醒，常抓不懈。

37. 如何提高驾驭课堂的能力

问：您已经向我们提供了很多改进课堂教学的建议，让我们深受启发，从教师自身素养角度您还有什么建议？

于漪：驾驭课堂的能力是教师教学的重要的基本功，课堂教学能否闪发光彩，教学质量能否提高，关键就在于此。这种能力的培养靠精心的探索研究，靠长期的持之以恒的磨砺。

以班级为单位的课堂教学，是语文教学的主要形式。教学设计的蓝图能否有效地实现，决定于课堂教学中教师主导作用发挥得如何。要使所有的学生在课堂上思维积极,主动进行语文训练,须着意提高以下三种能力。

一是组织能力。语文教师是学生学习语文的组织者和指导者,面对班级几十个学生,如何把他们组织到教学过程之中,调动每个学生的学习积极性,这是科学,也是艺术。教学过程是师生共同参与的一个脑力劳动过程,教师的脑力劳动应当跟学生的脑力劳动相结合而最终目的是激励学生开展积极的脑力劳动,因此,教师和全班学生在课堂教学中应该有合理的关系。这种合理关系就是:教师的"教"作用于全班所有的学生,学生积极性极大地调动,既向教师反馈,又与同窗交流;课堂里形成思想、知识、情感、能力交流的网络,传递信息的渠道通畅;在特定的教学活动中,学生之间不仅可切磋琢磨,而且能充分发展个性与才能,能者为师。这种合理关系的主导者是教师。语文教师要善于组织这种辐射式的教学网络,创造活跃的课堂气氛,优化学习情境。驾驭课堂的组织能力不能误解为只有课堂起始阶段的集中学生注意力,只是为了维持良好的课堂纪律,它应该贯穿一节课的始终,为实现教学目的服务。

二是应变能力。课堂教学是教与学的组合体,在教学进程中,教与学的矛盾、教师与教材的矛盾、学生与教材的矛盾、教学内容与教学时间的矛盾等等时有发生,语文教师要善于调控,妥善处理多种矛盾,使教学秩序井然,教学目的实现。其中尤以教与学的矛盾为多,教师须具有教育机智,善于应变。学生学习积极性调动,思想高度集中,会对教材的思想内容与语言文字提出种种疑难,会对教师的讲解、同学的看法持不同意见。教师应充分认识到这是课堂教学中闪光的所在,应把握时机,充分肯定正确的意见,把学生组织到讨论的热潮之中,促使学习深入,促使课堂教学的质量提高。应变能力强不强,受以下几个因素的影响:一个是对教材熟悉的程度,理解的程度;再一个是反应的灵敏度,能及时组织学生开展讨论,及时综合来自众多学生的正确意见,去粗取精,去伪存真,能及时调整或修正自己的看法,使学生信服;还有一个是有相当的知识储存,并能信手拈来为我教学所用。摆脱照本宣科的死板教学,加强教学的针对性,使课堂教学活起来,取决于教师应变能力发挥得如何。

三是语言能力。教师的教学语言在课堂教学中起重要作用,它与学生交流思想,沟通感情。教师语言不是蜜,但可以牢牢吸引学生的注意力,对课堂教学起凝聚作用。语文教师语言要活泼、生动、流畅,能悦于耳,入于心,对学生产生说服力与感染力,产生春风化雨般的魅力。语文教师语言要善于激趣,要新鲜、优美、风趣,要深于传情,要传真情,要亲切,要向学生传递健康的、高尚的、积极向上的情;要工于达意,要准确无误,简明,严谨,词汇丰富;要巧于启智,善于点拨、引导启发。教师语言规范,能对学生正确理解和使用祖国语言起榜样作用,教学效率会大大提高。

38. 课堂提问要让学生的心灵起波澜

问:您多次谈到课堂提问,我们也很想提出一些好问题,但是煞费脑筋却效果不理想,您有什么建议吗?

于漪:教师的提问如果不痛不痒,学生怎么会动脑筋呢?

我在备课时,除了备教材、备学生,还要备提问。有时候为一个问题我会一而再、再而三地推敲,甚至推翻重来。我认为提出的问题,一定要支持学生思考,活跃他们的思维,让他们的心灵起波澜,这样才能使他们主动学习并有所受益。

我教初中的《七根火柴》时,课文中无名战士牺牲的场景非常感人。我开始这样设计问题,这个场景作者做了怎样的语言描写和细节描写?我写了这个问题又马上划掉了,这样苍白无力的问题怎么能够搅动学生的心潮呢?于是,我一而再再而三地更换,最后我把问题改成了"无名战士留给人间最后的话语是什么?留给人间最后的动作是什么?这些话语和动作表现了他怎样的心灵?对我们又有怎样的启示?"这个问题就能直击学生的心灵。

教学不仅是科学,而且是艺术。有了好问题,学生学起来就非常专注也非常激动。由于有直击学生心灵的提问,当学生学到课文的最后,对无名战士牺牲的场景就有了立体化的感觉,就不仅仅停留在茫茫草原,而是通过对关键话语和动作反复体验的辨析,对无名战士心灵的理解与反复体验,课文中由衷赞颂的无私忘我的高尚灵魂就植入到了学生心中,经久难忘。对于语言的敏感以及判断正误的能力,是要不断地修炼的,这也是一种生活的修炼、思维的修炼、人生价值取向的修炼。现在有那么多的培训帮助教师发展,当代教师在这些方面完全有足够的条件,可以闯出一条新时代教师成长、成熟进而成为优秀教师、卓越教师的康庄大道。

39. 课的开头不能"温"

问:学生刚上课的时候很难进入课堂,一开始在维持纪律上就浪费了很多时间,怎样上好课的开头,想请您给我们支支招。

于漪:文章开头好就成功了一半。京剧主角出场时一个亮相,吸引观众,满堂生色,博得全场喝彩。课也是如此,起始阶段是给课定调,要有吸引力,千万不能"温",不能"嘎巴"(黏糊),起始阶段就要精心设计,亮闪闪,吸引学生的注意力。亮点的设计要从学生的实际出发,浅表、艰深、偏僻,效果都会适得其反。起点的亮,关键在妙言妙语、妙人妙事,聚焦在点燃学生心中求知的火焰。如果拖沓或者絮絮叨叨,占用较多教学时间,亮点就成了黑点。

"导入语"不是静态的,一与学生接触就流动起来,活跃起来。因而,"导入"要学会在不同文本、不同单元、不同学生情况下"导",使它充分发挥应有的积极作用。至于那种低俗的、卖弄噱头的、花里胡哨的、追求轰动效应的所谓"导入",对课堂教学是一种亵渎,不能仿效。

要着力激发学生学习某篇课文的兴趣,引起他们求知的欲望,考虑教材的特点和学生的实际。古人谈写诗作文起句之妙处,均可移植过来,为教课而用。如"凡起句当如爆竹,骤响易彻"(明代谢榛《四溟诗话》卷一),"歌行起步,宜高唱而入,有'黄河落天走东海'之势"(清代沈德潜《说诗晬语》),"起句须庄重,峰势镇压含盖,得一篇体势"(清代方东树《昭昧詹言》)。课的起点设计方法甚多,关键在着力激发学生学习某篇课文的兴趣,引发他们求知的欲望。

常用的方法有:

——以旧引新。学生的生活经验、学习所得就是他们学习新知、锻炼能力的宝贵财富。课堂上有意识地经常让学生有机会展示自己掌握的知识,学生就会有一种自豪感。在这个基础上引入新的学习课题、新的学习内容,他们就非常容易接受。

——以新知激趣。求知是青年学生的天性,课的起始用学生不熟悉不掌握不了解的知识作为导入新课的引子,学生就会兴味盎然。当然,新知可以由教师引入,也可由学生在课外阅读中或网上查找。学生寻求新知,积极性很高,易立即步入学习境地。

——以直观演示吸引。数理化教学中有实物演示,以强化学生对事物的认识,语文教学同样也可采用这种方法。使用图画、实物、幻灯、模型、录音、录像、多媒体课件等种种教学手段,目的是通过视觉、听觉、触觉等途径让学生感知。课的起始恰当地运用,学生有新奇感,注意力被吸引了。

课的起点要亮,要激发学生学习语文的愿望,远不止上述几种方法。如还可以检查预习,导入新课;开宗明义,明确学习目标;开拓想象,创设意境;激发感情,褒善贬恶;抓点拎线,条分缕析;紧扣课文个性,形成悬念;创设质疑的条件,让学生发现问题,引出求知的矛盾,触发解疑的积极性,等等。不管采用何种方法,目的只有一个,就是让学生在课间休息时涣散的情况迅速得到转变,精神振奋、兴味盎然地进入学习轨道。

40. 拎起课文要点的板书要清明

问:如今数字技术的运用已成为教学中的常态,通过课件的制作可以取得生动形象的效果,而原来大家很重视的板书设计用得少了,甚至变得可有可无了,这多少影响了学生对汉字的亲近程度,错字别字频频出现,对此您有什么建议?

于漪:对课文的反复阅读、仔细推敲,自不必说,就是黑板上写哪些字,先写什么,后写什么,怎样设计,也是颇费心思的,有时简直是煞费苦心。板书不是随便涂写,想到什么就写什么,杂乱无章。课前须有总体思考。板书设计须紧紧扣住教学目的。组织学生学习这篇课文,如果目的在厘清故事情节,那就要斟酌选择哪些词语写在黑板上让学生一目了然。以时间为线索的,以空间转换为线索的,各具特点,要把词语抓准。可以是课文中现成的词语,也可以是教师经过阅读,自己提炼的,也可以是顺着课文的脉络师生共同推的。板书推敲的过程,学生也就梳理了故事情节,怎样开头,怎样展开,怎样发展,怎样掀起高潮,结局怎样,深入课文之中,亲近文字,积极思考,理解、辨别、学有收获。

板书可因教学重点不同而取舍、详略。可侧重课文内容,可侧重课文框架结构,可侧重课文中人物形象的塑造,可侧重课文中多彩的语言,可侧重课文的写作方法。有的课文,时代背景比较复杂,要用关键词语呈现;有的课文,作者形成独特的创作风格和语言风格,也需要言不烦地点出来;等等。板书助学生学课文,理头绪,抓要点,品精彩,思维能力也伴随着对语言文字的理解与运用得到了锻炼与发展。

板书可呈现课文的一两个侧面,也可是综合性的,全景式的,从思想内容到结构安排,从语言运用到写作方法,从背景材料到现实意义,是整篇课文的缩影。好的板书往往给学生留下深刻的印象,想到它,课文就如在眼前,甚至一二十年以后还会如数家珍般地与过去任教的教师交流。这也反映了文字的魔力,文字的渗透力,点点滴滴在心头。

拎起课文要点的板书切不可繁杂,一要清,清晰;二要明,明白。板书是骨架,是核心,不能枝枝蔓蔓,主要的和次要的纠缠在一起。如果不精心设计,糊成一片,教学效果就适得其反。

黑板上有些字可随写随擦,如难写的字,易错的字容易混淆的词语,在讲述过程中估计学生不易掌握的词汇,等等。写,是为了帮助学生辨别,帮助学生认知,帮助学生增添词汇,克服疑难障碍。擦,是为了凸显板书的总体设计,不要冲淡印象。语文课中,字、词、句、篇的教学不能丢。现在学生作文中的错别字多得吓人,多一笔,少一笔,笔画搬家,笔顺颠倒,张冠李戴,比比皆是,许多常用字,笔画多一些的已遗忘,不会写。这与电脑键盘有关,与短信、网络有关。如果语文课也不写黑板,完全被多媒体课件所占领,师生对汉字日益生疏起来,岂不是莫大的悲哀?据说,冷落文字,不写板书还有一个原因,就是教师自己的字写得歪歪扭扭，不美观，所以，凡要出现的词句一律用多媒体表达。其实，因噎废食是不可取的，多练练字，下点功夫亲近它，"不好"就向"好"转化。

41. 合理运用信息技术

问： 上面的建议，引出了今天教学中一个重大的变化形式，就是信息技术手段的运用，对于这些问题的讨论其实并不少，但作为一线教师究竟把握到什么程度，我们常常比较迷茫，您认为怎样处理比较恰当？

于漪： 许多地方有条不成文的规定：凡是教学观摩、教学比赛，必须用多媒体，否则这一项就是零分。参赛对象当然绝大部分是青年教师。我并不排斥课堂教学中运用现代信息技术，因为任何教学手段都是为了引发学生的学习兴趣，在教学过程中化抽象为具体，化难为易，为学生学习提供方便，更有效地实现教学目的和要求。以往语文课上用挂图、用实物、用录音带示范等，均为此目的。今日，现代信息技术发达，运用到课堂教学中是时代发展的必然，顺理成章。但为何一定要作为评价、选拔优质课的硬性指标，就百思不得其解了。语文课程标准只在九年义务教育"教材编写建议"中指出要"重视运用现代信息技术"，在高中"教科书编写建议"中指出要"重视现代信息技术的运用"，课程目标、学习方式、评价建议等对此均无硬性规定。为了反映语文课堂教学的时代性特点，在教学手段方面更新，大胆实践，积极探索，应该肯定，应该鼓励。但在实验实践的同时，须总结利弊得失，发扬正面作用，减少负面影响，使这种教学手段能更健康更有效地发展。

教学中由于面广量大，常出现一窝蜂的状况。模仿、追逐、时尚，无须号召，就挤挤挨挨，而静下心来沉思、分析、判断、筛选，不够重视。这种急功近利的浮躁心态和其他各行各业呈现的情景，虽不一致，但也大同而小异。

运用现代信息技术应注意：一是千万不能冷落文字。语文学习的主要凭据是文本，文本中的一篇篇课文是由语言文字组合而成。作者织锦成文，学习者感知、感受、感悟，着力于对语言文字表情达意的表现力、生命力的推敲，从而体验母语传承文明、传承中华优秀文化的魅力,提高对母语理解与应用的敏感性,全面提高语文素养。如果以画面,以声、光、色、像代替语言文字的学习,那就背离了语文教学发展的主流方向,不像语文课,不是语文课,使语文教学边缘化了。二是不能和文本剥离,贴标签,外加,要在融会整合上下功夫。运用现代信息技术,目的在帮助学生学习课文时,在知、情、意诸方面发展得更有兴趣,更能动心动情,更能开阔视野,放飞心灵,更能触发奇思妙想,更有表达内心感受的欲望与行为,让学生遨游于语言文字与现代信息技术融会整合的学习氛围之中,品尝学习的欢乐。

现代信息技术可用可不用的,就不必用。例如教泰格特的《窗》,屏幕上出现了窗子的画面,画面很精美。整堂课除课的起始让学生看这个画面外,再也没有派上用处。哪个学生脑子里没有"窗"的形象呢?没有必要介绍。关键在病房里两位病人的思想、情感、发展、变化,"窗"在文中起何作用,这倒是学生须弄清楚的。又如,教余光中的《乡愁四韵》,整个黑板被大屏幕遮盖,时而长江水,时而红海棠,时而雪花飘,时而黄蜡梅,忙不迭地更换画面,结果诗的意境消失,学生的想象力未获得培养,对文字的感悟、意念的领会都受到影响。任何一种教学手段的运用都要有"度",有分寸,只有需要,只有恰当,才是最佳的,否则,就有赘疣之累。

语文课就是学语文,努力做到三个维度融合,养成和提高学生的语文素养,任何教学手段都应为之服务。师生平等对话,任何一方少作为、不作为,都会影响课堂教学的全局。

光未然的《黄河颂》是语文的传统教材,现放在小学高年级教。以往教这篇课文时,多采用反复朗读、表情朗读的方法,引导学生体会这首以黄河象征祖国的热情颂歌,受思想情操的感染。而今学习这篇课文,融会了现代信息技术,课立体化了,内涵丰富得多,整堂课学生朗读、质疑、交流看法、寻求解答,一直处于兴奋状态,处于感情激荡之中。课的起始阶段,教师用多媒体着力渲染气氛,引导学生进入颂赞黄河的特定情境。屏幕上波涛滚滚,耳旁《黄河大合唱》乐曲此起彼伏,执教老师出示课题,调动学生富有激情地朗读,把学生带入了中华民族的母亲河。朗读后,随即交流听音乐与读诗歌后的初步感想,转入下一个教学环节,探讨内容,赏析词语。全诗分"望"和"颂"两部分。学习前一个部分主要引导学生欣赏黄河的形象,感受黄河的气势,体会诗作对黄河的动感描写。于是,教师利用多媒体在屏幕上用红色标出了"奔""掀""结""劈"等几个动词,引发学生对词语表现力的思索。有学生问:"'惊涛澎湃'是一个成语,为什么在诗中写'金涛澎湃'?"画面上出现黄河的汹涌波涛,激起了学生对黄河的多种解释的热望。"黄河主要是黄色,所以有点金的色彩""据我查实,黄河是世界上河流中含沙量最高的……"讨论加深了对词语的理解,加深了对黄河的认识。

42. 要处理好多媒体的使用与课本的使用

问:就今天的语文教学而言,面临两个媒体,一个是以数字技术为核心的多媒体,一个是课本媒体。我们有时会发现有些课近乎成为了媒体展示课,PPT制作很精美,但一堂课上学生几乎没有认真读过课本,课本几乎成了摆设,您有什么合理的建议?

于漪:多媒体的使用无疑是语文学习方式的新探索,为语文课堂教学改革展示了广阔的前景。教师根据教学需要选择各种媒介进行教学实践,对激发学生学习兴趣,了解课文学习的背景材料,展示有关教学内容,探索讨论途径,都能起到积极有效的作用。媒体用得恰当,能增强学生运用现代技术手段的意识,提高教学效率。

然而,在使用多种媒体的同时,千万不能小视课本,轻待课文,乃至把课文撇在一边,而专注于其他问题的讲解与讨论。比如学习杜牧的《山行》,一上课教师就打出一幅山林秋色的国画,然后对着这幅画,逐步出示"远上寒山石径斜"的诗句。教师用心良苦,诗画比照,让学生置身于声、像、色的氛围之中。遗憾的是学生被色彩绚丽的画面所吸引,而诗句所构成的深远意境,对学生想象力的开发,语言的醉人情韵,都被画面框住了。白云缭绕,山路绵长,枫叶流丹,层林如染,富有无限想象余地的活动着的美景,被多媒体制作成一幅静态的画框住,无形中削减了语言的魅力以及审美的教育、智力的开发,太可惜了。又比如学习余光中的《乡愁》,画面就是滔滔滚滚的海水;学习他的《乡愁四韵》,就次第出现"长江水""海棠""雪花""蜡梅"等多媒体制作的画面。诗人借助具体的物象来抒发自己的情感,学生生活经验中也有这些具体的物象,还有没有必要大张旗鼓地展示呢?要体味要咀嚼要品尝的是借助物象抒发的乡愁,一种看不见摸不着的情绪,不潜心阅读,不反复朗读,不对文字仔细咀嚼,又怎能体会其中一二?再如学习《宝玉挨打》,多媒体展示的是宁国府、荣国府复杂的人际关系的谱系,教师将课文抛在一边,除极个别自然段要求学生看一看外,从语言到内容,从情节到结构,几乎没有问津,难怪听课时有人不解而问:"这是语文课吗?"

课文阅读在课堂教学中占有重要地位,对学生语文素养的形成和提高发挥着至为重要的作用。《语文课程标准》里明确指出:"阅读是处理信息、认识世界、发展思维,获得审美体验的重要途径。"同时又明确指出,阅读教学是学生、教师、文本之间对话的过程。显然,阅读教学中,学生、教师、文本应各司其职。学生是阅读的主体,阅读什么? 文本,一篇篇课文。教师是课堂教学的组织者、引导者,组织什么? 引导什么? 组织和引导学生阅读文本,阅读课文。离开了课本,阅读教学就丢失了语文学习的特殊凭借物。众所周知,教材(文本、课本)是最重要的课程资源,是教师和学生实施课程标准的重要凭借。一般地说:课本中选文较为典范、文质兼美,富有文化内涵和时代气息,难易适度,适合学生学习。语文课上教师和学生凭借它进入作品描绘的纷繁世界,进入作者丰富的感情世界、思维世界,感受语言文字的表现力,获得多方面的启发与熏陶。课本对学生的教育教学功能,其他媒体难以代替。

阅读是复杂的心智活动。首先是由眼睛对文字符号的感知,然后把信息传入大脑,进行复杂的分析综合活动。阅读,包括多种心理活动过程,如感知、记忆、思维、想象,还有兴趣、情感、意志等。认真阅读课文,可与高尚的心灵对话,汲取人类精神文明的营养;可感受语言,理解语言,发展读写能力,提高语文素养。使用媒体的目的,绝不是为媒体而媒体,应有助于学生更形象、更准确、更深入地阅读课本,更能自主探究,提高学习效率。如果脱开课本,另行其事,就会成为赘疣。不管使用怎样先进的工具,都应从实际出发,适应实际需要。语文课要教出语文的个性,千万要重视、使用好语文教材,它是语文最重要的课程资源。

如何使课堂教学闪现思想的火花?

43. 以知识吸引学生注意力

问:您已经不止一次地提到课的起始阶段很重要,并且提出要抓住学生的心,能不能向我们展示一下,您在教学中是怎么处理的呢?

于漪:知识就是力量,知识是我们这个世界的绝对价值,学生必须学习,必须掌握知识。求知是青年人的天性,在课的起始阶段,用学生不熟悉不掌握或不了解的知识作为导入新课的引子,学生就兴味盎然。如教学《孔乙己》的起始阶段,可这样设计:

"本文写于1918年冬,发表于1919年4月的《新青年》,后收入短篇小说集《呐喊》。凡读过鲁迅小说的人,几乎没有不知道《孔乙己》的。凡读过《孔乙己》的人,无不在心中留下孔乙己这个遭到社会凉薄的苦人儿的形象。鲁迅先生自己也说过,在他创作的短篇小说中,最喜欢《孔乙己》。他为什么最喜欢《孔乙己》呢? 孔乙己究竟是一个怎样的艺术形象? 鲁迅先生是运用怎样的鬼斧神工之笔来精心塑造这个形象的? 学习本文之后就可得到明确的回答。"

"过去有人说,古希腊索福克勒斯的悲剧是命运的悲剧,莎士比亚悲剧是主人公性格的悲剧,而易卜生的悲剧是社会问题的悲剧,从某种意义上说,是有道理的。那么,孔乙己的悲剧是什么样的悲剧呢? 悲剧,往往令人泪下,然而,读了孔乙己的悲剧,眼泪往往向肚里流,心里感到一阵阵痛楚。这又是为什么呢?

学习之后可以得到回答。"

学生对鲁迅先生喜欢《孔乙己》,对索福克勒斯、莎士比亚、易卜生的悲剧特征不了解,课起始阶段一介绍,学生求知欲得到调动,积极地阅读课文,从中寻找满意的答案。

又比如从作者的创作特色引入课文,学生原本不了解,教师用生动、形象的语言描述,学生立刻步入学习境地。教《变色龙》这篇课文的起始阶段是这样处理的:"安东·巴甫洛维奇·契诃夫(1860—1904),俄国作家,是具有世界声誉的短篇小说大师。他20岁开始创作,一生写了700多篇短篇小说。《万卡》《小公务员之死》《套中人》《变色龙》均脍炙人口。这些作品多取材于俄国中等阶层的'小人物'。"

"他创作的小说主题挖掘得很深,而这深刻的主题思想是通过人物形象的塑造来表现的;主人公的典型性格特征作为整篇作品的焦点,以此为核心安排场景、情节、细节,和配置不可少的其他人物,形成了生动的形象体系。用他自己的话来说:'人在写小说的时候总是不由自主地先忙着搭好它的架子:从一群人物和半人物里只取出一个人物——妻子或者丈夫,把这人物放在背景上,专门描写他,使他突出,把其余人物随便撒在那背景上,像小铜币一样,结果就成了一种像天空的东西:中间是一个大月亮,四周是一群很小的星星。'这就概括了他短篇小说创作的一大特色。"

"他的创作技巧十分高超,高尔基赞扬他:'只需一个词就创造一个形象,只需一句话就可以创作一个短篇故事,而且是绝妙的短篇故事,它像螺钻般钻入地下一样地深入到生活的深处和实质中去。'"

"本文是他的早期作品,发表于1884年。1881年,亚历山大二世被谋杀,亚历山大三世继位。为了保证统治者的安全,沙皇大大加强了警察的权力,建立了恐怖的警察统治。这就是故事创作的背景。现在看'大月亮'在这个故事中是何等样的人?"

创作的形象体系,"大月亮""小星星""一个词就创造一个形象""一句话就可以创作一个短篇故事"等知识,学生从未接触过,因而,一下子就抓住了学生的心。

44. 激发感情吸引学生

问：您的这些经验很直观，对我们有很大的启示。除了这些您能再给我们介绍一些抓住学生心的教学起始设计吗？

于漪：思想感情是文学作品的主体，它通过艺术形象达到以情感人的目的。白居易说："诗者，根情。"（白居易《白氏长庆集·与元九书》）诗歌教学、散文教学离开了情的感染，语言文字就会成为干枯的符号，引不起学习的兴趣。教文学作品，深入挖掘教材中的情感因素，就能以情动情，使学生学有兴趣，受到感染。如教《诗八首》这样起始：

"人们一谈到诗，往往会联想到驰骋的想象、充沛的感情、鲜明的形象、音乐般的语言，会联想到优美、动人、鼓舞、力量。确实如此。诗，像种子一样，有一股顽强的爆发力。好的诗歌破土而出以后，它的芳香会和民族精神融合，长久地滋润大地。今天我们读的古诗八首，有的距今已 900 年，有的距今达 1 500 年之久，然而，诵读咀嚼，仍可闻到其中的芳香。"

激发学生对诗歌、对诗歌中蕴含的民族精神的热爱，学生诵读时情感倍增。激发感情时，不仅教师要善于运用语言叩击学生的心灵，而且要注意充分调动学生的学习积极性。如教《雨中登泰山》时，起始阶段这样安排：

"你们游览过祖国的名山大川吗？那奔腾咆哮、一泻千里的长江、黄河，那千姿百态、气势雄伟的三山五岳，孕育了我们中华民族的古老文明，一想到它们，民族自豪感就会充盈心头。请说说看，谁游览过名山？游览过哪些山？（学生答）在所有的名山中，五岳为最。哪五岳呢？（学生试答：东岳泰山，南岳衡山，西岳华山，北岳恒山，中岳嵩山。）五岳之长呢？巍巍泰山。泰山有拔地通天之势，擎天捧日之姿，历代多少文人墨客写诗撰文讴歌、赞美，杜甫的五言古诗《望岳》就是其中之一。"

请学生背诵："'岱宗夫如何？齐鲁青未了。造化钟神秀，阴阳割昏晓。荡胸生层云，决眦入归鸟。会当凌绝顶，一览众山小。'"

"'一览众山小'的境界是令人神往的，只有登攀到'绝顶'，才能领略那无限风光。今天我们学李健吾的《雨中登泰山》，请作者为向导，跟随他攀登高耸雄奇的泰山。"

课起始,学生积极投入,兴趣大增。

45. 以旧带新吸引学生

问:上述的方法我记住了。还有什么方法吗?

于漪:有意识地经常让学生有机会展示自己掌握的知识,学生就会有一种得意感、自豪感,在这个基础上引入新的学习课题,新的学习内容,学生非常容易接受。例如教《春》的起始阶段:

"今天,学习朱自清先生的《春》。一提到春,我们眼前就仿佛展现出阳光明媚、东风荡漾、绿满天下的美丽景色,就会觉得有无限的生机,无穷的力量。古往今来,许多文人用彩笔描绘春天,歌颂春天。"

"同学们想一想:诗人杜甫在《绝句》中怎样描绘春色的?(同学背诵:'两个黄鹂鸣翠柳,一行白鹭上青天。窗含西岭千秋雪,门泊东吴万里船。')王安石在《泊船瓜洲》中又是怎样描绘的?(同学背诵:'京口瓜洲一水间,钟山只隔数重山。春风又绿江南岸,明月何时照我还?')苏舜钦在《淮中晚泊犊头》的诗中又是怎样写春的呢?(同学背诵:'春阴垂野草青青,时有幽花一树明。晚泊孤舟古祠下,满川风雨看潮生。')"

"以上背诵的诗都是绝句,容量有限,是取一个景物或两三个景物来写春的。今天学的散文《春》写的景物可多了,有山、水、草、树、花、鸟、风、雨等。作者是怎样描绘的呢?再说,春就在我们身边,现在我们就欢乐地生活在阳春三月的日子里,文中写的这些景物的姿态、色彩等你注意到没有呢?让我们细读课文,领略大好春光,寻找与作者观察的差距。"

46. 以直观演示吸引学生

问:您已向我们展示了通过知识、情感、以旧带新三种有效的起课方法,还有什么方法可以帮助我们把课上得更立体？

于漪：数理化教学中有实物演示，以强化学生对事物的认识，语文教学中同样可采用这种方法。图画、实物、幻灯、模型、录音、录像等教学手段，主要是通过视觉、听觉、触觉等途径让学生感知。课的起始阶段采用，尤其能吸引学生注意力。据国外一些实验证明："用语言介绍一种物品，识别它的时间为 2.8 秒；用线条图介绍，识别时间为 1.5 秒；用黑白照片介绍，识别时间为 1.2 秒；用彩色照片介绍，识别时间为 0.9 秒；如果让学生看实物，则识别时间为 0.4 秒。"由 2.8 秒减少到 0.4 秒，可见直观演示对提高教学效率是何等重要。根据教材的需要，在课始、课中、课末适当地运用教具，运用现代教学手段，均可引起学生注意，吸引学生进入学习境地。

例如教《藤野先生》，课的起始教师出示了两张照片，一张是周树人东渡日本，在日本留学时的照片，一张是鲁迅先生 1926 年在厦门大学任教时的照片。学生感到新鲜，注意力立即集中。然后，教师说：今天学习鲁迅先生的散文《藤野先生》。这篇文章选自散文集《朝花夕拾》。"朝花夕拾"是什么意思？请学生试释。早上开的花，傍晚捡起来，因而是回忆性的散文，是鲁迅在厦门大学任教时，写青年时期东渡日本留学的生活片段。如作者自己所说，是从"记忆中抄出来"的。

《记一辆纺车》《核舟记》等均可采用此方法，学生一下子就集中了注意力。

课的起始阶段吸引学生注意力远不止上述几种方法，如还可以检查预习，导入新课；开宗明义，明确学习目标；开拓想象，创设意境；创设质疑的条件，让学生发现问题，引出求知的矛盾，触发解疑的积极性，等等。不管采用何种方法，目的只有一个，就是让学生在课间休息时涣散的情况迅速得到转变，精神振奋地进入学习轨道。

课要上成"立体"的，教学方法也必须"立体"。

47. 呵护学生的求知欲望

问：您已经向我们展示了很多宝贵的教学智慧。在实践中我们多有这样一种心理,就是当我们提出一个问题之后总期待从学生那里得到预想的结果,学生的答案与自己的预期一致很开心,而经常出现的情况是学生会提出自己不同于我们的认识,虽然其中有一些思维的火花但也有不完美的、片面的成分,是掐掉这些课堂中的花絮还是引导那些思维的火花,您能不能给我们一些建议?

于漪:尊重学生思维的火花,创造倾诉心声的温暖气氛,根据问题的主、次、轻、重,引导学生相互启发,寻找解答的途径与方法,逐步形成探究的习惯。教学中不能企求学生的发现与认识都是正确的、无懈可击的。有学生提出疑义,进行挑剔,教师往往不费吹灰之力就加以抑制,实际上抑制的不只是探讨,而是批判性思维,掐掉了机遇,让学生创造意识的萌芽轻易地夭折。只要言之有理,持之有据,均可以鼓励。不完美的、片面的,乃至有差错的,都要认真对待,满怀热情地积极引导,千万不能挫伤学习的积极性。点燃求知之火十分不易,熄灭它一句冷言冷语就足够。学生的求知欲望要千百倍地爱护。

教师板着面孔上课,满口严肃的话,学生就如芒刺在背,学习效果大打折扣。笑是感情激流的浪花,课堂里有笑的细流在潜动,师生就感情融洽,气氛活跃。要善于营造这种和谐、愉悦的气氛,即使遇到不愉快的事,教师也要冷静思考,用温情的语言加以开导,让学生在无思想压力下受到温馨的教育。

身临其境和身历其境是两个不同的概念。我们的课堂教学经常让学生身临其境,"美景如画""构思奇妙""说理严丝合缝,步步为营,高明"等,描摹得惟妙惟肖,活灵活现,好像学生进入这个境界去了,实际上学生还是听众、旁观者。学习一定要让学生身历其境。"不到园林,怎知春色如许?"学生要自己进入学习境地,去读、去写、去想、去体验,课堂是自己调动感觉器官、思维器官实践对语言文字理解与运用的场所。课的有效性不是教师讲得天花乱坠,展示才华,而是学生是否身在其中,心在其中,学有兴趣、学有追求地进行学习实践。

学科教学体现德育,课堂是主要阵地。各科教学在授课时都应力求熔知识传授、能力培养、智力发展和思想情操陶冶于一炉,力求课上发挥多功能作用,提高课堂效率。伴随着知识的传授、能力的培养,使教材闪现出固有的思想火花,从而逐步完善与发展、提高课堂教学的育人的整体效益。

首先,要紧扣学科的性质与特点。对学生进行的思想教育绝非外加于学科,游离于学科之外,而是由学科本身的性质和特点所决定的。问题在于教师是否洞悉所教学科的性质,做有心人,全面理解和落实教学大纲。因此,教师要做到有效体现德育,须认真研究和准确把握学科的性质和特点。

文科教学着力探讨爱国主义精神、高尚的道德情操的熏陶感染、历史唯物主义观点的树立。例如语文课的基本特点是工具性和思想性,语言文字为表,思想内容为里,课文是思想内容和语言形式的辩证统一。课文大部分反映了人文的内容,写社会、写人物、写景物,无不倾注了作者的爱与憎,好与恶。教学时缘文释道,因道解文,以文中内在高尚的思想、道德、情操拨动学生的心弦,让学生既感受到语言文字表达情意的表现力和生命力,又受到文中情和理的潜移默化的熏陶感染。

数理学科的教学着力探讨辩证唯物主义思想的体现。数学尽管是工具学科,但在阐释定理、推理证明、解析判断的过程中,不仅蕴含形式逻辑美,而且闪烁着唯物辩证思想的光芒,教学时,透过数学符号的运用,把握定理、定律内在的辩证思想,树立学生正确认识事物的基本观点。理化生学科都是帮助学生认识自然,认识自然规律的学科。自然的发展、变化有其客观规律,人对这些规律要洞悉底里,不仅要尊重事实,崇尚唯物论,而且要以辩证法为认识武器,剖析其原因、结果,剖析其发展、变化,教学时,挖掘这些学科知识中内在的辩证唯物的因素,就能滋润学生的心田。

有些学科看来是训练学生的技能技巧,其实稍加钻研就会发现,其中同样蕴含着极其丰富的教育因素,例如电化教具课看来是教授如何使用一些电化教具,培养当代小学教师必须具备的专业技巧。其实,在传授方法的同时,体现爱护国家财产的教育,体现一丝不苟精神的教育,学生会在不知不觉中受到熏陶。长此以往,有利于学生良好心理素质和良好道德品质的形成,至于体育学科体现德育,更是显性的居多,它对意志的磨炼,集体主义的形成,精神状态的奋发,起着十分重要的作用。

各学科尽管各有特点,德育体现的侧重点也不尽相同,但绝不是相互割裂,各唱各的调,完全可以因教材的具体特点而确定德育体现点,适合某一文科的同时也是可适合某一理科的,殊途同归,有异曲同工之妙。如民族自尊心的培养、民族自豪感的激发,各个学科都可结合教材中精辟的理论和生动的例子担当起培育学生的重任。

其次,要寻找体现德育的最佳结合点。要找准知识传授与思想教育的最佳结合点,十分重要的是把握教材的个性,不仅在深入挖掘教材内在因素的基础上把握教材的总体,而且要把握教材的局部乃至细部,即每个章节、每个段落、每个定理等个性均能有所领悟。共性寓于个性之中,个性越把握得准,把握得深,知识点、训练点越明朗,越显露,德育体现点也就越能落实。

德育体现不是凌空的,体现需要附着物,或知识点,或训练点。所选知识点应有丰富的内涵,能牵一发而动全身,所选训练点往往能充分调动学生的感觉器官和思维器官。这样,或动之以情,或晓之以理,科学性与思想性水乳交融,学生就会深受其益。

48. 根据思维特点组织教学

问:您的建议让我们认识到教学过程中思维的重要性,它不仅提升了学科教学的品质,也是学科育人的重要途径。能不能请您再给我们介绍一些根据思维特点开展教学的方法?

于漪:从思维的类型看,可以分为形象思维和抽象思维;从思维的过程看,可以分为分析、综合、判断、推理、想象等。要发展学生这些思维能力,在教学语言文字时经常采用比较的方法可收到一定的效果。教学中比较的天地十分广阔,古今作品之间、中外作品之间、同一作者的不同作品之间、文章的遣词造句、材料的选择剪裁等,都可以通过比较对学生的语言和思维进行训练。

教学时可采用纵向比较的方法,促使学生进行垂直思考。古今作品比较,课文中前前后后的比较就属这一类。如教吴晗的《说谦虚》一文,学生对论述的深刻性不易理解,教学时就可采用古今比较的方法促使学生加深认识。一是从课文出发，与《尚书·大禹谟》中的"满招损，谦受益，时乃天道"进行比较；二是与民间长期流传的"半瓶水晃荡，满瓶水不响"等俗语比较，让学生领悟到"满招损，谦受益"的格言受时间与空间的检验，真理性很强，而作者再来论述这个问题，不是过去认识的重复，而是旧题注新意，从马克思主义认识论原理出发，从揭示人们认识规律的高度来论述谦逊的必要性，大大超过古人。这样透过事物的表面现象，一下子深入到事物的本质。通过比较，解决了学生心中的疑问——这种老题目有什么值得再谈的，是不是多此一举。

抓住课文关键词句或某些段落引导学生进行前后对比，可帮助学生把握事物的本质。如学《孔乙己》时，学生对孔乙己排出九文大钱的"排"字的生动性容易理解，但在刻画人物中究竟起多大的作用，学生往往理解不了，为此，教师要在培养他们思维深刻性方面导航。阅读时，可采用比较的方法指导学生深入理解教材，挖掘教材思想和艺术的内涵，探求作者的艺术匠心，弄清作者思想深刻之处。学《孔乙己》要求学生不仅注意"排"，而且要找出与它相应的词"摸"，并启发学生辨析：为何作者此处要把"排"改易为"摸"？对刻画人物精神面貌起怎样的作用？"排"与"摸"同是在咸亨酒店付酒钱的动作，但入木三分地反映出孔乙己处境的变化："排"，活画出孔乙己冒充斯文的酸腐相；而腿被打折以后他已够不着柜台台面，无法"排"了，到了欲充斯文而不能的地步。"摸"，用意十分深刻，刻画了孔乙己精神彻底被摧毁的悲惨。通过前后比较，学生对作者遣词造句的功力赞叹不已。

教学时也可采用横向比较的方法。也就是说在一个时间平面上同时将几个方面的问题进行比较，开阔学生视野培养他们思维的广度，培养他们学会比较全面地、具体地分析问题，把握这一事物与那一事物之间的本质联系。如学习《有的人》时，引导学生与《论鲁迅》比较，认识同是纪念和评价鲁迅，但体裁、写法、语言等均不同。学生通过比较，思考问题的广度有所锻炼，对作品的个性特征认识得更为清晰。

教学中可经常进行换词换句的练习，对学生语言和思维进行训练。用词的准确性、语句的言简意赅常可通过更换显示其耀眼的光芒。如《一件小事》中有这样一个十分精彩的段落："我这时突然感到一种异样的感觉，觉得他满身灰尘的后影,霎时高大了,而且愈走愈大,须仰视才见。而且他对于我,渐渐地又几乎变成一种威压,甚而至于要榨出皮袍下面藏着的'小'来。"作品与学生相距大半个世纪,要学生深入理解作品中"我"内心的感受与觉醒,理解在车夫高尚灵魂感召下自惭形秽的思想感情,困难是大的。我采用了更换关键词句的方法进行比较,分解难点。按观察事物的常规应该是近大远小,而此处作者用一反常规的视觉形象刻画自己心灵的震动。在学生初步理解的基础上,要求他们把"而且愈走愈大,须仰视才见"换成比喻句,描绘车夫高大的形象。学生积极动脑筋,以高山、青松、巨人等作喻,但立即又自我否定,领悟到没有一个比喻合适,领悟到此处用喻就把车夫的形象束缚住、限制住了,显示不出他本质的光华。而"愈走愈大,须仰视才见",运用了连续摇动的特写镜头,留给读者丰富的想象余地,感染力极强。"榨"也是传神之笔,不仅极言外力之大,而且音调铿锵。

有时还可以进行有无之间的比较。如《论雷峰塔的倒掉》中"和尚本应该只管自己念经。白蛇自迷许仙,许仙自娶妖怪,和别人有什么相干呢? 他偏要放下经卷,横来招是搬非,大约是怀着嫉妒罢,——那简直是一定的"一句,要求学生阅读时去除"偏要""横来""那简直是一定的",比较用好还是不用好,用了起怎样的作用。通过有无的比较,学生体会到用了这些词和句,笔锋犀利,揭露深刻,剥开法海的伪善面孔,让其卑鄙下劣的灵魂公布于众,语言的表现力极强。有比较,才有鉴别;有鉴别,才能深入认识事物的特点掌握其规律。故而,在读写和口语交际能力的训练过程中把比较的方法用在节骨眼上,学生思维能得到有效的锻炼。

教《变色龙》时,为了让学生理解文中主人公奥楚蔑洛夫多变的现象背后掩盖着谄上压下的不变的本质,我以一条波浪曲线和一条直线表述。有学生提出不同意见,认为波峰波谷不能等距离,前后振幅应有变化,当主人公确实知道那条小狗是将军哥哥家的狗时,巴结拍马的心情更急切了,频率应加速。学生思维的火花令人兴奋,我立即鼓励、表扬,并请他修改黑板上的线条,说明修改的理由。一石激起千层浪,其他学生积极性高涨,七嘴八舌,不断提出修改的意见,读课文,谈看法,课堂上热气腾腾,语言、思维双锻炼。

49. 引导学生独立思考

问: 我们一直被告知知识能力的重要,因此在教学过程中很注意培养学生这方面的品质,拿语文教学为例,常常对一些关键字词句不断解析,把它们嚼得一碎再碎喂给学生,但效果并不很理想,到底应该怎样理解和处理知识的传授?

于漪: 学生十分可爱,教师要理解他们。他们感兴趣的不全在长知识,更在于独立开展抽象思维过程的本身,也就是喜欢长知识和长智慧相互结合的智力活动过程。学生勇于谈看法,摆见解,课堂里就常会闪发火花。

知识也好,能力也好,不是消极地掌握,而是靠动脑筋积极获取的。比如学习古代作品,是否只是停留在复制文本的层面? 传统的阐释学尽信书,总以为能完整地领会作者的意愿,而忽视人的理解的历史性。历史记载只是人生道路上留下的"迹",通过生命的表现,才能获得真正的理解。理解就是文本作者的过去视界与阅读者主体现在视界的融合,不是消极地复制文本,而是一种创造性活动。认识发展就是在创新。苏霍姆林斯基在谈到怎样组织少年的脑力劳动时说了一段很有趣的话:"学生不仅从我手里接过知识的砖头,不仅考虑应该把它们垒到哪里去,而且还仔细地端详这究竟是些什么样的砖头,它们是不是用那种构筑一座坚固的楼房所必需的材料制成的。"(苏霍姆林斯基《给教师的建议》)这段话清楚地告诉我们,学生在学习过程中绝不是承受教师讲解的容器,而是要能独立思考。教师并不能满足于把现成的结论告诉学生,而是要求学生对学习采取研究的态度。学生脑子里应该呈现构造知识的图景,对知识的理解可以有种种假说、种种解释。然后经过比较、分析,特别是借助班级同学集体的力量加以评论,就可获得正确的结论。

学生辨疑、析疑时,教师无论如何不能以自己思考问题的范围给学生"画地为牢",叫学生"就范"。学生思考问题通常有自己的习惯性思路,怎样由感性认识上升到理性认识,怎样根据种种事实下判断,怎样进行分析,进行归纳,教师均要了解、研究。有时由于某些因素的触发,学生会突破习惯性思维的羁绊,闪发出创造性的火花。教学中教师要善于把握,培养和鼓励学生的创造精神。

例如学习《藤野先生》时,学生提出一系列问题进行研究。有些问题似乎并不在本次教学考虑的范围之内,学生提出了,且很有道理,教师就应灵活地调整计划,尊重学生的创造精神。

有的学生说:文章劈头一句"东京也无非是这样","也"是关联词,前面没有句子,关联什么呢? 有的学生认为,这正是绝妙的地方。作者身处大清帝国,政治腐败,官府乌烟瘴气,民不聊生,实在痛心疾首。东渡日本留学,为的是寻求救国救民的道理,没想到东京的清朝留学生也是如此腐败。有的学生认为"也"好在前面有许多潜台词,如果把国内情景写出来,岂不累赘? 学生拿到了"也"这块砖头,而且知道放在哪儿,起什么作用,教师原先未考虑。

有的学生认为:作者记住"日暮里",记住"水户"等地名,表现了作者的爱国主义精神。由此引发了一场争论。一方认为"水户"是明遗民朱舜水客死的地方,可以此表露爱国主义思想感情,而"日暮里"难以解释,拉扯不到爱国主义思想感情上。一方认为,"日暮"象征着国家的衰败,作者东渡日本留学,目的在寻找救国之路,可是到了东京看到清朝留学生如此醉生梦死,感到前途茫茫然。旅途中一看到"日暮里"这个地名,触景生情,故而记得。因此,记得这个地名同样是表露鲁迅先生爱国主义的感情。双方争执不下时,一位学生陡地站起来说:"别争了,你们不能望文生义,鲁迅先生自己说:'不知怎地,我到现在还记得这名目。'你们比鲁迅先生还知道吗?"学生这一说很有见地,学习要研究,不能凭臆断。教师肯定了学生畅所欲言,同时指出:考证事物应注意本证,不能牵强附会。鲁迅先生说"不知怎地"是最可靠的证明。推论要有根据,不能建筑在主观臆断的基础上。然而,"不知怎地"必有其具体内容,有兴趣的课外可查阅资料,深究一番。

学习《记念刘和珍君》时,有学生提出:"'我向来是不惮以最坏的恶意,来推测中国人的',前面又说,'有限的几个生命,在中国是不算什么的,至多,不过供无恶意的闲人以饭后的谈资,或者给有恶意的闲人作流言的种子',作者用了三个'恶意',似乎太多了。显然,它们的含义不一样,容易混淆,反倒不好。再说,'以最坏的恶意'来推测中国人也不应该,中国人不都是坏的。"学生把文中前后的语句联系起来思考,学得积极主动。

经过这位同学提问的触发,学生十分活跃,辨别,讨论,认为"有恶意""无恶意"的"恶意"是指坏心思,坏心眼,而"以最坏的恶意"的"恶意"是指最坏的设想,最坏的估计,并不是对中国人有恶意。鲁迅先生是横眉冷对千夫指,俯首甘为孺子牛的人,怎可能对所有的中国人有看法呢? 显然,作者"推测"的"中国人"是指那些"下劣""凶残"到使他难以预料的反动派及其走狗,以此来揭露它们远比自己推测还要坏得多的嘴脸。如果改成"来推测有些中国人"就合适了。不过,文章的味道就不一样了。这是气愤到极点、悲哀到极点喷出来的话,读者能看懂,能领会。

这种阅读心得是有个性的,有自己独特看法,教师须立即鼓励。这种闪发的火花又引发了其他同学的思考。有同学认为,向来不惮以最坏的恶意来推测中国人,是鲁迅先生思想的真实表露。他生活在旧营垒之中,看到的丑恶现象太多,愚昧状况太多,包括妇女在内的人民群众,推测他们落后、软弱、冷漠、无知,而今,"三一八"惨案使他觉醒,"中国的女性临难竟能如是之从容",从这一点说,他有自责的意思,从另一角度,歌颂中国女子的勇毅和伟大。

50. 教学过程要使学生生疑、质疑、解疑

问:有一个很现实的问题,我们今天从事教学工作通常更关注结果,看学生对于我们抛出去的提问回答得对不对,答对了很开心,答错了就觉得有点沮丧,对于学生答错的原因和他们的思维特点关注得很少,您能不能给我们一些具体建议?

于漪:教学过程应该是师生共同参与的一个协同的脑力劳动过程。教师的脑力劳动应与学生的脑力劳动相结合,而最终目的是学生积极地开展脑力劳动。从这个意义上说,教师应努力引领,善于指导。要学生积极开展脑力劳动,十分重要的是抓住"疑"做文章。学始于疑,有疑才有问,才有思。探求新知时,学生脑海里问题涌动,学习就会进入良好境界。我们的教学经常是重"答"轻

"问",而且"答"太强调求同。趋同已成为一种习惯。语文若是太信奉标准答案,学生的求异思维、发散性思维都会受到抑制,乃至伤害。要引领学生真正进入学习之门,就须切实转变教学理念,帮助学生在生疑、好问上下功夫。

教学过程实质上就是教师在课程标准指导下有目的有意识地使学生生疑、质疑、解疑,再生疑、再质疑、再解疑的过程。在此循环往复、步步推进的过程中,学生掌握了知识,获得了能力。怎样让学生脑中常有问题涌动?教师要剖析多种多样的学习实例,反复强调学习中生疑、质疑、析疑的重要,懂得"心之官则思,不思则不得""为学患无疑,疑则有进"的道理,不但要让学生理解并掌握现成的结论,更要让他们积极思维,懂得形成结论的过程以及怎样去掌握结论。

一要鼓励学生发现问题。在授新课前要求学生先自学课文,独立阅读,发现问题。学生初步自学课文时,要求做到三看一查一提问。三看就是看课文、看注释、看课文前后编者的引导与设计的思考与练习;一查就是查字典、词典与有关的工具书;一提问就是提出自己阅读时不清楚的、有疑问的、不会解答的问题。学生自学前教师可提些思考的问题启发。学生并不是一开始就会提问题,尤其是有质量的问题;发现问题的能力是逐步培养起来的。开始学生生疑往往只在文章字词的表面,这个字怎么读,那个词什么意思,教师要指导他们深入篇章中,把文章的前前后后、段落与段落之间联系起来思考。当学生质疑有所进展时,教师再拓宽他们的思路,要求他们把阅读的课文与课外阅读、与自己的生活经验联系起来思考。这样步步诱导,持之以恒地培养,对有质量的问题加以鼓励、表扬,或组织学生讨论,学生发现问题的积极性增强,发现问题的能力也大大加强。几乎每篇课文学生都会提出几个有质量的问题,包括对思考与练习的异议;有些课文乍看似乎没有问题,但经过独立思考,学生会提出一连串值得令人思索的问题。

二要在学生不易产生疑问处设疑,启发学生动脑筋思考。有些课文,或课文的有些词句,学生阅读时往往一晃而过,不觉得有问题,而这些地方往往是理解课文的关键所在或者是容易发生差错。针对这种情况,教师可故意设疑激发学生思考。比如教《孔乙己》时,我故意设疑,问:"作品的主人公姓甚名谁?"有的学生一愣,接着笑了,说:"不知道姓和名字,绰号叫'孔乙己'。"这一"愣"很有好处，学生动脑筋想一想，理解就准确了。不塞不流，不止不行。要学生产生疑问，思维积极，教师用问题堵一堵，塞一塞，一堵一塞，学生思维就活跃起来。

三要抓住矛盾加以展示，激发学生思考。对立的事物互相排斥，人们碰到这种情况容易引起思考。学习语文也是如此。教师可抓住课文本身的矛盾，抓住学生理解课文过程中所产生的种种矛盾，引导学生开动脑筋。魏巍的《我的老师》中写蔡老师"从来不打骂我们"，怎么"仅仅有一次，她的教鞭好像要落下来"，又打了呢？聂华苓的《人，又少了一个》中骨瘦如柴的女人明明活着，还"回过头来，冷笑了一声"，还"漠然望了我一眼"，怎么说"又少了一个"呢？挑起矛盾，让学生思想上碰撞，就能全神贯注地阅读课文，理解词句及文章蕴含的深意。许多事实强有力地说明：大部分伟大的发现都应归功于喜欢问"为什么"，生活的智慧常常在于逢事就问个"为什么"，教学也是如此。教师要善于使读书无疑的学生有疑，有疑才生问，有问才积极思考，追根穷源。

学生初学契诃夫的《变色龙》时，提出赫留金说了这么一句话："不瞒您说，我的兄弟就在当宪兵……"为什么他要有话没话地插上这一句呢？奥楚蔑洛夫为什么一会儿脱下大衣，一会儿又穿上大衣呢？整篇文章没有一处提到变色龙，为什么要用"变色龙"做文章的题目呢？文章注释里只说是蜥蜴的一种，皮肤的颜色随着物体的颜色而改变，字典还解释为比喻在政治上善于变化伪装的人，课文中明明是第二种意思，为什么编书的人不注解呢？是不是编者故意留给我们思考的呢？事情明明是从人玩狗和狗咬人引起的，为什么只写狗咬人这部分，而人玩狗却一笔带过？等等。问题不停留在词句的表面，材料剪裁、谋篇布局，乃至细节描写都涉及了。学生独立阅读，把问号装进脑子里是思维积极的表现，大大有助于阅读的深入。

当今的教学再也不能将嚼烂的知识喂给学生，在散装的词句上兜来兜去，圈一圈，记一记，把思维方面应有的训练"转嫁"或埋没于琐碎之中。教师要根据教学目的要求善于运用恰当的钥匙，不断拧紧学生思维的"发条"，使它转动起来，多问几个"为什么？""怎么样？""是何缘故？""有何根据？"引导学生对课文的内容、形式等不断进行思考、辨别、分析、归纳，懂得形成结论的过程，以及怎样去掌握结论。

51. 要拓展创造思维的空间

问：您已经给了我们许多关于培养学生思维的建议,作为语文老师我还想知道语言训练和思维训练是怎样的关系,在教学中我们应该怎样处理?

于漪：课堂上语言训练和思维训练是同时进行的,一个不会思考的人,怎么学得好? 读也是有口无心,说也是词不达意,因此课堂里一定要拓展创造思维的空间,给学生发展的天地。教语文是一种享受。中外古今那么多佳作我们学了,使我们认识社会,认识人生,体味自然,有无穷无尽的乐趣。人不是站在平地上,而是不断地在登山,无限风光在险峰。所以我说课堂上一定要有拓展思维的天地。精华是千锤百炼留下来的,那么多诗词佳作,比如说范仲淹的《岳阳楼记》,登岳阳楼的文人骚客太多了,诗词也很多,那么这篇为什么能流传千古?"先天下之忧而忧,后天下之乐而乐",这种思想境界就超越了他同时代人的水平。这就是精华,精髓,人类思维的结晶,智慧的结晶,因此流传千古。我想这种精华无论如何是不能丢的。不可否认,我们的传统教育有很多弊端,比如说重结论轻过程。教育就是一个过程,就是教师培养学生成长,成人,成才。"三成",只有苗壮成长他才能成人,成人到一定程度就能成才。还有就是重记忆,轻创造。记忆是需要的,死记硬背不对,但积累非常重要,否则的话腹中空空,怎么写得出文章来呢? 文化人和野蛮人有两大区别,北大一位哲学家讲,人和禽兽两大区别,一是人能够用工具生产、劳动,第二是人有语言文字。能读书写书是人跟禽兽的最大区别,因此我们要积累,但是不能轻创造。知识当然要有,但是能力非常重要,千万不可忽视。从静态的维度来看,知识是人类社会实践经验的总结,从动态的维度来看,知识更是认识的过程,是探求知识形成的过程。因此我们在培养学生求知的时候,千万不能忘记探究、发现、探讨这个知识是怎么来的。有些知识已经有了定论,比如说力学,牛顿的经典力学,许许多多的物理学家都认为物理的大厦全都盖好了,今后就是怎么装修了。但是有人认为天上晴空万里还有两朵乌云,用牛顿的定理不能够解决,因此拉开了近代物理学的序幕,这就是探究,所以探究的过程无论如何是不能忘的。比如讲,三角形三内角之和等于180°，但在球面体上，三角之和就不等于180°，它可以大于180°，也可以小于180°。所以从静态来看，知识是认识事物的结果，但是从动态来看，它是认识事物的过程，意义更大。因此教学中这一点也是非常重要的，就是要拓展学生创造思维的空间。

课堂教学中，有两个方面是必须重视的，一个方面是要把语言训练和思维训练放在同等重要的位置，教语文就是要让学生正确理解和运用祖国的语言文字，要培养读写听说的能力，但是我们不能十年寒窗苦，就读一本书。学生要读那么多书，因此思维训练显得非常重要，教师要把学生的思维调动起来，也就是说学生学习不仅用感觉器官，也要用思维器官。孟子讲心之官则思，心的功能就是思考，学生不会思考问题就学不好。我在教学当中有个体会，越是学习好的学生越是问题多，学习不怎么样的学生，你问他有问题吗，他总说没有，他认为都懂了，实际上并没有懂。要让学生能够发现问题，分析问题，从而寻求解决问题的方法和途径。所以在教课当中要启发学生发现问题，这个能力是需要培养的，学生发现问题不是那么容易的，我是捧着人教社的教材，要学生先从教材当中发现问题。怎么发现呢，要"三看"，看课文，看注释、提示，看后面的思考问题。教材的前前后后都要看，看了以后想一想哪些懂了，哪些没懂，还有哪些问题，然后要查，查工具书查资料，三看一想一查。这样学生能从最简单的字词入手，然后到篇章，段落前前后后怎么样，到写作方法、写作特点，最后再跟生活这个根联系，跟他课外阅读相联系，这样问题就很多，有时学生能够问出一二十个问题，而且非常有质量。因此要给学生思维的空间，一定要让学生有发现问题的能力，因为我们的语文教材是宝藏，是宝库。我们教的只是千分之一、万分之一，根据教学要求，不可能把其中所有闪亮的东西都挖掘出来，所以一定要让学生有宝藏意识，学语文是来探宝的，要动脑筋去探求才能获得珍宝，有的时候一个很简单的句子，学生有一点想法教师要立刻把它抓住。高中教材里的《林黛玉进贾府》，王熙凤的出场当然是天下妙句了，她的语言表现也是非常精彩的。语文学习最怕浮光掠影，眼睛一扫，其实什么也没学到，要让他学到，他就要看懂。对王熙凤的语言描写哪怕是一个句子都是很精彩的，她看到林黛玉，说"天下真有这样标致的人物，我今儿才算见了！"这个学生当然是看得懂的，用现在话讲是新闻炒作，吹捧；接下来说是"况且这通身的气派，竟不像老祖宗的外孙女儿，竟是个嫡亲的孙女"，学生问，王熙凤貌美如月，怎么讲话疙疙瘩瘩的，用两个"竟"干什么？不像个外孙女，倒像个亲孙女，不痛快吗？有的学生讲你捧林黛玉就够了，为什么还要讲外孙女、嫡亲的孙女？学生对封建社会外亲、嫡亲的区别不太懂，因此要启发学生思考句子的妙处，让他有思维的空间。比如说，这样一个吹捧，赞赏，绝不是一般的阿谀，这种吹捧是不留痕迹的，是"高品位"的。王熙凤工于心计，王熙凤是不是只要捧林黛玉呢？她主要对老祖宗，老祖宗怎么个捧法，这个很有讲究，因为老祖宗讲过她最喜她这个女儿，女儿的女儿就是这个外孙女，因此她捧的是老祖宗。但是旁边的邢夫人、王夫人、迎春姐妹怎么办，要皆大欢喜，这样就显出了她语言的功力，因此她讲"竟不像老祖宗的外孙女儿"，"竟是个嫡亲的孙女"这样的话，又像又不像，邢夫人、王夫人、老祖宗皆大欢喜，中国语言文字的表现力、魅力真是世界上少有的，这样，在探究的过程中学生就理解了语言的魅力，就看懂了。

第二个方面是一定要留给学生创造思维的空间，留出空间让他想象。因为诗情画意一定要想象，想象时脑子里意境就出来了，内情和外景交融的时候意境就出来了。要拓展创造思维的空间，想象是不能够忘的。学生要思接千载，视通万里，这是很重要的，因为课堂是有限的，有限的课堂就好像画在框里一样，要开拓无限的想象空间。想象是创造思维最重要的东西，想象是一种酶，它能够活化知识，脑子里要有具体的图景。比如地球，所谓的纬线、经线、赤道，实际上地球上都没有，这是好多学者搞出来的理论框架，如果没有创造性思维，就没有这个理论框架，有了这个理论框架学起来就方便了。又比如，我在教《变色龙》的时候，听课的人很多，教到快结束的时候，一名学生突然站起来说："老师，你教错了。"我觉得好像没有错，更不知道错在什么地方，于是就请她上讲台来讲。这名学生语文成绩差，考文言文不及格，但是她胆子大，什么听课、录像，旁若无人，我觉得这很好，经常鼓励她，她慢慢就悟到点子上了。她说，这个变色龙是沙俄的警官，你对他的理解还不够。我在教这篇时，因为初中的孩子小，会对多变的现象感兴趣，狗的主人是将军，狗就变成娇贵的狗，如果不是将军家的就变成野狗。根据这个现象我画了一条波浪，表示多变，我说这多变的现象是由不变的本质决定的；我又画了一条直线，不变的本质，这个不变的本质就是趋炎附势。于是她说：你想，现在这个警官已经知道这条狗是将军哥哥家的时候，他巴结拍马的心情就更急切了，你用这种等距离的波峰波谷怎么能够表达呢？这时他的心跳得更快了，频率更高了，就该是这个样子。她做了一个波峰突然升高的样子，她讲得非常好。我说，对呀。其他学生讲：老师，你怎么没有想到？我在备课的时候，根据学生的实际，我只想到了现象和本质的关系，单向思维，实际上要多向思维，在现象变化的过程中，它也在变，从这一点来讲，学生思维的严密性超过我了。我让学生上来改我的板书，用红笔修改我的白的，大家都很高兴，学生最高兴的就是老师挂黑板。我老老实实，因为教育就是老老实实嘛，我告诉学生我确实没有想到现象在变的过程当中也是变化的，应该是多向思维的，这样一改学生就满意了。师生是平等的，求知不存在尊严，谁说得对，就听谁的，服从真理，这就叫伙伴关系，这就叫合作关系，这就叫和谐发展。把学生发动起来，思想高度集中，就能够爆发出智慧的火花。教师要善于把一个人的火花变成大家的，这样，对课文研究就深入了，就水涨船高了。课外也应该是大大的一块。过去星期六下午我没课，时间都给学生，这个星期看灯展，下个星期看画展，假如我没有时间，就叫我的徒弟带学生去游览。我的特级教师津贴全部给学生买书。有的学生看《静静的顿河》，写了很多页笔记，对人物进行评论；学生可以写出对《傅雷家书》不同的看法，提各种各样的问题。

我觉得教课就要胸中有书，教材如出自己之口，自己之心，这样才能够运用自如。最不好的就是参考书搬家。我们那时候没有参考书，所以很好，必须自己读懂，不读懂上课就没法讲话。现在参考书太多了，我觉得人教社新编高中语文课本的参考书比较好，教学参考书就应该只给提供资料，青菜、萝卜，自己去组合。有的可以只给起个头，其余由教师自己去找。这样才能够培养青年教师。我认为一套好教材不仅能培养学生，还能培养教师，我这个教师就是教材培养出来的，我是老老实实钻研教材。另外，就是要目中有人，时时刻刻不要忘记我们的使命是教育人。怎么教，方法多得很。如教鲁迅的《一件小事》，半个多世纪前的小资产阶级知识分子跟我们现在的区别很大，你要把它教得让学生理解，就要把教材和学生的距离缩短。车夫扶老妇人进巡警所，"我"看到车夫的背影很高大,他越走越远,越来越大,写作者心灵的震动。学生要理解这种心灵的震动太难了。于是我说,这个时候车夫的形象是非常高大的,你打个比方看,高大到什么程度。学生讲,像高山一样,像青松一样,像高山上的青松一样。我都没有表态。学生又说,都不像。我说,是呀,任何一种修辞手法都有它的局限性,鲁迅先生在这里就没有用一个比喻来讲车夫是怎样高大的。车夫越走越远越高大,你们想想,这就好像是电影镜头一样,连续转动的,我们的视觉形象是越近越大,越远越小,而这里,是一反视觉形象,越走越大,越远越大,用连续转动的镜头表示心灵震动,去仰视,高山仰止。再精彩的语言都要经过教师的思维和学生的思维才能从中吸取营养,因此,课堂要留给学生充分的思维空间和时间,跟学生一起探究知识的形成与结论。这样,学生就会越学越聪明,这样教学就成功了。

应该怎样咀嚼课堂中的甘甜?

52. 教学要理清文脉与情脉

问：您一直说对教师来说上好每一堂课最难,当了几年教师我们深有同感。此前我们有机会看到您以前上课的一些教学视频更加感慨,您是怎样把课上得像磁石吸铁一样牢牢吸引住学生的呢?

于漪：1989 年,我在《爱的事业》一文中比较完整地表述了我的兴趣观:"学习兴趣是学习动机的一个重要的心理成分,它是推动学生探求知识和获得能力的一种强烈的欲望。"怎样才能把课上得像磁石吸铁一样,牢牢地吸引住学生呢? 我认为:"一是课要有新鲜感,不能老是一副面孔;二是课要有趣味性;三是课要有一定的难度和深度,使学生体验到克服困难的喜悦;四是课要有时代的活水,使学生有所感奋。"从以上论述中可以明显地看到我的兴趣观的独特内涵。

我的兴趣观是一种"情趣观",我强调突出情感在兴趣中的地位和作用。我们知道,兴趣是一种意向活动,它总是伴随着一定的情感,可见,意识和情感是兴趣的主要成分。"意识"是兴趣活动的内容,"情感"是兴趣活动的能源,"情""意"交融,才产生兴趣,两者是缺一不可的。有意而无情,意识活动单调、乏味,自然无兴趣可言。而"情铸意",强烈的情感能够促使意识活动节奏加快,容量增大,使活动有深度,有境界。可见,"情"是举足轻重的。所以,我主张教课要"声情并茂",要"体作者之情,察作者之意,文脉、情脉双理清",要"选准动情点,以情激情,满怀激情地启发、提问、讲述剖析……增强学生语言感受能力"。我把情感看作兴趣"跃动着的灵

113

魂",我将青少年的"好奇""趋新""喜悦""感奋",统统纳入兴趣的轨道,并以此来培养兴趣,发展兴趣。这样做,应该说是抓住了问题的关键,牵住了兴趣的"牛鼻子"。

我的兴趣观又是"美趣观",我认为学生的兴趣应该是美的。要用美好的事物、优美的语言、崇高的形象来吸引学生,使学生产生健康向上的兴趣,又用这种兴趣去发现生活和书本中的美,去体会、领悟祖国语言文字的美,使学生逐步树立正确、高尚的审美观。美从趣生,趣由美来,如此循环往复,熏陶感染学生的心灵,形成正确的思想、高尚的情操和驾驭祖国语言文字的能力。我十分推崇法国大雕塑家罗丹的话:"美是到处都有的,对于我们的眼睛,不是缺少美,而是缺少发现。"我在教学中鼓励学生用自己的眼睛去发现祖国语言文字的美,重视学生的朗读训练,课文中的重要段落、关键词句要反复朗读,把无声的文字变成有声的语言,读出感情,读出气势,如出自己之口,如出自己之心,唯有如此,学生才能领略课文语言的神韵,才会兴趣盎然地学语文,教学效果大不相同。

我的兴趣观还是一种"有效观"。我一直认为,语文课教得有情有趣,才能有效;而效果又会促使兴趣的巩固和发展。我主张语文教学要在"得"字上下功夫。因为有得,这才更有趣;"得"与"趣"是紧密相连的。我曾说:"学生上语文课获得了新的知识,听、读、说、写与思维能力得到培养和发展,内心就会充满喜悦,就会产生持续不断地探索语文知识宝库的欲望。因此,语文课让学生有所'得'是调动学生学习积极性的重要基础,离开这一点,调动积极性就成为空中楼阁。"这里所说的"内心的喜悦""探索的欲望"都属于兴趣范畴,是学习积极性的重要成分,是学生学习语文的心理动因,是学好语文不可缺少的心理素质。使学生有所"得",才能借此来巩固和发展学生的学习兴趣。

学习兴趣是学习动机的一个重要的心理成分,它是推动学生探求知识和获得能力的一种强烈的欲望。

53. 怎样把课上得有趣

问:您说课要上得有趣,怎样的课才算有趣?如何才能把课上得有趣?有趣的课堂是不是只能迎合学生,不能讲得太深? 您是怎么处理您的课堂的?

于漪: 什么样的课才是真正有趣的、吸引学生的? 怎样把课上得有趣,吸引学生的学习兴趣?

首先,要了解学生的心理特点。青少年学生都有好奇心、好胜心,他们的求知欲是旺盛的,对有些东西很喜欢,对有些东西很厌烦。我们要充分利用这种好奇的特点,组织教学内容,选择恰当的教学方法。

其次,要培养学生学习的积极性。我做了几十年的语文教学工作,以前每学期第一节课都是讲学语文多么重要,老生常谈,这样的说教没有用。要把课上得生动活泼,有吸引力,要用事实说话。正如爱因斯坦解释相对论一样,一个男子坐在老年人身边,他觉得时间很长;如果坐在美貌的女子身边,就觉得时间很短。时间是一个常数,课也是这样,上得好,学生就觉得时间短;上得差,学生就觉得时间长。一定要废除说教,把课上得生动活泼。

第三,要实实在在地让学生学有所得。一堂课真正学到了东西,学到了知识,对社会、人生的认识深化了,真正有所得,学生就有兴趣。语文学科与别的学科不一样,如果不是学有所得,兴趣很难持久,求知欲难保持旺盛。怎样使学生学到知识,学问很多。它不仅是个方法问题,它牵涉语文教改的问题,从教学内容到教学方法,到教师的知识面。引起兴趣的方法很多。如直观演示,介绍物品;激发感情,设置悬念;等等。调动学生的积极性,方法是很多的,教师要做有心人,调动学生的学习积极性,增强学生的内动力。

因此,教师要有三个追求:

第一,要把课上得趣味盎然。起始课可采用多种方法,把学生引入学习的轨道,但是我们所讲的趣味性,并不是讲一些庸俗笑话,或油嘴滑舌的东西,要把课建立在科学的基础上,学生要求知,我们就在"知"上下功夫。

第二,要把课教得有个性。教材是按文体编排的,比如记叙文,有共同的要素,但每篇又有不同的特点。我们教课要抓住共性,使学生进行规律性认识;抓住文章的个性,就使学生学得具体、深刻,学生能够真正得益。学生单是学习抽象的规律,还不能形成能力,还要学习这些规律在不同的文章里具体怎么运用,要把这个个性特色找出来。所以,教有法而无定法。教有法是说凡是教这门课的,有些法则是要遵循的。第一条法则是从实际出发,一是从教材实际出发,二是从学生的实际出发。一个好的语文老师,要胸中有书,目中有人,教材的特点能准确把握,教材的来龙去脉要烂熟于心。我们是以教材为典范,培养学生的能力,发挥教育作用,对学生的实际要非常清楚,不清楚教学就会无的放矢。第二条法则是不管怎么教,都要取得效果、达到目的,要根据教学大纲的要求,培养学生的听、说、读、写能力。第三条法则是要启发诱导,教师的本事就是使学生开窍,要引导,要点拨,整个教学过程,就是启发诱导,不能代替学生。

但教又无定法。每个教师都有他的好的经验,都有他的长处。不同的教材,不同的教师,根据不同的学生可以创造出种种行之有效的方法。有的善于朗读,有的善于写作,有的善于分析,可以从不同的方面突破,教师可以发挥自己的优势,所以,课不能上得千课一面。语文跟数学不一样,数学不懂就不懂,语文往往处于似懂非懂状态。小学高年级可以读《水浒传》,中学可以读,大学如对古典小说的研究则还要读,它的阶段性不像数理化那样明显,这就给语文老师带来了极大的难处,要求教师要教懂学生似懂非懂的地方。因此,教与学不是在一个平面上移动,如果是在一个平面上移动,学生就学无兴趣。要对学生糊里糊涂的地方,一点就自然开通,浅者深之,窄者广之,似懂非懂的地方豁然贯通,这样学生就觉得语文课上与不上大不一样。既然教无定法,所以,不同的课教师就可以创造。教师从事的是精神劳动,是创造性的劳动,每个教师都是有创造性的,再好的教材,也要靠教师去理解,去调配,根据学生的实际去教。

教,有时候是平铺,有时候须倒过来,有的当中拎取片段,有的可以变换段落,其目的是让学生准确理解课文,教出个性来。教《花儿为什么这样红》,我一节课在课堂上教,一节课在校园里教。我们校园里的花很多,用教材上的知识去解释校园里花的变化。

第三,课要有一定的深度和难度。中学生和小学生不一样,中学生可以依靠自己的努力,能求得知识,因此,教他们时要尊重这种心理状况。在某些方面要有一定的难度,不能教得飘、上得浮。一节课要掌握几个关键之处,深入挖掘下去。如果他们看懂到什么程度教师就教到什么程度,学生就无兴趣;一定要技高一筹,选几个点高过他,有一定的难度和深度。这样,学生就觉得学无止境,一定要好好学习,不然,很难激发他们的求知欲。

初一语文《海滨仲夏夜》《香山红叶》《春》《济南的冬天》这一单元的教学是让学生懂得景物描写。学会景物描写,要教出每一课的特色。起始课,教师导入:我们祖国的锦绣山河,确实是美得令人陶醉,既不同于巧夺天工的工艺美,又不同于绕梁三日的音乐美,也不同于青春活力的健康美,在不同的地方,在不同的季节,美有不同的反映,看作家的笔下是如何展现不同的美的?《春》好像是一幅工笔画,先让学生朗诵,要求学生读准确、读流畅。再者是教师阅读示范,选取片段,对学生进行示范。教材是横式结构,选取一段,以"春花图"为例详析。我提出这样一些问题:这一段描写了什么? 描写的顺序是什么? 描写的方法是什么? 语言色彩怎样? 带领学生作细致的分析。通过这一幅画面的分析,学生掌握了分析的方法,"春风图""春雨图"是怎样描写的,就让学生自己去分析。《海滨仲夏夜》是站在海边看仲夏的夜色,写的是变化的景物,以时间的推移为线索,是纵式结构,是带领定点观察。《香山红叶》是移步换景;《济南的冬天》要求学生找文眼,即济南的冬天是温情的。

54. 想象力是使知识活化的"点金术"

问:您介绍了很多让课堂有情趣的方法,好的教学需要引起共鸣,师生之间的共鸣,学生与作者的共鸣,您能不能教我们几招?

于漪:有人说,如果把客观实际比作空气,那么,想象就是翅膀,只有两方面紧密结合,才能飞得高、飞得快、飞得远。这个道理用来认识和指导学生在读写训练中展开想象的翅膀也是很有益的。方法充满情趣,这样学生就乐于接受。

作图法。文学作品常具有诗情画意,把用文字写成的诗文改换成用线条画成的画,情味增添。学生要画,就要反复读课文,理解得正确,深入;画了以后,图像展现,又可图文对照,评长道短,开展想象,活跃思维。如辛弃疾的《清平乐·村居》,疏疏几笔,活画出小农家老小两代人的五个形象,展现了江南山村景色。教学时要求学生把词中塑造的农家景象白描一番,把作者的文字"白描"变成用线条用画笔"白描"。学生兴味盎然,他们不仅要考虑翁媪的形貌、神情,考虑大儿、中儿、小儿的神态、动作,而且要考虑空间的位置如何安排,溪、田、藕池、茅屋等如何配置才符合诗意。学生脑中不浮起立体图景,下笔就难以准确。有些说明文介绍物体的空间位置也可用作图的方法促使学生开展想象,训练思维的条理化。当然,这种作图有别于美术课,它只是培养想象能力,提高阅读理解水平的辅助手段,不能喧宾夺主。

手势法。有些课文绘景写人有声有色,阅读时如无生字难词,学生往往会一晃而过,不注意咀嚼体会,难以留下深刻的印象。教学时抓住关键词句要学生佐以恰当的手势,学生不仅有浓厚的兴趣,而且可加深印象。如《驿路梨花》中有"突然梨树丛中闪出了一群哈尼小姑娘"。教学时要求学生以手势表场景,体会"闪"字的传神作用。理解不深的同学只用一只手做一个快动作以表示"闪",而理解得较好的就用两只手做手势,一表示树,另一表示小姑娘。因为"闪"写出了一群小姑娘走出来的速度,出现时的亮度,使人眼前豁然一亮,树密人稠,风光美丽。至于人物动作,学生描摹一番,课堂气氛可大为活跃。

比较法。阅读教学中选准想象的触发点促使学生开展想象是培养想象力的一种做法。但是,如只局限在课文的词句,而不注意因势开拓,想象的内容有时就显得单调。如果抓住重点语句注意打开学生的思路,学生想象的内容就会比较丰富;再把想象的内容与课文中写的内容对照比较,对课文中有关写法的认识就会深入一步。如《序曲》一文中老院长的出场是借助从镜子中出现来表达的,除了要学生想象这种场景的具体情况外,还可询问学生还有哪些出场方法,要他们充分展开想象。学生可以说出多种,如推门、缓缓进来、咳嗽、手搭在主人公的肩上等等,然后进行比较,区别写法的当与不当。

续文法。有些课文结尾含蓄,耐人寻味。教学时抓住这个特点要求学生把文章续写下去,学生思想会展翅遨游,积极探讨。这样做,不仅能激发学生浓厚的学习兴趣,而且有助于对课文脉络的梳理和主旨的钻研。如《小麻雀》一文结尾未明写小麻雀的结局,而学生从上文了解了小麻雀的悲惨遭遇后,感情上有所触动,对小麻雀的关心和同情促使他们很想知道小麻雀的结局如何。在这种情况下,要求学生展开想象,顺着文路推想小麻雀该有怎样的结局。学生想象的具体情节不相同,结局也迥异,至于细节更是杂彩纷呈。学生按自己想象的写续篇,想象能力、表达能力都得到了锻炼。

作文法。想象有再造想象、创造想象和幻想之别。再现文中场景多属再造想象,而培养学生的想象力不能停留在这一点,要注意引导他们运用已经感知过的各种材料进行加工改造,创造新的形象,也就是说要培养创造想象和幻想的能力。作文的方法可担负此任务。作文题得当,能促使学生由此及彼、由纵而横地开展想象,"观古今""抚四海",天上人间,纵横驰骋,创造出种种新形象、新图景,甚至是神奇的。如让学生作《80年代畅想》。学生思想活跃,有的想到自己成为宇宙航行员,从月球上观地球,想象奇丽,并引张孝祥的《过洞庭》词句"尽挹西江,细斟北斗,万象为宾客"来描写一二十年后在月球上师生欢聚的情景,很有情趣。

《社戏》一文中月夜行舟图是极妙的描写,教学时要学生边阅读边想教师提的问题:看到什么?回头看到什么景象?听到什么?仔细辨一辨有哪些声音?再倾耳听一听,管乐还是弦乐?嗅到什么?和什么味一样?远看,近觑,作者写景,读者造境,把书中的无我之境想象成有我之境,使外物和内情融合,情景交融,增添真切感,这样,对文中的"自失"就能深入理解,引起共鸣。

55. 课怎么上得有味

问:在语文学科教学中还有哪些具体的方法,可以让学生学得愉快活泼,有滋有味?

于漪:要使学生对语文产生兴趣,迷恋上它,教师就要努力把课上得兴趣横溢。教师不能板着面孔上课以表示尊严,要和颜悦色,使学生觉得可亲可近。要想方设法把课上得有味,使学生学得愉快活泼,咀嚼到其中的甘甜。教学时可采用如下一些方法:

——直观演示。数理化教学中有实物演示,以强化学生对事物的认识,语文教学同样可采用这种方法。图画、实物、幻灯、录音等教学手段的使用,主要是通过视觉、听觉、触觉等途径让学生感知,既激发学生兴趣,又能提高教学效率。

——开拓想象。阅读常常需要借助于想象,通过想象能使学生"思接千载","视通万里",再现文章或诗词中所描绘的人和景,产生如见其人、如闻其声、身临其境的感受,产生浓厚的阅读兴趣。如教《天上的街市》,启发学生回忆夏天夜晚仰视天空看到的美丽景象,由群星灿烂的景象展开联想。在学生思想展翅飞翔时就势一收,引入《天上的街市》所写的夏夜的星空,探索作者的写作意图。这样一放一收,增添了学习兴趣。

——抓点拎线。学生求知时不喜欢平板,喜欢知识成串,一拎就起,品尝别有洞天的滋味。如教《荔枝蜜》时抓住"蜜"这个点推敲,由它步步生发,拎出贯串文章的线索。先分析"蜜"的字形,上中下结构,突出一个"虫",及其与"山"区别;然后由"虫"引开,启发学生联想到昆虫、蜜蜂、蜜蜂酿蜜、劳动人民酿生活的蜜,从而初步认识作者构思的特色,激发求知的兴趣。

——形成悬念。长篇评话要分段说,每说到矛盾激化或将出现高潮时往往立刻收煞。这样一来,就吊住了听者的胃口,欲罢不能,非连着听下去。这种急于想知道事情发展的来龙去脉,想知道结局如何的心理状态,在青少年身上表现得尤为突出。教师抓住这一特点,在课文的起始阶段有意识地组织悬念,可促进学生认真阅读课文。如教《孔乙己》时,课一开始就造成两个悬念激发学生求知的兴趣。一是据鲁迅朋友孙伏园先生回忆,鲁迅先生在自己创作的小说中最喜欢《孔乙己》。为什么他最喜欢《孔乙己》呢? 孔乙己是怎样的艺术形象? 鲁迅先生是以怎样鬼斧神工之笔来塑造这个形象的? 深入理解课文就能得到解答。二是过去有人说古希腊的悲剧是命运的悲剧,莎士比亚写的是主人公性格的悲剧,易卜生写的是社会问题的悲剧,《孔乙己》描绘了孔乙己的悲惨遭遇,究竟是命运的悲剧、性格的悲剧,还是社会的悲剧呢? 学生急于想找到正确的解答,学习的积极性高涨。

——展现意境。作者的内情与所写的外物相融合,意和境相应和时,作品就会产生艺术意境,具有熏陶感染的力量。学习某些课文时,学生粗看,体会不出佳妙，可选择相关的作品，运用意境的艺术魅力，激发学生学习兴趣。展现意境的作品可新授，可运用学生旧知识。如教《李愬雪夜入蔡州》一文，先引导学生背诵王建的《赠李愬仆射》的诗句，启发学生脑中展现有关图景。究竟怎样"翻营"，怎样"登城"，学生细读课文的兴趣加浓。

——激发感情。思想感情是文学作品的主体，它是通过艺术形象达到以情感人的目的的。白居易说："诗者，根情。"诗歌教学、散文教学等离开了情的感染，语言文字就会成为干枯的符号；深入挖掘文学作品的情感因素，能以情动情，使学生学有兴趣，受到感染。如教《诗八首》，我用这样一些话来激发学生情感："……诗，像种子一样，有一股顽强的爆发力。好的诗歌破土而出以后，它的芳香会和民族精神融合，长久地滋润大地。今天我们读的八首古诗，有的已距今 900 年，有的距今达 1 500 年之久，然而，诵读咀嚼，仍可闻到其中的芳香。"学生情弦被拨动，胸中充盈着民族自豪感，带情诵读，效果较好。

——讨论答辩。中学生不像小学生那样偏于情感上的依恋，开始有一定的独立评价客观事物的能力，而且容易激动，自信自己的认识、见解是正确的。针对学生这种心理特点，在教课文时组织讨论，开展答辩，有助于调动他们的积极性。学生进入论辩之中，就会兴趣盎然，发挥聪明才智。如教《谈骨气》，设计了一环套一环的十个问题，要求学生结合课文所论述的内容，结合今天社会现实中的一些情况讨论答辩。通过讨论、答辩，不仅理解课文深入了，而且激发了探究问题的兴趣，培养学生明辨是非的能力。

——利用学生的逆反心理，激发学习兴趣。青年学生往往不满足于现成的结论，不想吃别人嚼过的馍，越是不让看的越要见识见识。不健康的东西当然不能引导学生看，但历史的曲折使我们许多好作品都被列入"黑货"行列。教学时不妨三言两语提一提，运用学生的逆反心理，促使学生深入阅读。如《事事关心》《松树的风格》等皆可从此角度考虑。

方法是多种多样的，不胜枚举。在某一个特定的教学场景中，哪种教学方法、训练方法最可能激起学生的求知欲，就采取哪种方法。在这个问题上应特别研究和洞察学生的心理活动，加强针对性，把激发兴趣建立在科学的基础之上。

56. 课堂讨论与对话的技巧

问：讨论是课堂教学中常用的方法，但是对于哪些问题应该组织讨论我们常常有点迷惑；有的时候引发的一个话题，扯扯就扯远了，课堂讨论要注意哪些要领，请您给我们一些建议。

于漪：讨论是课堂教学很好的学习方法，切磋琢磨，相互启发。可全班，可小组，可学生之间讨论，可师生共同讨论。然而，有几点必须把握：

一是探究什么问题，这个问题在理解文本中起怎样的作用，芝麻绿豆无关紧要的就不必大动干戈。二是讨论过程中可能生成课程资源，但不能捡到篮里就是菜，要辨别，筛选，决定去留。不能脚踏西瓜皮，滑到哪里算哪里。三是须紧扣讨论的目的和要求不能"放羊"，听之任之，名为讨论，实为闲扯，与文本不沾边。讨论追求的境界，应是学生求知欲高涨，心灵得到解放，主动性、创造性被激发，同学对话、师生对话中观点碰撞，对文本的理解、领悟往纵深发展。语言表达做到有序、有物、有理、有情，启人心智，令人信服。如果"放羊"，教师"不作为"，学生也就不可能有所作为，讨论流于形式，实质被掏空。

课堂讨论中离不开平等对话。平等对话的目的是让师生充分发挥在教学中的积极性、主动性、创造性，挖掘文本中的语言资源、精神财富，感受文字魅力，体悟社会人生，培养和提高学生的语文素养。平等对话过程中，学生要学会学语文，要学好语文，要学会用语文，因而，须在准确、正确上下功夫，须实实在在，不能浮泛，不能不着边际，更不能听之任之。学生是学习语文的主人，教师是学习的组织者和引导者，是把学生引入语文天地的向导。学生学习语文的兴趣，自主学习的意识和习惯，不可能自然生成，也不可能一蹴而就，要靠不断激发，要靠持续培养，要靠努力唤醒，对此，教师责无旁贷，须有所作为。教学过程中的平等对话，应充满学生的发现、质疑、思考与探究，与此同时，必然伴随着教师的启发、引导和点拨，乃至必要的讲解。对话过程应该充满了师生的讨论、沟通、理解，必要时也离不开精彩、精要、精湛的指导。师生平等对话是为学生创设良好的自主学习情境，让学生充分发挥聪明才智和学习潜能。然而，倡导自主、合作、探究的学习方式并不排斥与否定接受性学习,自主、合作、探究的学习方式与有意义的接受性学习相辅相成。

平等对话,师生双方都有话语权。由于对学生主体自主学习理解得不到位,有些教师误认为上课自己应少讲乃至不讲,否则,就影响学生的主体地位,影响他们的自主学习。于是,就出现了种种"不作为"的情况。比如:一而再、再而三地重复某种教学方法,让学生自己"感悟"。无点拨,无指导,要求泛化。朗读是学语文的好方法,让学生整堂课朗读课文未尝不可,但每次朗读应有具体的要求,并且要求应循序渐进,读错的字、读不顺的句子要指点,不能听其溜滑过去:关键词句、重点段落,要让学生咀嚼、品味,谈自己的感受和领会。读书百遍,其义自见。当今课堂上学习不可能有那么多充裕的时间反反复复读,因而,必要的指点就不可缺少。再说,朗读的目的就是要熟悉课文,理解课文,入目、入耳,入心,与作品和作者交流思想、沟通心灵,从中吮吸语言和思想的养料。故而,口读必须心想,精要之笔要琢磨,教师的点拨同样不可缺少。感悟也好,整体感知也好,总要建立在理解的基础上。浮光掠影,囫囵吞枣,怎可能有真切的感受? 这样的课,教师"不作为",学生虽读,也没有发现、质疑、探究,主体作用未发挥,形式上有作为,实质上还是无作为。

既然是"平等对话",师生双方都应"有作为",而不是一方"有作为",一方"不作为"。

57. 要善于把有用的知识储存下来

问:如今的教学强调体验,强调理解,这些都有助于学生知识和能力的培养;那么在基础学习的过程中怎么看待知识的记忆问题? 教学中有没有合理的方法帮助学生更有效地把知识储存下来?

于漪:我们读书不能像漏斗,随读随忘,要善于把有用的知识储存下来。在语文教学中,不论教师还是学生对此往往有种种不同的看法。有的把记忆与死记硬背等同起来,死记硬背要不得,误以为记忆无补于事;有的认为现在有电脑储存信息，记忆已不重要，要什么资料，凭电脑查检好了；也有的认为人的记忆力有限，学科多，知识更新如此迅速，这要记那要记办不到。这种种看法如果不加分析，不予澄清，提到记忆，学生心先懒了，一定会影响到记忆力的健康发展。

记忆记忆，当然包括"记"和"忆"。"记"就是记住，心理学上叫识记，保持；"忆"就是重新认出来，或回想起来，也叫作再认和再现。记忆常被分为机械记忆和逻辑记忆，前者即通常所说的背诵，而后者则是以理解为前提的。即使是机械记忆，背诵，也要讲究方法。何况机械记忆的使用在学习中也是必不可少的。比如要求使用丝毫不差的准确字眼的时候，需要的就是这种记忆。这与死记硬背完全是两回事。死记硬背当然要反对，如果对课文内容不理解、不领会，对段落大意、中心思想的归纳概括过程不思考、不分析，一味为背诵而背诵，一句一句孤立地死记，那怎能收到好的效果？

电脑无疑能储存信息，但它不能代替人脑。电脑里储存的东西不等于自己脑子里就有了；更何况人们学习、工作，特别是进行创造性的劳动，自己脑子里必须要有一些基本的，不可缺少的知识牢牢地储存在那里。自己脑子里有知识，实践中才能能动地运用创造；脑子里空空如也，做起事来难免捉襟见肘。电脑又岂能包办人的应有记忆？

至于人的记忆容量问题，我想举出美国麻省理工学院科学家一份报告所说，一个人如果始终好学不倦，脑子里一生储存的知识将相当于美国国会图书馆藏书的五十倍。据说，该图书馆藏书一千多万册，那么，人脑记忆的容量要相当于五亿本书的知识总量。如此说来，人的记忆潜力很大，问题在于怎样来很好运用，充分发挥。

弄清以上看法，有助于很好地培养学生的记忆力。培养学生的记忆力不可忽视。苏联心理学家谢琴诺夫对此说得很实在："在人的一生中，凡是经过大脑的思想，没有一种不是由记忆中的因素形成的。"又说："关心发展识记的事物，也就是关心发展人的全部智能的内容。"这就把发展记忆力在发展智能中的重要性说得很清楚了。

这里要先讲一点关于记忆的科学知识。

按照俄国生理学家巴甫洛夫的高级神经活动学说的观点，记忆是人的大脑皮层上暂时神经联系的形成、巩固和恢复的过程。他认为人们感知事物或思考问题，都会在大脑皮层中形成某些兴奋点，各个兴奋点有神经通路彼此联系，事过以后，这些兴奋点和神经通路便以"痕迹"的方式留在大脑皮层中。在某种刺激物的影响下，它们又会重新呈现。很显然，要提高学生的记忆能力，就要注意形成兴奋点，并注意接通它们之间的彼此联系。在语文教学中，我时时注意：

第一，抓住记忆的支撑点，构成网络图。学生如要背诵一篇文章，须在脑子里构成一幅由许多支撑点彼此联系成的网络图。图的全貌怎样，由哪几条粗线，哪几条细线，在每条线上有哪些支撑点，点与点之间是怎样联系接通的。掌握这些要领，课文背起来就比较容易。

比如背诵《观巴黎油画记》全文，可分以下步骤。第一步先梳理大骨架，使学生轮廓在胸。由巴黎蜡人馆而巴黎油画院，而普法交战图，是对该图创作意图的议论。第二步，再理线索。如第 2 段，内容多，容易前后混淆，就指导学生把握叙说的"序"——画室布局、画幅内容、观者感觉。而画幅内容中一条条细线也要理清楚。战场环境、两军人马杂沓、战斗激烈的惨状、画面背景等。脑中线条清晰，记起来就方便。第三步，抓关键词语。如"译者曰，所以昭炯戒，激众愤，图报复"的含义，抓住"昭""激""图"三个词语作记忆的支撑点，就能迅速背诵出这个句子。

第二，借助联想、想象，进行分类比较，增进知识的储存。知识的储存量依靠记忆的广度和深度，要记住某些新知识，可充分运用旧知识。在新旧之间搭起联系的桥梁，对比分析，有助于加强记忆。比如学习杨万里的《晓出净慈寺送林子方》一诗时，启发学生联想读过的写西湖美景的诗。学生会很快地想到苏轼的《六月二十七日望湖楼醉书》和《饮湖上初晴后雨》。把这三首诗进行比较，明确：同是写西湖，但观察点不同，观察时间不同，具体景物有别，画面色彩各异，有静景，有变化中的动景，通过比较，理解加深，既巩固旧知，又利于储存新知。俗话说"博闻强记"，博闻与强记有联系，可以相互促进。见多识广，联想丰富，触类旁通，抓住并记住的东西就会多。

第三，设计提纲挈领式的板书。语文课文的特点是内容与文字形式的统一，从思想内容到篇章结构到语言表达和写作方法可学的很多，不掌握好的学习方法的学生,学完课文后往往混沌一片,不得要领,要记的也记不到脑子里去。针对语文课文这一特点,教师事先也要考虑到哪些要学生记忆并如何记住的问题。这一要求可以设计在板书里,板书设计要有目的,有取有舍,好的板书设计除很好地帮助学生理解课文外,同时也要在帮助学生能记住应记的知识方面起一定的作用。教师要有意识地在板书设计时替学生安放帮助记忆的支撑点。如《海燕》的板书设计,完全可以用文中的词语作支撑点。三幅画面中海燕的形象丰满,可使学生理解深入,同时也直接记住了课文内容。板书设计中做有心人,办法自然会多。

第四,运用口诀或有节奏有韵律的形象化语言形成某种人为的联想结构。小学生背诵九九乘法口诀,虽经以后多次应用才能运用自如,但应用前必先记住,而帮助记忆的则是口诀。凡主要靠机械记忆的可以采取口诀或韵读的方法。比如查检四角号码词典,检字法里有取号歌诀:"横一垂二三点捺,叉四插五方框六,七角八八九是小,点下有横变零头。"很好记。但学生对笔形、代号记住,检字时仍有困难。检字法中具体取角方法有十二条,内容虽具体,但不容易记。学生开始学时,可先提炼出几句简单明了的话,帮助他们记忆。如:"左上到右上,左下到右下(江 3111)""两单取左右,两复取上下(到 1210,引 1220,仁 2121;母 7775,具 7780)""可单也可复,要作复笔查(政 1814,共 4480)""五四要作五,六七作六查(丰 5000,国 6010)""取过没有补个 0,七连一二(角与横竖连笔)再用它(亦 0023,用 7722)""口(wéi)门两类字,下面两笔钻底挖(园 6021,闯 3710)"等这种记忆法,古人用得很多。歌诀信口悠悠,帮助记忆,有其妙用。

58. 记忆力后天的训练更为重要

问:谈到记忆力问题,有一种观点认为这是一种先天素养,有人天生好记性,有人却说自己就是记不住东西,面对这些现象我们在教学中就无能为力了吗?

于漪：人们常说记忆力好坏是先天的，其实不尽然，而是后天的训练更为重要。一个正常人的记忆力在学习和实践中能得到不断发展，特别是青年学生在教学中注意多加训练，他们的记忆力能得到健康的发展。这方面，我经常采用的方法是：

第一，定势。有意识记和无意识记效果不一样。根据科学实验表明：提出明确的记忆任务，70％的受试者能正确地记住要求记忆的材料，否则，只有43％的受试者能记住，相差是很大的。这告诉我们记忆目的越明确，记忆效果越好。这是因为明确了记忆的目的任务，在大脑皮层的有关区域便形成了一个优势兴奋中心，外界信息就落在兴奋中心的"焦点"上，记忆的痕迹就特别清晰而深刻。因此，教学中可采用"定势"的方法，让学生明确任务，产生记住某些材料的愿望，从而下决心牢牢记住。比如教《岳阳楼记》，一上课就开宗明义地告诉学生这是千古流传、脍炙人口的名篇，要背诵。学生任务明确，只要教学得法，课学完，学生基本上就能背诵。学生应记哪些，哪些记到何等程度，教师首先应心中有数，并应在教学中明确地对学生提出来。

第二，激趣。记忆与情感因素、与兴趣关系密切。有的学生是足球迷，球员的名字、重要比赛的记录、场上精彩表演倒背如流，说来如数家珍。有的学生知道一大堆影星名字，屏幕上一照眼就认出是谁，甚至对他们的身世轶事说得头头是道。这常与情感有关，兴奋、喜爱使人主动地去追求知识，接受快，记忆亦深。学生非常爱戴崇敬周总理，抓住这种心情教赵朴初的《金缕曲》，他们一下子就深深接受，并能牢牢记住。又如学生对诸葛亮的才、学、智慧很有兴趣，教《前出师表》时，我强调这位"两朝开济老臣"的鞠躬尽瘁的精神，学生感受深；再教杜甫的《蜀相》，学生的情绪早已积蓄饱满，诗教完，学生很容易就记住了。

第三，重复。训练记忆力既要克服心不在焉的毛病，又要和遗忘做斗争。当然，人们不能什么都不遗忘，那些无关紧要的信息遗忘还十分必要，可以减轻脑神经的负担。但是，教学中那些学生必须牢记的最基本的知识，对提高语文水平长期起作用的，必须牢牢记住，不能忘得一干二净。与遗忘做斗争，重复是一重要方法；重复出现，间隔再现，能保持学生记忆的长久性。比如教复句知识，先让学生回忆单句的要领，教长句时，又可以用复句知识理顺句子的层次。学习新知回忆旧知，运用旧知解决新问题，看似重复，但是十分必要。有些知识学生一时可能不理解和记不周全，但经不同角度重复出现，在脑子里就能刻画出全面的印象。在日常生活中认识一个人也是如此，在不同场合中多次与他交往才能全面认识他，才能留下完整的印象。但是要注意，教学中不能无目的地重复，否则就会浪费时间和精力；只有安排必要的重复，才能收到加深记忆的效果。

第四，系统化。知识零碎、散装，不成片段，容易散失遗忘。知识系统化了，记忆支撑点多，四面联系得起来，要记的东西容易记住。因此，引导学生把接收的信息放进有关的知识系统里，形成网络，也是锻炼记忆、储存知识的一种方法。比如，学完一单元之后，要求学生自编提纲，或分项编画图表，把学到的知识归类集中，加以系统化，都是培养学生记忆力的有效方法。事实上，会学习的人脑子里有一个排列好的格子架似的，随时能把学到的东西放在妥当的格子里，接受快，储存多。

第五，辅助手段。记忆靠脑子，为加强记忆，还可调动辅助手段，协同"作战"。古人读书强调五到：眼到、口到、耳到、心到、手到。这样也可以协同起来，加强记忆。俄国教育家乌申斯基说："蜘蛛之所以能够非常准确地沿着极纤弱的蛛网奔跑，是因为它不是用一个爪，而是用很多爪来抓住蛛网，一个爪坠失了，另一个还抓着。"学习也是同样道理，各种学习手段适当地结合起来运用，知识容易把握住，并且容易把握牢。辅助手段古人用得多的是圈点、画线、加批等，这些都有用。今天现代化的手段更多，听录音、看录像已很普遍，这些都是很有效的帮助记忆的手段。训练记忆的方法多种多样，上面提到的是一般的、带有普遍性的方法。但是，各人还有各人的记忆特点，教师还要鼓励学生去把握自己的特有的记忆"拐杖"来加强记忆。学会运用一般的记忆方法，发扬自己的记忆特长，相辅相成，相得益彰，效果也就更好。

中学阶段是人一生中记忆力的"最佳"时期，故中学语文教学中有计划地培养和发展学生的记忆力十分重要，使他们牢记必要的语文知识，牢记一些名言名篇，有效地提高阅读能力，他们会终生受用不尽。

59. 加强课堂内外、学校内外的沟通

问：从您这里我们学到了许多课堂教学的方法，不仅可以上好展示课，更重要的是可以帮助我们切实上好每一堂课，这太重要了。那么，作为语文老师，我们教好学生课本上的那些就够了吗？我们还要注意些什么？

于漪：课堂内容已经满足不了学生的需求，教师要打通课堂内外，打破学校围墙，去寻求更多的知识源泉，那应该从何处着手呢？

首先要破除封闭意识。眼睛如果只盯着一本教科书加一本教学参考书，思路打不开，教起来就会捉襟见肘，学起来就索然无味。如果缺乏整体意识，只见枝枝节节，机械重复，即使可能立竿见影，影子也只会是瘦瘦的一条，缺少厚实的底蕴。

其次要开发与利用语文课外学习资源。分清类别，择优而用。书、报、杂志，给学生打开第二扇生活的窗户；网络、计算机，让学生了解与筛选多种多样洋溢时代气息的信息；讲演、报告、辩论、研讨，让学生在语文实践中长见识，增才干；自然风光、文物古迹、风俗民情，让学生身入其中、心入其中，认识、品尝、体验、感悟，经受天地之化育，感受文化之熏陶。

第三要精选拓展、延伸的内容与方式，讲求实际效果。如同从港湾起锚的船只，航线十分清楚，目的地十分明确，不是无方向随意漂浮。拓展、延伸的内容极其丰富，从课文内容到表达形式，从语言文字到审美价值，从背景材料到文化底蕴，等等，多角度多层面思考、联系，开阔思路，引导学生进行研究性学习，增强学习语文的真本领。方式多种多样，因教学内容而异，因学生而异，只要能激发学生兴趣，学生能享受到学习语文的快乐，提高语文综合素养，均可采用。

当然，最为重要的是要建设港湾。现在的一种常见病是对语文教材本身不认真钻研、深入钻研。一篇课文写什么，怎么写，为什么这样写而不那样写，学生学这篇文章应达到怎样的目的，在阶段学习中应起怎样的作用，常常不甚了了，更谈不上有独特的感受与见解，而是外围战打得热热闹闹，花样繁多。看起来是学习课文，实际上又脱离课文。港湾不建设好，怎么开辟航线？怎能通向

大海？应去除浮躁，去除华而不实，扎扎实实地研究教材，洞悉底里，发挥语文本身固有的多重育人功能。

语文教学千万不能只局限于课内，要以课内促进课外，尤其是引导学生广泛阅读，培养他们读书的习惯，做到精读、博览相辅相成。嗜书的感情与习惯不是天生的，要靠引导，要靠现身说法。培养他们的阅读习惯，就等于帮助他们找到源远流长的知识、智慧泉眼，引领他们在人类、社会、人生的层面上学习语文，了解历史风云，认识世事人情，感悟生命真谛，追寻真善美，构建起自己的精神家园。经常开展读书交流，可收相互启发、共同提高之效。

参加各类实践活动，也是同样的道理。生活是学习语文极好的导师，语言文字的运用无处不在，要求学生做有心人，观察、思考、分析、判断。生活有积累，认识有提高，笔也会灵动起来，作文、随笔，无搜索枯肠之苦，而有倾诉表达之乐。所以说优秀读物，是生命成长之源；实践锻炼，可以增添人生欢乐。

60. 阅读是感情的传染

问：您提到了学生的阅读问题，这正是困扰我们的一个问题，如今学生的阅读情况发生了很大的变化，快餐式的阅读比较普遍，怎样引导他们读一些经典作品，想请您给我们一点指导。

于漪：阅读，在每名中学生成长中的重要性已经不言而喻，尤其是历经时间长期检验的经典作品，那种对自然、对社会、对人生剖析之深邃，见解之精辟，思维之奥妙，语言之魅力，不仅供读者醒耳目，开智慧，而且使读者如饮琼浆，如灌醍醐，心灵得以滋养，精神得以提升。

是不是凡阅读必有益，必能享受到阅读的快乐和成长的喜悦？我看未必。关键在读什么和怎么读。读什么？当然要读优秀读物。读劣质的、粗鄙的、有害的，无疑是污染思想，损伤情感，受负面影响而不自知。因而，阅读就要选择好读物，要头脑清醒，拿出眼光，挑选佳品、精品，从中吮吸有益的养料。

怎么读，同样十分重要。如果随手翻翻，一目十行，大而化之，难以获得其中要义；如果只专注于故事情节的曲折离奇，关键的抒情、议论一跃而过，文中真谛就难以把握；满足了寻章摘句，摘抄一点佳词美句，作品的整体面貌就难以把握。凡此种种的阅读，不是在浅层次上徘徊，就是挂一漏万，不易体会文章精髓。

读，要深入作品之中，与作者交朋友，倾听他的心声，将心比心，具体对照，收获就大不一样。俄罗斯小说家邦达列夫说："一个人打开一本书，就是在仔细观察第二生活，就像在镜子深处，寻找自己的主角，寻找自己思想的答案，不由自主地把别人的命运、别人的勇敢精神与自己的性格特点相比较，感到遗憾、怀疑、懊恼，他会哭，会笑，会同情和参与。这里就开始了书的影响。所有这些，按照托尔斯泰的说法，这就是'感情的传染'。一个不醉心于读书的人，就抛弃了第二现实和第二经验，因而最终就缩短了自己生命的时日。"这段话很精彩，既说明了醉心于阅读的重要，又说明了该怎么阅读，发挥书对自己的影响。

读书，犹似照镜子，不仅要在镜子深处找到主角，而且要把自己的性格特点和主角或作品中的某个人某些人对照比较，产生感情的涟漪乃至波澜，心灵有所震撼，认识有所深化。此时此刻，书就产生滋养心灵的良好作用。

例如《初中生阅读世界》2007 年第 6 期中刊载了《一生有个对不起的人》。初读，你可能会被较为曲折的故事情节所吸引。如果眼睛扫描一下就算读过，那就是浅尝辄止，不过知道个故事梗概而已。再读，发现文中"婶婶"个性鲜明：大黄牙，大嗓门，骂声不绝，打呼噜地动山摇，十分勤劳；她贫穷，但真心实意对侄子好，供他求学，一直读到大学。"我"对"婶婶"有种种看法、种种误解，但离开这个亲人，就觉得无依无靠了。你经过细细品读，对作品中两个人物形象的特征以及他们之间的关系有所理解，对作者的写作意图——褒扬一个普通的农村妇女善良的品德有所体会时，阅读就深了一层，有了些收获。

要真正收到比较大的效果，就得比较、对照。先把"镜子"读懂，弄清楚。"婶婶"从乡下来接"我"是"我"家里出事，别人像避瘟神一样躲着"我"的时候，她供养"我"，让"我"求学，宁可自家受艰难，熬贫穷，没有缺过一点"我"的吃穿；粗声大气地鼓励，农田的锻炼，挨家挨户卖冰棍挣钱，为供"我"读大学外出筹钱，给"我"攒成家的钱，她看病不用一分……一件件一桩桩平凡的事中，婶婶心灵的善良、性格的坚韧,对小辈的挚爱、无私的奉献,在字里行间流淌,撞击你思维的门扉。这个人高马大的乡下女人显现的人间美德犹如星星一般闪烁光芒。她一辈子憧憬的是三间红墙大瓦房,让屯子里的人眼红,但为了"我"这个她并不需要负多少责任的侄子的前途,竟毫无怨言地舍弃,只能用嘴上说说来满足自己的愿望和理想。亏待自己,善待他人,这是真正的高尚,这是人间的真情。这是一面多么晶莹敞亮的镜子,用这面镜子来照自己,如果我遇到这样的事,会怎样想,怎样做,和"婶婶"的差距在哪里?为什么会有如此差距?怎样才能把差距缩短?归根结底她帮助我明白了哪些道理?今后的生活道路怎么走?优秀读物总是把人间高尚的思想、美好的情操熔铸在语言文字之中,奉献给读者咀嚼、品尝,启发读者净化感情,提升思想,打下做人的良好基础。拿这面镜子照自己,会照出上进的动力,拿这面镜子照社会上金钱至上、私利第一的思想言行,你会觉得心灵受到严重污染的人是那么渺小,那么卑劣。在不知不觉中,你的识别能力提高,爱憎感情受到锻炼,随之,对污浊东西的抵抗能力增强。你在阅读中长大了。

读"我",同样可比较、对照,从中发现不少可资学习与借鉴的思想和做法。

书,就是一面镜子,常常照镜子,可以正衣冠,除灰尘,提升人的品位与形象。读书,学会照镜子,不是简单地做检讨,批评一下自己的毛病,而是要明是非、辨正误,见贤思齐学做人,增长见识学本领。书是人类进步的阶梯,一本本读,一本本思,逐步攀登,一丝不苟,就会读出真善美的精神境界,沉浸在成长的喜悦之中。

61. 如何处理作业

问:说到这里,我还有一个问题要请教于老师,现在关于作业的问题重新引起了大家的重视,您能不能跟我们概括一些处理学生作业的基本原则?

于漪:作业在一定程度上反映了学生的学业质量与水平,教师能够通过作业调整自己的教学节奏,也能通过作业反馈指导学生,作业成为了师生对话的桥梁,有效地处理作业,对教与学的改进都至关重要。

学生的语文作业在一定程度上检验教与学的质量,它帮助教师发现教学中的经验与问题,促使教师改进教学。正因为如此,处理学生作业不能停留在只判断正误,只打分数,而要做到这么四条:

第一,明确学生作业是教学的有机组成部分,是课堂教学的延伸和反馈,不过,方式是学生独立操作,独立训练,以巩固或加深理解课内所学的内容,处理时要加强目的性,了解学生掌握的情况,重视反馈教学质量的信息。

第二,对不同类型的作业,如口头的、书面的、单项的、综合的等等,采用不同的处理方法,可分别处理,可集体讨论,可互批互改。无论采用什么方法,都要落到实处,使学生一步一个脚印往前走。

第三,批改作业要以正面鼓励为主,积极引导为主,千方百计树立学生的信心,激发他们克服困难的勇气,切忌横加指责。对错误与不足要说得具体,指引修改的路子。

第四,因材施教。对不同的学生可采用不同的方法,如对有的学生的作文可面批面改,重点帮助。从学生的实际出发,有目的、分阶段地采用不同方法处理,以求得最佳效果。

62. 评课与教学反思

问: 现在我们外出听课学习的机会也不少,听完课后也有各种评课研讨,一方面我们自己确实心里没底,不知道评课到底要评什么,有哪些关键内容,按怎样的原则评;另一方面我们听到的多是一些华丽的词语,听上去都没错,关键是我们还是不清楚应该以怎样的方式进行教学反思。于老师,您能不能给我们一些建议?

于漪: 学科教学有许多共性,只要肯钻研,对课程论、教学论、学生求知规律具备一定的认识基础,也就具备了发言权。评课组织教师评论,就是组织教育理念、教学内容与方法的学习,就是锻炼分析、综合、判断的能力,锻炼形象思维、逻辑思维、创新思维的能力,是具体可行的、扎扎实实的教学研究。这种研究,不是名词术语炫人耳目,不是贴标签,而是活的教育学的学习与运用,站在教书育人的高度,奉行理论联系实际的原则。

评课不一定要面面俱到,可突出重点,兼顾一般。对当前教学中一些倾向性的问题可多作一点探讨。作为教学目标,常见的倾向性问题是:目标或多而杂,或高而空,实践时与教学内容脱节,难以达成;三维目标的融合或勉强,或残缺。学生在课堂上要真正学有所得,目标的制定最为重要。它必须从教材的个性特点出发,从学生实际水平与身心需要出发,离开了胸中有书,目中有人,目标就浮游无根,成为纸上谈兵。教学内容取舍详略的处理往往影响教学目标的实现。根据教学目标取舍教学内容,重点突出,难点化解,详略得当,线条清晰,教学目标就比较容易达成。

比如教学内容问题,最常见的是糊成一片。这也重要,那也重要,执教教师舍不得割爱,或者是轻重不分,乃至轻重倒置。究其原因,往往对教材中写什么、怎么写停留在浅层次上的理解,知识钻研得不准不深,因而,教什么就会出现胡子眉毛一把抓。只有把握内容框架结构,精心剪裁,重点才能凸显。

再如教学行为问题,它贯穿于教学的全过程。常见的毛病是重方法轻内涵,为讨论而讨论,为多媒体而多媒体,看似热热闹闹,实则空洞不到位。在课程教材教法改革中作种种探索,是教学热情高涨的表现,无可非议;在探索中出现这样那样的不足,也是可以理解的。但必须牢记:崇尚本色,反对包装。课堂教学最为重要的是充分调动学生学习的主动性、积极性,指导学生学会,进而会学。学有兴趣,学有所得,学有方向,学有方法。这是课堂教学的本色、本质。教学方法毕竟是第二位的,方法为达成目的服务。在课堂教学实践中,学生学习习惯、学习方法的培养仍是薄弱环节,情感态度价值观与知识能力的有机整合意识还不强,典型的精彩例子还不多。这些均须深入研究,精心创造。教学行为表现于一个个教学环节之中,是教学目标达成、教学内容落实的必然途径,是师生共同努力的以教材为依据的生动活泼、多姿多彩的大文章,可探讨研究的方方面面很多。评论一堂课,应举其要,深入开掘,执教教师才会真正获得启迪。

　　怎样来反思才能取得更加实际的效果,对自己成长更有帮助呢? 教师应将反思看成有效担当教学使命的一种内心渴望。第一,要面对教学现场。反思不是上完了课自己简单回忆一下,而是一定要面对教学现场,发现或者查找倾向性的问题,及时抓住影响自己教育教学质量的真问题,寻找自己专业发展中的盲点和弱点,所以,反思首先要直面真实的教育教学,在真实的教育教学场景中找到真实的问题。我们教师总是习惯于检视自己的一些细节问题,这也无可厚非,因为教学中许多细微问题也是需要改进的。但是更要有整体思维,对发现的问题有整体性的思考,也就是要"聚其纲、抓其要",精准抓住倾向性的问题,或者本质性的问题,如此就能够破解一连串的细微问题。那种只看到小问题,然后自我检讨一下,简单表个后续行动的决心,是不能真正解决问题的。第二,要真诚对待,深入剖析。发现或找到了自己存在的"真问题",教师就要在行动中认真对待,而不只是在纸面上"写明白"。我从来都认为"说在口上、写在纸上"虽然对教师也是重要的,但它不能真正解决问题,一定要通过实践来解决问题。真诚对待又深入剖析,才能够抓住问题的症结所在,不会隔靴搔痒。所以,反思是要对某些教学行为不断追问,为什么会有这样一种教学行为? 为什么会这样来处理? 当时是怎么想的? 为什么这样想? 这些追问实际上就是对教师心灵深处的叩问,乃至是对灵魂的拷问,这不仅牵扯到教师的教育教学思想、观念和方式方法,更是教师对自己教育人生的反思,是对肩负教师育人使命的深层次回应。只有这样,反思才不会浪费时间和精力,也能够更加凸显它应有的价值。第三,促进思想改变,努力见诸行动。反思的目的是改进,是提升。教师为什么要反思? 重要目的是要促进教师思想的变革,通过反思促进教师教育教学思想的觉醒,获得专业上的指路明灯,反思可以使行动的改进有明确的目标和方向。举个例子,在我刚改教语文时,学校举办报告会,会后我问一个同学主讲人讲了什么内容,他说:"什么内容我没听到,但我已经给他统计'这个这个'讲了 158 次。"我突然意识到,如果我的教学语言也不纯净,不能给学生做榜样,我怎么做语文老师? 因此我下决心改造自己的教学语言。开始用"以死求活"的办法,把自己所要说的每一句话都写出来,然后修改,把可有可无的字词句和不符合逻辑的话语去掉,然后把它背出来,再把它口语化,用比较规范的书面语言来改造自己不规范的口头语言。就这样花近两年的时间,去掉了语言的杂质,丰富了自己的词汇,也让语言表达更有力量,更有文化的含量。所以,反思不仅要意识到真问题,更要拿出真行动,下深功夫,不断自我否定、自我改进、自我超越,千锤百炼,方可炼出对党的教育事业的无比忠诚,炼出学术专业的无比精湛,真正使得我们的头脑散发灵光,思维更加活跃,专业能力更加完善。

如何把握教有法而无定法?

63. 课堂检验的是语言素养

问：您常常讲课不能只教在课堂上，要教到学生心坎上，在语文教学中您又一贯倡导工具性与思想性的统一，就是说语文教学既要解决字词句篇、听说读写这些语言能力，还要提升学生的思想、道德、情操、审美和思维人文素养，您是怎么做到的呢?

于漪：我有一个想法，理论认识与实践探索应该共同推进，相互印证。如关于语文学科的性质问题，多年来我一直信奉工具性与思想性相结合的理念，但又总觉得思想性不足以涵盖语文内容的全部，还应该考虑道德、情操、审美、思维等人文因素。为考而教，应试教育用"柳叶刀"把整体的文章解剖成零碎的"细胞"，"文"没有了，"魂"也丢失了；学生在题海训练中翻腾，求学不读书，结果语文能力不但没有提高，反而开始厌恶语文，造成语文素养的下降。为此，我通过对古今中外语言学及语文教学改革的深入探究，并结合自身教学实践中的正反面经验，提出语文学科有众多性质，但工具性与人文性的统一是其基本特征。

语文教学培养学生思维能力、思维品质、思维习惯有其独特的优势。语言是思维的外壳，思维是语言的内核，思维的存在凭借语言，而语言又是思维的工具。语言表达的过程实际上就是把思维的结果静态表现出来的过程。语言不是单纯的载体，思想、情感、语言同时发生。教学过程应把思维的发展及提升与语言文字的学习、品味、运用放在同等重要的位置。学习语文，教师要带领学生辨别语言文字使用的利弊得失，赏析语言文字的淡雅绚烂，既让学生感受语言文字的实用价值，又使他们在潜意识中发展了思维的能力，优化了思维品质。在阅读、思考、吟唱的过程中，拨动心弦，向往理想，激昂情感。这种以语言文字为中心的认知教育，与道德教育、审美教育、人格教育、价值观教育高度融合，可为学生的健康成长、持续发展打下"精神的底子"。语文就是人生，跟随人一辈子，教学中进行实用训练时，切不可弱化或丢弃它的思维功能、审美功能、文化功能等育人价值，使它失魂落魄。做法迥异，不仅有学科理念的差别，而且有对培养时代新人责任担当的差别。

一个想象力丰富的人，他的创造力就强，能够把已经占有的知识重新组合，创造出种种新形象，或幻想出前所未有的形象。从这个意义上说，想象力确实像活化知识的酶。

知识是静止的、封闭的和有限的，而想象力是运动的、开放的和无限的，想象力是能动的知识。如果把知识比作"金子"，那么，想象力就是"点金术"，能使知识活化，能进行创造。

课堂教学中切不可用某种知识、某个结论困住学生想象力、创造力的翅膀，要千方百计激发他们"思接千载""视通万里"，激发他们神思飞跃，处于创造的氛围之中。

教师的作用是启发学习，而不是窒息学习。要鼓励学生进行探究，不轻信现成的结论。对知识的理解可以有种种假说，种种解释，经过分析、比较，特别是借鉴集体的力量加以评论，从而寻求正确的结论。只要不是消极承受，而是靠动脑筋积极获取的，其中不乏创造性因素。

学生勇于谈看法、摆见解，由于某些因素的触发，会突破习惯性思维的羁绊，闪发出创造性的火花，教师要倍加爱护。对课堂上出现的"神来之思"，更要以极大的热情赞扬、鼓励。学生置于宽松和谐的学习环境中，创造意识、创造精神就可获得有效的培育。

语言的人文关怀不是正误不分，不是夸大其词地捧学生，而是从理解、指点、帮助的角度交流沟通，心贴心地呵护，让学生感到亲切、温暖，增强学习信心。

教师课堂上的讲述不仅是专业知识、文化底蕴、人格素养的表露,而且是语言素养的生动检验。

文章不是无情物,不是小情,就是大情。有个人之间的情谊,亲情、友情、景情、物情、乡土情,有祖国情、民族情、天下情,悲天悯人是爱满天下的情。只要是发自肺腑的真情,总能扣人心弦,给人以感染。而这些"情"又是通过语言文字,尤其是一些饱含深情的文字传送的,因而,教学时要引领学生反复诵读,咀嚼推敲,激起感情的浪花,心灵获得美好的滋养。

教课不是为情而情,更不是虚情、浮情。不精不诚,不能感人。关键在教师不做"门外汉",冷漠旁观,而要进入作品,读懂课文,身历课文描绘之境,倾听作者的心声,受理想追求、博大胸怀、高尚情操的叩击,而真正动心动情。教学时以情激情,以情传情,丝丝缕缕就能牵动学生的情怀,沉浸在人世间至真至善至美的熏陶之中。

64. 语文教学要融合德育和美育

问:您的经验给了我们很多启示,我好像明白了一点,但还有些不理解,就是语文教学要把语言文字训练和道德品质要求、审美修养培育等结合在一起,那是不是要在语言文字之外另外搞一套,这样才是完整的呢?

于漪:语文教学在以语文智育为核心的同时,应融合德育和美育,这是由语文学科的性质和功能所决定的。在义务教育阶段、高中阶段的语文课程标准中有关这方面的内容表述得十分明白。如:培育热爱祖国语言文字的情感,增强学习语文的自信心,养成良好的语文学习习惯,初步掌握学习语文的基本方法。(《义务教育语文课程标准(2011年版)》)

在语文学习过程中,培养爱国主义、集体主义、社会主义思想道德和健康的审美情趣,发展个性,培养创新精神和合作精神,逐步形成积极的人生态度和正确的世界观、价值观。(《义务教育语文课程标准(2011年版)》)

在阅读与鉴赏活动中,不断充实精神生活,完善自我人格,提升人生境界,

逐步加深对个人与国家、个人与社会、个人与自然关系的思考和认识。(《普通高中语文课程标准(实验)》)

语文教学中德育的任务很明确,即激发、培养学生热爱祖国语言文字的感情,热爱中华优秀传统文化的感情,培养社会主义思想道德和爱国主义精神。这里有思想、道德、情感、精神。

语文教学中美育的任务也很明确,培养健康高尚的审美情趣和一定的审美能力。中学语文教学把发展学生感知美、理解美、欣赏美、创造美的能力作为基本任务之一。语文教材中有丰富的美育因素,自然美、人文美、语言美,无处不在。有意识地给学生以熏陶,能使学生情操高尚起来,对学习对生活有正确的、健康的、积极的追求。千万不能小视语文教学中的审美功能。赫伯特·斯宾塞在《教育论》里说得好:"没有油画、雕塑、音乐、诗歌以及各种自然美所引起的情感,人生乐趣就会失掉一半。"语文教学中如果忽视或抽掉美的熏陶,将会苍白无力,失去育人的作用。要脱离低级趣味,识别假、恶、丑,并有抵御能力,美育应发挥强有力的功能。

语文学科进行德育、美育,不是脱离语言文字训练另搞一套,而是要做到语文训练和思想道德教育统一。也就是要紧扣语文学科的性质,引导学生在学习语文过程中提高思想认识、道德修养和审美情趣;在领会思想内容的同时加深对语言文字的领悟,培养语文能力。

课不能只教在课堂上,教在课堂上就随着你声波的消逝而销声匿迹了。课要教到学生身上,教到学生心中,思想、情感微波荡漾,成为他们良好的素质的基因。

65. 读懂教材

问:原来您说的课要教在学生心上,要让学生情感上微波荡漾,就是没有一种教学不包含教育性质,反过来没有一种教育不需要通过一定的材料或媒介的教学活动,无论是语文课还是别的什么课都是如此。那对老师来说,这个教学媒介，也就是教材，实在太重要了，是不是这样？

于漪：任何学科的教学之中都蕴含着教学生做人的丰富资源。知识的创建饱含人们追求理想的壮志、不懈奋斗的精神和为人民造福的情怀。且不说人文学科里珍藏的忧患意识、家国情怀、虽九死而不悔的责任担当，就是数理、生化等学科传授的是极为严密的刚性的科学知识也一样。在这些刚性的数字、原理、公式、定律背后，蕴藏着多少敬畏自然、探索奥秘、寻求规律、追求真理的思想道德财富，创造了多少可歌可泣的为科学而献身的事迹。关键在于我们执教者有没有一双慧眼来发现，而能不能发现取决于我们是否牢固树立育人意识，有没有育人的巨大热情。

教材又是学科的精华。所以，在教师的学科素养里，读懂教材是教师最起码的能力。平常教师总是习惯于看教学参考书，甚至使用现成的教学资源。我们年轻时没有教学参考书，开学了教务处就给你一本教材，让你自己上，没有任何其他东西可参考。虽然很困难，但是也很好啊！教学需要教师对教材独立阅读、分析和理解，如果没有一定的文化底蕴做支撑，教材是很难读懂的。什么叫备课？备课不仅备文字的表象，更要深入思考：作者为什么要用这样一个词？为什么要用这样的句子？为什么这样组织段落、结构篇章？文章不只是字句堆砌，更要有内在的思维逻辑，真正的备课就是要把这些搞清楚。我转行的时候，把读懂教材作为基本功锤炼，更作为我教语文的必备素养和关键能力，通过对上百篇文章的独立阅读思考，才领会了"庖丁解牛"的意味。所以，教师要尊重教材，把握教材体现的国家意志，又要切实用教材来教，用教材培养学生核心素养。这又需要教师本身具备学科教学的核心素养。比如说我教语文，必须要有语言文字的运用能力。语言是人独有的，语文教学是培养学生理解、运用语言文字的能力，因此作为语文教师，我给自己树立了一个目标，就是"出口成章，下笔成文"：我一出口一动笔就可以成为文章，语言规范、条理清晰、逻辑严密，可以成为学生的榜样。为此我就苦练，练自己的口头表达，练自己的文字功夫。什么是文化？朱自清先生讲"文化就是人自身"，同理，学科教学的功夫就看教师本人的素养。我教语文，我身上就有语言文字的气质；语文就在我身上，是跟我血肉相连，有骨肉亲情的。这些关键能力是需要教师不断锤炼的。

语文教学是有机整体,每堂课也是有机整体。什么叫备课?先作读者,读懂教材,在真懂上下功夫。三遍五遍,八遍十遍,来回往返地读,从语言文字到思想内涵,从思想内涵到语言文字,从结构框架到细节点染,从细节巧施到缜密构思,从查阅资料到文献佐证,把文章读得字已不躺在纸上,而是站起来与你对话。此时此刻,文章脉络、主旨要义、语言精粹一一显现,使你乐不可支;咀嚼、推敲、思考,你有了自己独特的体会,独有的认识。有些课文已烂熟于心,如出自己之口,如出自己之心。如此,八篇十篇、数十篇、上百篇独立阅读下来,初步尝到了庖丁解牛的滋味,阅读的水平、阅读的基本功有了切实的提高。现在看来,亏得当时没有现成的种种教学参考书,没有被他心力所左右而损伤阅读自觉。

备课,既要胸中有书,又要目中有人,备教材,备学生,备学生与教材之间的桥梁——启发、引领学生阅读理解与语言运用的主要问题。教学目标明确、恰当、具体可行;切忌庞杂,多目标必然导致无目标。教学内容清晰,重点突出,根据教学目标的要求认真剪裁,主次分明,详略得当;切忌舍不得割爱,旁枝繁叶一大堆,目标被淹没。教学环节清晰有序,线索分明,切忌东一榔头西一棒槌,杂乱无章。教学方法要慎选,要适切,符合文章个性特征,符合学生学习心理需求,切忌"琳琅满目",哗众取宠。教学语言清楚明白,干净生动,有磁性,有文化含量;切忌干瘪无味,含混不清,语病丛生。

在教学工作中,学习者是第一因素,没有学习者就没有学习。教学是教师的教和学生的学双方面的活动,教师的作用就在于调动学生学习的自觉性和主动性,促使他们充分发挥认识主体的作用。为此,花功夫研究学情,通过望、问、听、阅和材料跟踪,了解学生的思想、性格、兴趣爱好、学习心理、学习习惯、学习方法、语文基础、语文能力等情况,以他们的现状作为教学的出发点,因学而教,力求减少盲目性,加强针对性。

凡此种种,就今日崇尚高阶思维、言必高大上来考量,俨然是小儿科,不屑一顾。然而,对我这名改行的人来说,是为做合格语文教师奠基,打精神底子、业务底子。且不说别的,就拿教学语言而言,为了清除语言的杂质,纠正语病,增强语言的吸引力、感染力,打动学生的理智与心灵,我曾用"以死求活"的方法,把讲课的每一句话写出来,然后进行修改,删除多余的字、词、句,以及不合逻辑之处,然后,背出来,再口语化,用比较规范的书面语言改造自己不规范的口头语言。坚持近两年,有了成效。既然教了语文,就应在语言文字运用上为学生做榜样。我追求的是"出口成章,下笔成文",体会了运用的艰辛,指导学生就有了底气。

语文课就其本质而言,是要让学生看到、悟到、感受到自己阅读时看不到、悟不到、感受不到的东西,包括"文"与"质"两个方面。如果教师的"教"和学生的"学"在一个平面上移动,课必然让学生感到索然无味,课上与不上没有什么区别。为此,教师备课要善于发现,善于分析综合,有解读和挖掘文本的真本领。

66. 把握教材大有学问

问:您提出读懂教材这一条太重要了,吃不透教材就会让我们产生本领恐慌,尤其是语文老师。问题是,对于教材我们既不是作者,也不是编写者,既不知道作者的想法,也不了解编写者的意图,究竟应该怎样把握教材,还要请您给我们一些建议。

于漪:教材是教与学的依据,教师如何使用教材,学生如何凭借教材而学,其中大有学问。文章的个性如果不能洞悉,教课时千课一面就不足为怪了。

教材对学生来说,即使是语文教材,学生能识字,能读通文句,但从某种意义上说,仍然有一大堆问题,许多问题潜藏在文字里,须发现,须阐释,须从中探索规律,获得知识,培养能力。教师要凭借教材教学生,教师自己对教材就须有透彻的认识,深入的理解。知之深,运用起来才会得心应手;如果若明若暗,教材的作用就不能充分发挥,学生学习就会受损失。

钻研教材是教师的十分重要的基本功。语文教师钻研教材的能力是自身阅读能力能否切实深入的具体反映;吃透教材,洞悉教材的底里,教课就有把握,学生问问题,心中就不慌。钻研教材要有寻根刨底的钻劲,不满足于浮在表层,一知半解,要有为难自己的勇气,多问几个为什么,不懂不装懂,要查,要问,要翻资料,要请教不说话的老师——工具书等。钻研教材一定要独立思考,不能不动脑筋,人云亦云。备课时最忌名为钻研教材,实质上是搞教学参考书搬家。从参考书上搬到教案上,对教学没有任何益处,别人研究所得并不是自己的切身体会,不能运用自如;对自身来说,失去了锻炼的机会,业务能力难以提高。钻研教材时可以翻阅参考书,但也只是"参考"而已。"参考"应在自己独立钻研的基础上,应以自己独立思考、独立钻研为主,再从别人钻研所得获得启发,获得借鉴,使自己对教材的认识与理解得以完善,得以丰富。

钻研教材、读懂教材这一关是语文教师的基本关口,这一关过不了,过不好,很难成为一名合格的语文教师,更不用说优秀教师了。

钻研与读懂语文教材涉及的问题很多,从总体上说,必须做到以下几个方面:

第一,通观全文,整体把握。

研读文章,是对文章全面、细致、透彻的理解,理解的全过程是从大到小,从整体到局部,又从小到大,从局部到整体。要读懂一篇课文,第一步须通观全文,整体把握,得其大要,千万不能掐头去尾抽局部。

要通观全文,先要弄清楚文章的基本框架。文章由几个部分组成,这几个部分是纵式结构、横式结构,还是纵横交错,须梳理清楚。如果是纵式结构,是以什么为线索的;如果是横式结构,前后逻辑顺序怎样,均须认真思考。例如,于是之的《幼学纪事》是一篇回忆性的叙事散文,它的基本框架似乎一目了然,因为它由四个部分组合而成,每个部分均用数字标明。然而,仅停留在这点上认识远远不够,还得深入一步。四个部分中第一部分交代作者幼年的生活环境,第二、三、四部分是纵式结构,以时间的先后为顺序记事,从"上学"写到"辍学",再写到"边做事边求学"。每个部分里的一件件事,如对良师益友的怀念,对知识的渴求,对文学的酷爱等等材料有机地组合在一起,纵横交错。弄清楚文章的基本框架,脑子里就不会把文中比较复杂的内容搅和在一起。

至于议论文,对基本框架的掌握来不得半点含糊。论述什么问题,又是怎么论述的,框架在某种程度上能显示逻辑推理的力量,而作者在文中要表露的观点、爱憎,也随之清楚明白。例如,鲁迅的《拿来主义》,它的大框架是由"破"

"立"两个部分组成，先破"送去主义"，再立"拿来主义"；大框架中又套一个小框架，即在正面论述"拿来主义"时，又先"破"后"立"，"破"对待文化遗产的怕、怒、喜，"立"对待文化遗产要占有，挑选。基本框架一拎，文章脉络分明。

说明文必须在"明"上下功夫，因而，框架、脉络更须梳理得清清楚楚。例如，李四光的《人类的出现》总体结构采用了"总—分—总"的形式，引言部分总括了全文的内容，最后一个自然段再作一总结，中间是文章的主体部分。主体部分有四大段，并各有小标题。四大段按时间顺序组织材料，是纵式结构，"古猿—猿人—古人—新人"四个发展阶段紧紧扣住"劳动创造人"这一总纲进行。

要弄清文章的基本框架重在仔细地"梳理"。简单的往往一目了然，容易把握；复杂的，尤其是纵横交错的，只要认真仔细地加以梳理，同样可一清二楚。为了清晰起见，对复杂的结构用线条来表示，作一简图，也会一目了然。

把握文章基本框架以后，要探讨文章的中心内容。比较复杂的记叙文、比较复杂的说明文、比较复杂的议论文，内容比较丰富，钻研时既不可抓住一点，舍弃其余，也不可巨细不漏，要善于总其要。

仍以《幼学纪事》为例。文中人物写了六七个，事情叙了一件又一件，时间跨度大，内容比较多。写人，没有集中刻画一个完整的人物形象；叙事，没有一个完整的故事情节。如果不抓住中心内容，众多的人、众多的事就会在脑子里成为一盘散沙。尽管一件件一桩桩散在文中各个部分，但都与中心内容紧密相连，这中心内容就是作者早年艰苦求学生活的经历。家庭贫穷，求学心切，对老师和朋友充满了崇敬和怀念之情。把握住中心内容，材料的安排，材料与材料之间的关系也就初步心中有数了。中心内容怎样才能把握住呢？在梳理文章基本框架时，每个部分的大体意思要弄懂，关键词句、重要段落抓住不放，在这个基础上加以概括。这种概括切记不是求其全，不是囊括文中所有的内容，而是举其要，总体上有个认识。简单地说，就是要弄清楚作者写什么，中心内容把握住，有助于对文章正确理解，不至于被枝枝节节引入岔道。

在把握中心内容的同时，对文章主要的写作特色也应初步了解。一首动听的歌曲总有它特有的基调，一篇佳作总有它写作上的特色。钻研教材，理解主要的写作特色，对文章的整体把握很有帮助。《幼学纪事》以叙述为主，但叙中有议,议中有情。例如写老郝叔的作古,说"他无碑、无墓,所有的辛劳都化为汗水,洒在马路和胡同的土地上,即刻也就化为乌有",这种对死者一生的崇高评价,对死者深切怀念之情令人泪下。语言的主要特色是如行云流水,娓娓叙来,活泼生动,无半点雕琢。然而在亲切自然之中,又不乏幽默诙谐。例如写自己侥幸有机会听课,但心里总忐忑不安,唯恐被从教室中撵走时,作者是如此表达的:"因此,我那时常生做贼之感,觉得自己是一个偷窃知识的人。"诙谐中带着苦味、涩味、辛辣味。是愤激?是辛酸?是控诉?耐人品味。

通观全文,对文章的基本框架、中心内容和主要写作特色有所了解,就能从整体上把握。不过,这只是钻研的第一步,须继续深入。

第二,重要的在于把握文章的个性。

天公造物非常奇妙,人的脸部都是两只眼睛,两道眉毛,一只鼻子,一张嘴,上下左右的排列也是有定式的。可是人与人极其酷似的几乎凤毛麟角,即使是孪生兄弟、孪生姐妹,也有些微的差别。文章也是如此,凡是名文佳作,各有自己的个性,钻研文章如不能识得个性,很难说是真正读懂。不管是哪类文章、哪类体裁的文章,如果写不出个性,泛泛而谈,难以成佳作,难以吸引读者。即使是稀松平常的事,善文者必有其独到之处,文中必有其与众不同的特色。钻研时深入探究特色,更能把握文章的个性。要把握住个性,有多条途径,常用的有:

——抓准文章的基调。一首歌曲的特色总是和它的基调紧密相连的,或激昂,或委婉,或气势雄伟,或尽情吐露,把握基调,就能感受它的特色。文章也如此,佳作皆真情铸成,爱憎、褒贬必寓其中,或昂扬,或低沉,或流畅,或含蓄,构成文章基本的情调。对此有所感受,就能逐步把握它的个性。例如朱自清的《背影》是脍炙人口的佳作,感染了一代又一代的学子。名人写父亲、写母亲、刻画亲情的文章比比皆是,为什么在现代文学中它独占鳌头呢?关键在于"真",朴实无华,屏粉饰,去铺绘,有真情。正如作者自己所说:"我写《背影》,就因为文中所引的父亲的来信里那句话,当时读了父亲的信,真的泪如泉涌。我父亲待我的许多好处,特别是《背影》里所叙的那一回,想起来跟在眼前一般无二。我这篇文只是写实。"《背影》是作者"泪如泉涌"的产物,是作者脑中镌刻的父亲爱抚自己的一幅幅图景再现的产物,是作者生活的真情实感。唯其真实,所以感人。父子之间深厚的感情是文章的基调,而这种真挚深沉的感情又笼罩在生活艰辛的氛围之中,给人以凄然的感觉。

然而,仅仅停留在这一点上,还是远远不够的。情必须有所依附。在写人的作品中,融情于形最常见。人物形象是抒情的依托,一般多喜欢写人物的正面,刻画音容笑貌,而朱自清先生却蹊径独辟,在特定的环境中从背后用饱含泪水的眼光来凝视父亲,刻画背影,让父亲上月台时的"蹒跚地走到""慢慢探身""穿过""爬上""攀""缩""倾"一系列动作打入读者眼帘,构成鲜明的印象。文中前后四次写背影符合父子之间感情含蓄的真实,在这普普通通背影的描述中,舐犊深情跃然纸上。

——抓最动人最精彩的笔墨。任何一篇佳作总有精彩笔墨,或启人深思,或感人肺腑,或使人愉悦,或令人悲哀。这些笔墨皆作者发自内心,注入真情,提炼思想,而后见之于文的。阅读钻研时,抓住最精彩的笔墨,最动人之处,往往能牵一发而动全身,认清文章的个性。例如台湾作家李乐薇的《我的空中楼阁》是一篇描写景物的散文,从多种角度描绘自己生活中的第一件艺术品——远离尘嚣的小屋,笔调清新,气韵生动,犹如一幅淡雅的国画。如果就景物谈景物,会失之肤浅,品尝不到其中的真味。如果反复咀嚼它的精彩笔墨,就能洞悉特色,把握特有的个性。

"山路和山坡不便于行车,然而便于我行走。我出外,小屋是我快乐的起点;我归来,小屋是我幸福的终点。往返于快乐与幸福之间,哪儿还有不好走的路呢?我只觉得出外时身轻如飞,山路自动地后退;归来时带几分雀跃的心情,一跳一跳就跳过了那些山坡。我替山坡起了个名字,叫幸福的阶梯,山路被我唤作空中走廊!"由于感情上往返于快乐和幸福之间,因而,走山路"身轻如飞",走山坡"一跳一跳"而过。山路解人意,自动往后退,山坡不阻挡,让人雀跃而过。文中这种陶醉于大自然的感情并非空穴来风,而是上文自然发展的结果。以宁静的心情从远观、从近看,从仰视、从鸟瞰等等不同角度描绘小屋的美姿、小屋的不凡,随着描绘笔墨的拓展与深入,欣喜的心情不断增浓,人与自然的妙合越发明显,如"空气在山上特别清新,清新的空气使我觉得呼吸的是香"。把描绘山路喷薄而出的热情再聚集到小屋的绘制上,呈现出"浓雾之中,星点之下、月影之侧"的安静世界。感情是文章的生命,没有感情,便没有艺术。这篇文章表达的是"独与天地精神相往来"的意境,欣喜的感情与美妙的意境融为一体,把握住内情与外物交融的特点,也就把握住这篇文章的个性。

——通过比较,把握特色。有比较就有鉴别。同样的事物,在不同的作者笔下完全可以写成个性迥异的文章。钻研教材时在阅读领悟的基础上进行比较,就能更为清晰地把握各自的特色。

以海燕为例,作家常以此为描绘对象,或咏物,或抒情,或言志。高尔基笔下的海燕形象在中学生的脑海里印象是深刻的,那是一个英勇无畏、搏击暴风雨的先驱者的形象;而郑振铎笔下的海燕则另是一番图景,另有一番风味。前者是把海燕放在暴风雨来临前的大海这个环境中进行描绘的。背景辽阔,且急剧变化,风狂,雷鸣,电闪,浪吼,层层进逼,矛盾冲突紧张激烈,海燕在这样的环境中搏斗,英勇无畏的性格得到充分的表现。"斗"是这首散文诗的灵魂,以纵横决荡、勇敢善斗的海燕形象象征俄国革命先驱者的形象,给人以心灵的震撼。郑振铎的散文《海燕》的灵魂是"恋"。1927年大革命失败以后,国民党反动派疯狂迫害进步知识分子,年轻的郑振铎被迫于同年5月离开家乡,离开祖国,远游欧洲。在漫长寂寞的海上旅行中,游子思乡恋国,寄情于物,于是有《海燕》之作。文章也是把海燕放在大海的背景上来刻画的,然而,这个背景是绝美的海天,是晴天万里,海涛万顷。目睹在海面上俊逸的从容的斜掠的海燕幻化出故乡的小燕,把故乡的小燕子和海上的小燕子交织起来写,似分似合,似合似分,借助它们吐露思念家乡、思恋祖国的真情。文章开端描绘故乡春燕图,意在种下情种,"燕子归来寻旧垒",情播得深,海上的恋国恋乡之情就有了坚实的基础。高尔基的《海燕》是战鼓,是号角,高亢,昂扬,催人整装上阵;而郑振铎的《海燕》是低回,是浅唱,温情脉脉,情意绵绵,乡思乡愁缭绕不绝。

任何一篇佳作,都有其特定的背景,特定背景下产生的思想感情,都有明确的写作意图,都有表达写作意图的种种写法,这就构成了文章的个性,区别于其他的文章。忽略了知世论人、知人论世,难以把握文章的个性。

不同类型的文章通过比较可各显特色,同类型同体裁的文章更要重视比较,善于比较,认清差异。例如《关于写文章》与《散文重要》都是说理的文章,说的道理相通,但怎样论述各具特点。前者全面提出问题,重点论述。开宗明义,提出写文章的作用,一是交流思想、传播经验的一种方法,二是整理我们的思想和经验,使之明确化、条理化的一种方法。就全文说,提出两个"方法",但侧重论述后者,后者是文章的主要论点。就部分说,分析写不下去的原因有两条。对掌握语言工具一条不作论述,侧重讲思想。这样论述,很有独特之处。不但使读者了解问题的全貌,又突出重点,鲜明地表现作者的写作意图。《散文重要》先后论述了"散文重要""散文比较容易写""不要怕散文,也别轻视散文"等问题,举了人所熟知的事实而又易忽略的道理来论述,做到了通俗易懂。而语言生动,口语化,正体现了作者老舍先生的文风。

钻研教材,要钻研到文字不是躺在纸上,而是站立起来与你对话了,你才能真正触摸到作者的写作意图和他的深邃思想、精辟见解、人文情怀,以及他遣词造句、谋篇布局的良苦用心。只有这样,才能真正读出文章的个性,文章就不是平面的文字,而是活的,流动的,立体的,文中的珍奇佳妙之处就会深深印入脑中。

67. 教材要熟悉到如出我心,如出我口

问:您关于把握教材的这几条建议对我太有用了,那么在运用教材过程中您对我们有什么建议吗?

于漪:要充分发挥语文教育特点,教师一定要胸中有书,教材要烂熟于心,也就是说教材要熟悉到如出我心,如出我口。

现在流行的话就是教师跟教材对话,跟作者对话,对话不能停留在浅层次,要深入剖析教材的灵魂是什么,核心是什么,它用怎样的语言表达出来的,它的语言的表现力在什么地方,生命力在什么地方。离开语言文字的表现力、生命力叫什么语文? 文章怎样遣词造句,表达了怎样深邃的思想,它的灵魂,它的核心,它的结构要烂熟于心,这样上课就能左右逢源。不管学生讲什么,问什么,

怎么讨论,你都能够驾驭,都能够解答出来。所以要把语文教育的个性特点发挥得淋漓尽致,自己首先是读者,非常高明的读者,解读得十分精彩,有独特的体验。

语文是人类社会最重要的交际工具,这个工具不是机器,不是拐杖,不是筷子,它是人表情达意的工具,离开了语言文字怎么交际呢? 古时候打仗,烽火也是交际工具,点燃烽火告诉有事情了,别的诸侯就来救了。但是人类社会最最重要的交际工具,就是语言文字,这是不错的。但是语言文字这个工具是人所独有的,因此它又具有人文性。有哲学家说,人和动物有很多区别,最最本质的区别是两个,其中一个是能够读书、著书。人能不能够读书著书,读得多少、深浅,是文明和野蛮的区别。有了文字,社会就进入文明,它就能把文明传承下来。因此,文字是人独有的,它本身就是具有人文性的。

语言和思维和情感同时发生。讲一个词语时,不思考行不行? 不行,讲这个词,讲这个句子时,你一定是思考的,你讲这个词是贬义的、褒义的、中性的,你一定有情感的,我们到马路上去看看招牌,98%以上都是吉祥语,都想招客,都是情感啊。离开了情和义,语言文字只是一个符号,生命力何在? 所以,语言文字的性质是多维的,工具性与人文性的统一是语文的基本特点。我们有时是把简单问题复杂化,以表示术语很深,理论很高,其实把最常识的问题都忽略了。语文是表情达意的,用语言文字来表和达,表达什么? 情和义。它是一个事物的两个侧面,离开了情和意,表和达就没有生命了,而离开了表和达,情和义是无法讲出来的,怎么和人家交流啊? 你说我很感动,你感动,人家不知道啊;你说我很悲伤,你悲伤,人家不知道啊,没有语言文字,根本不清楚,因此是一个事物的两个侧面,是统一的,是不可割裂开来的。我们课程这个三维目标本身是统一的,根本不是割裂开来的。教学一篇课文,一个单元都可以发挥得淋漓尽致。语言有发展功能。小学生和中学生发展的线索非常明确,年级越高,越能讲到细微之处。为什么? 因为思维能力不一样。开始认识事物比较笼统,比较表面,思维逐步逐步深沉起来,有广度,有深度,不仅单向思维,还可以多向思维,可以正面的、反面的,可以纵向的、横向的,所以学语言本身就在发展学生思维。我们在教学生一个词语,一个句子,一个精彩段落时,你就在发展他的思维，比如说让孩子写景，开始他词语掌握不多，不能写出细微的地方，一旦掌握了，观察也就细微了。一个孩子写菊花，菊花害羞好像少女害羞一样，一半花瓣捂着脸，一半开开来了。他在用这个语言时，观察力也得到发展。一个孩子写作文，他说饿得要命，朝家里奔，门一开妈妈正好端出一盆刚刚炒的青菜，他说"啊，真好啊！这个热腾腾的青菜冒着烟，它的细胞还活着呢"，多精彩呐，"细胞还活着"。他将他生物课学到的细胞知识运用到写作中。用写作概念术语是教不出来的，他用观察力，用他生活的经验，就可以写出这样带着生活露水的非常精彩的语言，所以有发展功能。

语言有教育功能，比如名句"先天下之忧而忧，后天下之乐而乐"——《岳阳楼记》，学生没有不认识的字，但是有教育功能，"先天下之忧而忧，后天下之乐而乐"，不以物喜，不以己悲，范仲淹超越了他同时代人的境界，因此历经千古而不衰，这种精神财富是永垂不朽的。孩子从小就有这样的忧乐观，那么他的精神世界就高尚了，教的时候要学生把这个句子背出来，铭刻在心。教育功能无处不在。

还有语言的认知功能。学生生活在现在，单靠读那几本教科书是不行的。课外广泛阅读，打开人生的第二个窗户，就可以了解很多很多的东西，和主人公一起乐一起悲，好像你的命运和主人公的命运是一样的。你就从这里受到感染了，受到熏陶了，你在认识社会，体悟人生。我们语文教材里古今中外、社会自然什么都有，读教材就是让学生打开认识的窗户，因此有认识功能。读先秦文学，就晓得先秦是怎么样的；读莫泊桑的小说，就知道法国社会。要知道沙俄帝国的荒唐、残暴，我们可读契诃夫的小说。

语文有熏陶感染功能和审美功能。写祖国的大好河山，我们感受到自然美，写人的精神的高尚、不朽，感染到人文美，而这都是通过语言美来实现的。语言铿锵多变，特别是古诗词，那种韵味，美不胜收。学语文本身就是陶冶在美的氛围之中，是以美熏陶孩子的情感态度、价值观的，所以语文是多功能的，是可以发挥到淋漓尽致的。而这个多种功能都离不开知识的传授和语文能力，读、写、听、说的培养，学生的阅读的准确度，思维的精密度，比较阅读的方法，全都在里面了。因此三个维度的交融不是另外加什么东西，不是添油加醋，穿靴戴帽,而是我们语文教育个性特点的发挥,把它发挥到淋漓尽致。它是一个完整的、完善的、真善美的东西,学生在学习知识获得能力的同时,又能够有效地接受人文教育。20世纪80年代我就提出这个问题,实际上我是从语文教学大纲中领悟到的,我们的语文教育就是以语文智育为核心,融合了德育、美育乃至体育。

三尺讲台是塑造学生心灵的,是会影响人的一辈子的,课教在课堂上会随着教师声音的消逝而销声匿迹,但要教在学生身上,教到学生心中,成为他素质的一个部分,把握语文教学的个性特点,发挥得淋漓尽致,就能收到良好的效果。

68. 在继承的基础上出新

问: 讨论语文教学的时候,因为存在的问题不少,批评的意见也很多,尤其是对我们传统的语文教学持负面的认识比较多,似乎今天的语文教学需要的就是推倒重来,在您看来传统的经验在今天还有没有值得继承发扬的地方?

于漪: 中学语文教学的基础不是"零",不是重起炉灶,一切从头开始。语文教学要勃勃有生气,面向全体学生,全面提高语文质量,须注意纵向继承,横向借鉴,从生活中汲取。

我国语文教学有丰富的历史遗产,从理论到实践有研究价值和操作价值的东西甚为可观,它不仅培养了一代代志士仁人、学者专家,而且对传播和丰富民族文化作出不可磨灭的贡献。对优秀传统不可采取虚无主义的态度。对待传统语文教育须一分为二,区别,筛选,吸取精华,剔除糟粕。这里不做系统阐述,单从以下几个方面可看出其精华的生命力。

一是学语文与学做人结合。从先秦诸子开始到历代名儒,无不强调学语文与学做人要紧密结合。读书要明理,明做人之理,明报效国家之理。"君子之学,必先明诸心,知所养,然后力行以求至,所谓'自明而诚'也。"(程颐《颜子所好何学论》)读书,要讲求修身养性,讲求品德、胸怀。许多学子身体力行,作为奋斗的目标。例如文天祥兵败被俘之后,做到了富贵不能淫,威武不能屈。就义后从他衣袋里找到一张纸条,上面写着:"孔曰成仁,孟曰取义,唯其义尽,所以仁至。读圣贤书，所学何事，而今而后，庶几无愧。"(《宋史·文天祥传》)用以身许国的实际行动实现了读书明做人之理的准则。写文章也离不开做人，文如其人。"器大者声必闳，志高者意必远。"(范开《稼轩词序》)学习写作应重视浩然之气的积蓄，道德、品德的完善，不能徒劳于章句之间。总之，读书、作文均注意自我心灵的塑造，注意培养完美的人格。

二是熟读精思。蒙学重视识字，《三字经》《百家姓》《千字文》，用现在的话说，是一整套启蒙的系列教材。识字以后读文章，文章范围宽泛。阅读文章强调"熟读"，"凡读书……须要读得字字响亮，不可误一字，不可少一字，不可多一字，不可倒一字，不可牵强暗记。只是要多诵遍数，自然上口，久远不忘"(朱熹《朱子全书·童蒙须知》)，反复诵读，"破其卷而取其神"(袁枚《随园诗话》)。读书强调学思结合，孔子说："学而不思则罔，思而不学则殆。"精研，精思，就能晓其义，识其神。袁枚在《随园诗话》中打了个很生动的比喻说："读书如吃饭，善吃饭者长精神，不善吃者生痰瘤。"要能长精神，"思"是关键。心之官则思，熟读，"使其言若出于吾之口"，精思，"使其意皆若出于吾之心，然后可以有得尔"(《朱子大全，读书之要》)。

三是勤练。学语文重视实际训练。多读多写几乎是一以贯之。"口不绝吟于六艺之文，手不停披于百家之编：记事者必据其要，纂言者必钩其玄。"(韩愈《进学解》)这是指勤奋刻苦地读。写，也是如此，要耗心费力，勤学苦练。要写好文章，"无他术，唯勤读书而多为之，自工。"(苏轼《东坡志林》)要正确理解和运用语言文字，须多实践，多训练。

四是博览。古人学语文强调广为涉猎，"贪多务得，细大不捐"(韩愈《进学解》)，强调广闻博识，读万卷书，行万里路。"读书破万卷，下笔如有神"，是古人学习写作的经验之谈，也道出了广泛阅读的重要性。李沂在《秋星阁诗话》中说得还要透彻。他说："读书非为诗也，而学诗，不可不读书。诗须识高，而非读书则识不高；诗须力厚，而非读书则力不厚；诗须学富，而非读书则学不富。……识见日益高，力量日益厚，学问日益富，诗之神理乃日益出。"写诗非博览不能识高、力厚、学富，写文章岂不也是如此？博览不仅为写作创造条件，更能开阔视野，加强修养。

还可以举出一些，这里不再赘述。传统语文教育也有许多弊端，最为严重的是脱离言语实际和脱离应用实际。书面上读的写的是以先秦两汉语言为基础逐渐形成的文言，与生活中实际使用的活语言距离很大，甚至完全脱节。语文教学重在应用，"学以致用"是重要原则，而传统的语文教学主要围着科举制度的"指挥棒"转，不切实际，不务实用。十年寒窗学语文，为的是金榜题名，语文成了求功名的敲门砖，危害极大。这些弊端应克服，糟粕应扬弃，切不能换个面目登场，错把腐朽当神奇，害我们现在的学生。

语文教学纵向继承绝不是照搬精华，而是要从现时代的要求出发，吸取其精神实质。如学语文与学做人的问题，古代要培养的无论是谦谦君子还是功名利禄者，与今日要培养的有理想有道德有文化有纪律的新人有时代的本质区别，但是教语文、学语文重视人格的塑造确实是优秀传统。如果把语文只看作是语言文字的排列组合，是雕虫小技，那就丢弃了好传统，违背了学语文的根本宗旨。

语文教学要提高质量，蓬勃发展，在纵向继承的同时还须横向借鉴，广泛地吸收国内外与语文课程相关的如语言学、语法学、文艺学、教育学、心理学、美学等等的研究成果，从中吸取养料，以丰富自身。

比如语文教育心理学的研究，为如何根据学生心理发展的水平与特点，进行字、词、句、篇，语法、修辞、逻辑、文学等基本知识教学和读、写、口语交际等基本技能训练，提供了科学依据。又比如语文的智能训练吸收与借鉴语言学、教育学、心理学中若干原则，能既培养学生读写听说能力，又发展学生观察力、记忆力、思维力、想象力、联想力，提高语文教学的综合效应。再比如各种教法、学法的借鉴，包括外语教学和其他课程教学的行之有效的经验。

横向借鉴最重要的是"以我为主"，也就是以中学语文教学为主。借鉴不是照搬，不是贴标签，更不是说一些连中国人也听不懂的名词术语吓唬教师与学生，而是要在"化"上下功夫，拿来为我所用。借鉴任何教育理论和具体做法，要牢记母语教学的特点，符合中学语文教学的规律。

语言文字在时代的长河中，随着人类社会的发展而成型，而丰富，而严密，而发展。今日的语文教学进入新世纪，语文教学的社会文化背景变化迅猛，语言环境日趋复杂,现代教育技术日新月异,因而语文教学不是照抄过去,而是要在继承的基础上出新。要做到"出新",首先要重视从生活中汲取。语文学习的外延和生活的外延相等。要使语文教学有活泼泼的生命力,须放开眼看,竖起耳听,接受新事物,吸收新信息,让时代活水在语文教育领域流淌。比如,随着时代的发展,新的词语不断涌现。如：社会转型、窗口行业、希望工程、追星族、黑客、电子邮件等,不胜枚举。了解、筛选、吸收积累,很有必要。又如,文学样式出现许多新品种,特别是影视文学、网络文学出现后,语文教学就不得不考虑。实用文的品种、写法也是色彩纷呈,如一句话新闻、标题新闻等等,均须关注。再比如,教学手段现代化,多媒体的出现与应用,都应注意学习,恰当地用到语文教学中,以提高质量。

69. 课堂上要传之以情,以情激情

问：根据您给我们的建议,课要上到学生心上,而情感是连接心灵的重要基础,因此通过情感组织课堂教学是一条有益的途径,您有什么经验可以给我学习？

于漪：教语文,要紧的是把学生的心抓住,使学生产生一种孜孜矻矻、锲而不舍的学习愿望。语文课程的教学,是通过一篇篇课文语言文字工具千变万化地运用接触学生思想情感的,有其独特的引人入胜的特点。教学中,要充分发挥祖国语言文字的魅力,让学生体会到文章蕴含的情和意,激发其内在的学习积极性,在思想、品格情操等方面受到陶冶,语文素养获得提高。教师应把握教材的转点,在教学中传之以情,并善于以情激情深入学生的情感世界,拨动他们的心弦,使他们学得感动,学有难忘的收益。

第一,教师自己要"进入角色"。

"夫缀文者情动而辞发,观文者披文以入情。"(刘勰《文心雕龙·知音》)从古至今,一篇篇名诗佳作,之所以传诵千古,流芳百世,是因为作家文人笔墨饱蘸着自己的思想感情,甚至凝聚着心血和生命。教师教学生这些佳作,自己首

先应认真体验作品中的感情。语言文字是表情达意的工具,学生对课文中的情和意的理解、感染的程度,往往取决于教师的影响与传递。

文章不是无情物,教师钻研教材,同样要有情,千万不能采取冷漠的旁观的态度。要使学生真正在思想、品格、情操等方面受到陶冶,教师自己要"进入角色","披文以入情"。也就是根据作品中的具体形象,展开丰富的想象,或唤起联想,或联系自己的生活经验、生活知识,来丰富和补充作品中的形象,真正把作者寄寓的情思化为自己的真情实感,才能打动人、感染人。"不精不诚,不能动人。故强哭者虽悲不哀,强怒者虽严不威。"(《庄子·渔父》)写文章要用真情浇灌,不是情动于衷,写出来的文章就是虚情假意,苍白没有力量,硬哭,硬嚎,也不可能博得人的同情。备课,读文章,也是如此。自己不被文中的高尚的思想、高尚的情操所感动,不被文中真理的力量所折服,教学时语言不可能出自肺腑,语言空泛,失去灵魂,当然不可能产生感人的力量。

例如教柯岩的《周总理,你在哪里》时,紧紧抓住一个"找"字,带着学生和作者一起,到处寻找,从高山、大海,到森林、边疆;从五洲四海,到祖国的心脏,急切地寻找,深情地呼唤:"周总理,我们的好总理,你在哪里呵!你在哪里?"山谷回音,大地轰鸣,松涛阵阵,海浪声声……炽热的感情,火样的诗句,像千尺洞箫,激起了学生强烈的共鸣。学生的心,为什么会随着诗句激荡?学生朗读起来,为什么会荡气回肠?除了诗句本身的魅力外,更重要的是师生缅怀周总理的深情。教师进入角色,与作者一样倾注真情于语言。想到了周总理伟大的人格,非凡的才能,想到了周总理几十个春秋南征北战,戎马倥偬,想到了周总理为国家为人民出尽了力操碎了心,特别是想到周总理的临终嘱咐,把自己的骨灰撒在祖国的山山水水,情不能自已。伟大的人格、献身的精神、盖世的伟绩,震撼自己心灵,因而,教学就不是一般的语言的表述,而是心声的吐露、由衷的歌颂和深切的悼念。情注课中,课堂生辉。

第二,用有声的语言传情。

情要真,虚情假意犹如剪刻的纸花,没有生命的活力,情真意切的文章,流传千古仍能熠熠放光彩。教这样的课文,要善于以声传情。一是对特别感人的语句、段落反复朗读,用有声的语言把文字中蕴含的深情表述出来。教师读,学生读，通过口耳，渗入心头。二是教师的语言要带情，要能引起学生的共鸣。例如，诸葛亮的《出师表》就是语重心长、真挚感人的典范。后主刘禅昏暗不明，诸葛亮出师之前上奏表要后主实行明智治国，有所作为。从分析形势到进言劝谏，到出师明志，到临别寄情，全文 624 个字，句句恳切，字字真诚，感人至深。"亲贤臣，远小人，此先汉所以兴隆也；亲小人，远贤臣，此后汉所以倾颓也。先帝在时，每与臣论此事，未尝不叹息痛恨于桓、灵也。侍中、尚书、长史、参军，此悉贞良死节之臣，愿陛下亲之信之，则汉室之隆，可计日而待也。"让学生反复朗读，体会作为刘备临崩托孤之老臣，对受托辅佐的幼主激励、启发、期望之殷殷，情意之恳切，字里行间皆是情。学生的感情被激起，教师可顺势点一两句，前人说，读《出师表》而不流泪的不是忠臣，可见"情"在文章中的重要作用。

有些文章采用直接倾吐的方式来抒发感情。直接倾吐使作者胸中激情难以抑制，直接从心底喷涌而出。教这类文章，须激情似火，不仅要以声传情，而且要能以情激情。闻一多的《最后一次的讲演》感情极度强烈，如岩浆迸发，愤怒的火焰直射国民党反动派。用一般朗读的方法难以淋漓尽致地表现一泻千里的气势和慷慨激昂的精神。为此，先点明时代背景，激发学生感情。课是这样起始的：

板书：

请将你的脂膏，

不息地流向人间，

培出慰藉底花儿，

结成快乐的果子！

导引：这是闻一多先生《红烛》诗里"序诗"的几句。闻先生是这样说，也是这样做的。他青年时代是新月派新诗人，后来成为研究旧经典的学者，最后成为青年所爱戴、昂头作狮子吼的民主战士，走了一条爱国知识分子所走的道路。为了争取和平民主，反对发动内战，他遭到国民党杀害，将"脂膏"流向人间。他学识渊博，才华出众，死时才四十八岁，真是"千古文章未尽才"。

出示《闻一多传》，激发感情：凡是对我们国家、民族作过贡献的人，我们永志不忘，为他们树碑立传。出示《闻一多传》，说明该书的封面图案——黑色大理石的花纹,正中上方一支醒目的红烛,正是先生的写照。毛泽东同志在《别了,司徒雷登》一文中说:"我们中国人是有骨气的。许多曾经是自由主义者或者民主个人主义者的人们,在美国帝国主义者及其走狗国民党反动派面前站起来了。闻一多拍案而起,横眉怒对国民党的手枪,宁可倒下去,不愿屈服。""我们应当写闻一多颂",因为他"表现了我们民族的英雄气概"。

简介讲演前后,进一步激发感情:为什么说"拍案而起""横眉怒对"?为什么说"表现了我们民族的英雄气概"?且看他最后一次讲演的前前后后的事实。1946年7月11日,国民党特务暗杀著名民主人士李公朴。7月15日上午10时,闻一多在云南大学亲自主持"李公朴先生追悼大会",由李的夫人张曼筠报告李的殉难经过。报告时张泣不成声,而场内特务抽烟说笑,无理取闹,极为嚣张。闻一多先生见此情景,怒不可遏,拍案而起,怒对凶顽,即席作了这篇讲演。当日傍晚,闻先生参加《民主周刊》记者招待会后,在回家的路上,遭到特务的暗杀。《最后一次的讲演》是篇记录的讲演稿,题目是整理记录的人所加。这篇讲演距今虽已数十年,然而,那鲜明的立场,爱憎的感情,势如破竹的气势,慷慨献身的红烛精神,仍然会深深地叩击我们的心弦。

学生爱憎感情激动起来后,要求学生在阅读课文的基础上,试作"现场"讲演,把握短句,把握带有感叹词的句式。"今天,这里有没有特务?你站出来!是好汉的站出来!你出来讲!凭什么要杀死李先生?(厉声,热烈地鼓掌)杀死了人,又不敢承认,还要诬蔑人,说什么'桃色事件',说什么共产党杀共产党,无耻啊!无耻啊!(热烈地鼓掌)这是某集团的无耻,恰是李先生的光荣!李先生在昆明被杀,是李先生留给昆明的光荣!也是昆明人的光荣!(鼓掌)"学生越讲越激动,作者在文中表露的凛然的正气,火一般的炽热的感情,引起了学生的共鸣,因此,语言一泻而下,讲得十分有气势,短句的力量,问号、感叹号的威力都在有声的语言中得到充分的表现。这样来学习句句铿锵、掷地有声的语言,比教师抽去"情"的精髓,作这样那样苍白无力的句式讲解,效果不知要好多少倍。

第三,细细咀嚼,体味寓含的深情。

许多文章不是直抒胸臆,直接抒情,而是情寓于语言之中,写得十分含蓄。教师要善于带领学生细细咀嚼,深入体会,激发他们学习的兴趣。例如《在马克思墓前的讲话》是一篇名文。1883 年这位国际无产阶级的伟大导师逝世了，一盏多么明亮的智慧之灯熄灭了。人们的悲痛难以用语言表达。在伦敦海格特公墓，亲人们为马克思举行了葬礼。在安葬这位伟人的时刻，与他一生并肩战斗的最亲密的战友恩格斯，用英语发表了这一篇极其重要的讲话。讲话的开头是：

"3 月 14 日下午两点三刻，当代最伟大的思想家停止思想了，让他一个人留在房里还不到两分钟，等我们再进去的时候，便发现他在安乐椅上安静地睡着了——但已经是永远地睡着了。"

从表面看，这段话平平实实，用陈述句交代了马克思逝世的时间、地点。但是，只要透过字面深入挖掘，就可领悟到其中对马克思这个伟人的崇高评价，和对马克思的如海一般的深情。要学生思考：为什么文中没有直接明写马克思"逝世"，而是用了三个"了"的句子？为什么用"停止思想"，而不用一般人逝世时用的"停止呼吸"或"心脏停止了跳动"？经过咀嚼，学生领会到用"停止思想"更能突出马克思是"当代最伟大的思想家"。他批判地继承了人类全部的精神财富，他的伟大思想是人类智慧的结晶。为什么写"安静地睡着""永远地睡着"，而不写"与世长辞"或"离开了人间"？因为这样写更能含蓄而深沉地表达恩格斯对失去战友的无限悲痛。他认为他的战友永驻人间，只是"睡着"而已，然而，事实是无情的，毕竟是"永远地睡着了"，离开了人间。破折号后面的"但已经是永远地睡着了"，既是前面"睡着"的重复，又是补充。这样的遣词造句，寓含着感人肺腑的深情。教师带领学生咀嚼词句，再伴以深沉的朗读，学生不仅能体会到作者运用语言文字的功力，而且在推敲文字表现力的同时，人物的伟大形象、战友之间高尚而深厚的情谊就和语言因素糅合在一起，渗透到学生心中，激发他们进一步学习的兴趣。

70. 把无声的文字变成有声的语言

问：我们以前上学，教室里书声琅琅，现在连上语文课朗读声都少了，许多时候学生是默声看文字,朗读对于语文教学到底意味着什么?

于漪:教学中教师要善于把课文中无声的文字通过师生的共同努力,变成有声的语言。语言或铿铿锵锵,如金属撞击声,或潺潺淙淙,如小溪流水,伴随着悦耳的音响,课文中的思想、情感就会叩击学生的心灵,学生眼到、口到、耳到、心到,学得愉快,学得有效。

第一,朗读是心、眼、口、耳并用的学习语文的好方法。

朗读课文,无论是白话文,还是文言文;无论是记叙散文,还是议论散文;无论是诗歌,还是剧本片段,在课堂教学中都应占有相当的比重。有两种看法对朗读训练有障碍。一是对朗读课文的重要性缺乏足够的认识。认为阅读理解只要在看、在想方面下功夫就行,对口、耳发挥的作用估计不足。事实上,有些文章、有些精彩段落光靠眼睛看,难以完整地深刻地读出文章的意味,体会语言文字运用的鬼斧神工的奥妙。默读,只调动视觉器官与思维器官,当然有它快速、静思等优点,但朗读是心、眼、口、耳并用,它的心理活动方式是:眼—心(脑)—口—耳—心(脑),是口、耳、眼等感觉器官与思维器官并用。这样,语言文字通过多种感觉器官作用于脑海,文字的音、形、义,语言的形式与内容一起刺激读的人、听的人,作者的语言就渐渐化为读的人的语言,渐渐地心领神会,而听的人又会感到作者就好像站在自己的面前,学起来格外亲切。学语言,规范的活泼泼的环境很重要,朗读名篇佳作正是创造良好语言环境、语言气氛的一种方法,课堂上经常荡漾着朗读课文的叮叮咚咚音响,学生不断受到良好语言的熏陶,对语言的理解能力、感悟能力就会大大提升。总之,默读不是不重要,像读书看报、查阅资料等等,均需要默读能力,要扎扎实实培养;但就学习语文而言,朗读,把文章读出来,先出于口,再入于耳,然后了然于心,所起的作用默读不能代替,也代替不了。二者都重要,不能偏向一面,丢开一面。

二是认为课堂教学时间有限,讲解分析还来不及,用在朗读上太浪费了。简明、精要的讲解分析能启发学生深究课文底里,研讨语言表情达意的奥秘,起到点拨、开窍的作用,能指导与帮助学生学好课文,提高理解语言文字的能力。但是,过多的讲解,喋喋不休的唠叨,支离破碎、琐细不堪的分析,教学效果适得其反。学生的语文能力是教师讲不出来的,主要靠学生自己大量接触并有意识有目的地去学习规范、生动、优美的语言,朗读课文是接触、理解、消化、吸收语言的一种有效方法。学生自己朗读,教师指导得法,绝不会浪费时间。即使有的学生读得疙疙瘩瘩,还是要读,而且更要花时间读,更说明朗读训练的重要性。读多了,读顺了,读熟了,书面语言转换为口头语言,就能既入耳又入心。

扫除以上所说的两种认识上的障碍,把朗读放在阅读教学的应有位置上,教学中就会根据教学目的与要求,自觉地加以运用,提高学生口头语言能力和阅读理解的能力。

第二,把握朗读的要领。

朗读要取得良好效果,教师须指导学生掌握要领;不掌握基本要求,不掌握要领,张开口就读,随意性很大,就难以达到朗读的目的。

从朗读过程来说,有准备阶段和出声朗读阶段。朗读准备工作的第一步是先整体阅读课文,了解课文说的是什么,也就是初步掌握朗读内容。比如要认认真真识字,不能像默读时那样,眼睛一扫而过,要把字读出声来,就来不得半点含糊。其实,默读时对不认识的、把握不准的字同样应查工具书,不能像障碍赛跑一样,跳越过去。要查阅工具书,弄懂一些新词的意思;联系上下文,理解一些难懂的或寓意深刻的句子。与此同时,还可查阅有关资料,了解课文写作的背景及有关知识。比如《就英法联军远征中国给巴特勒上尉的信》一文,朗读前要弄清楚几点:

(1)维克多·雨果是19世纪法国著名的浪漫主义诗人和作家,这封信选自他的《言行录》。1860年10月英法联军疯狂地焚毁并劫掠了圆明园,并以此为荣耀。雨果在事情发生以后的第二年,写信给巴特勒上尉,严正地表明自己的观点。

(2)文章的基调。信从头至尾充满了凛然正气。侵略者想从他那儿获得"赞誉",而他义正词严,谴责英法两个强盗劫掠的野蛮行径,谴责他们焚毁了亚洲文明的奇迹,断言他们将受到历史的制裁。"我要抗议,感谢您给了我这样一个抗议的机会。""现在,我证实,发生了一次偷窃,有两名窃贼。"这一句句,一行行,浸透了对侵略者的憎恨,义愤填膺,洋溢满纸。

(3)信中对东方艺术瑰宝尽情歌颂。站在东方艺术和西方艺术总体特征的高度进行比较,由衷地赞美圆明园这座世界名园的艺术价值。"请您用大理石,用玉石,用青铜,用瓷器建造一个梦","饰以琉璃,饰以珐琅,饰以黄金,施以脂粉,请同是诗人的建筑师建造一千零一夜的一千零一个梦,再添上一座座花园,一方方水池,一眼眼喷泉",运用排比、叠词等手法形成气势,使胸中热爱人类艺术珍品的高尚感情在文中奔腾。

(4)信中对被损害被掠夺的中国人民寄予深切的同情。有的用反语揭露强盗的行径的同时,为中国人伸张正义,如"我们欧洲人是文明人,中国人在我们眼中是野蛮人。这就是文明对野蛮所干的事情。"有的是直接表露自己的心愿,如"我希望有朝一日,解放了的干干净净的法兰西会把这份战利品归还给被掠夺的中国。"

(5)希腊的巴特农神庙:古希腊祭祀及希腊神话中智慧女神雅典娜的神庙。埃及的金字塔:古埃及法老(国王)陵墓。形式单纯、高大、简洁、稳重的几何形建筑,象征法老的统治威力。罗马的斗兽场:罗马市民观看角斗的娱乐场,上下分S区,各有直接通往场外的通道,共80个出入口,供观众出入,建筑极为壮观。巴黎的圣母院:法国巴黎著名天主教堂,1163年兴建,1250年完成。

朗读之前对这封信的来龙去脉有所了解,理解作者在文中所表露的敢怒、敢言、敢歌、敢赞的崇尚正气和憎恶邪恶的感情,查阅文中涉及的有关知识及容易误读的字,做好读前准备工作。其中尤其要注意是对文中的字、词、句,不但要解决其声、韵、调、语流音变等读音问题,还要分析词和短语、短语和句子之间的逻辑关系,加深具体感受。例如"治人者的罪行不是治于人者的过错;政府有时会是强盗,而人民永远也不会是强盗"这一句中"治人者的罪行"与"治于人者的过错"两个偏正短语是并列的,中间用"不是"连接,这就把统治者的所作所为与被统治者截然分开,观点正确,明朗,丝毫不含糊。分号后面的句子与分号前的句子也是并列关系,不过后者更显露,"永远"一词,表达了斩钉截铁的态度。理解了它们之间的关系,朗读时如何把握,心中就有了底。

出声朗读课文要做到正确,流利,有感情。正确是基础,是基本要求,学生朗读时"正确"这关不容易过。最常见的毛病是添字、换字、漏字,句子读破,疙疙瘩瘩。有些是由于粗心大意,有些是读前缺乏准备,对一些长句、难句不理解,有些是眼睛和口不协调,看的是这个字,读出来是另一个字。正确,还包括使用普通话,声、韵、调,轻音重音,儿化音节以及句子的语气都应合乎普通话的语音规范。语音是语言的物质外壳,是语义的载体,以声表义是语言的本质。指导学生朗读须加强规范,去除随意,要求他们发音正确,吐字清楚,音量恰当,句读分明,语气连贯。训练时要不厌其烦地强调朗读对学习口头语言、书面语言的重要性,不厌其烦地自我纠正与请同学纠正,培养认真读书、一丝不苟的良好习惯。

朗读要在流利上下功夫,要讲究顺利流畅,节奏清晰和谐,无佶屈聱牙的情况。朗读课文要在正确的基础上求流利,把作者的书面语言化为诵读者自己的口头语言,如出自己之口、自己之心,这样理解课文内容,学习课文语言就步上了一个新台阶。文章能不能读得流畅,具体地反映一名学生的口头表达能力、思维的敏捷程度和对文字的感悟能力。要训练学生读得流利,须从三方面入手:一是加深对课文的理解,二是朗读时对停顿、重读和语调的把握特别注意,三是增加训练次数,多多揣摩,力求熟练。

文章不是无情物,"有感情地"朗读,才能充分表达文章的情意,也才能真切地受到文字的熏陶感染。李渔就剧本、角色和演员曾说过这样一段话:"言者,心之声也,欲代此一人立言,先宜代此人立心。若非梦往神游,何谓设身处地?……务使心曲隐微,随口唾出。"(李渔《李笠翁曲话》)用于朗读也很合适。朗诵的人须深入作品之中,"梦往神游","设身处地",使得写作人的"心曲隐微",由朗读的人"随口唾出"。基于这种理解的朗读,当然会"有感情"了。

一篇课文要读得正确、流利、有感情,须反复训练。动脑,动口,把无声的文字变成有感染力的有声语言,对听的人来说,是一种高尚的精神享受,对读的人来说,是攀登语言艺术高峰的必经途径。

第三,开展朗诵活动。

在学生朗读训练的基础上,可提高一步,根据课堂教学需要,适当地开展朗诵活动。尤其是诗歌体裁的课文。

朗诵着重以声传情,把静态的文字通过有声语言动态化,形象化。需要提醒学生的是:不能过分夸张,不能矫揉造作,不能手舞足蹈。朗读前要取得良好效果,须懂得:阅读理解是前提,对课文理解得越深刻,感受越强烈,朗读时就越能得心应"口",充分表达情意;可借助眼神、表情、动作,但不能喧宾夺主;最为重要的是以声取胜,咬字要清晰,高低、强弱、轻重、缓急不能有丝毫含糊,语言技巧的运用要紧贴课文的内容。

朗诵活动开展得好,能激发学生朗读的兴趣,提高朗读的水平。

71. 朗读训练因文而异,因人而异

问:您的建议不仅让我们重新认识了朗读教学的重要性,而且学到朗读教学的要领,您还能给我们一些朗读教学的策略方法吗?

于漪:朗读训练是训练阅读能力必须经过的首要阶段,它的主要目的是培养理解能力、鉴赏能力,增强语感,提高口头表达能力。朗读并不是把文字简单地变为有声,朗读的人不应无动于衷,而是应积极地、倾注身心地去分析、理解、体味所读的材料。一个字、一个词、一个句子,在朗读的人的心目中,不仅是白纸黑字,不仅仅是抽象的概念,而且又是有生命、有活力的形象。要做到这一点,须在加深感受上下功夫。一是认真钻研要朗读的文字材料,弄懂词句,弄清结构,弄明主题,弄清背景,这样对文章的个性,也就是它的独特性能有所领悟,感受到字里行间所蕴含的情意。二是朗读人的经验、体验也和朗读息息相关。朗读也是一种创造,并不是机械地照本宣科,而是糅合了读的人的生活感悟和语言技巧。体验越深,对文字的领悟越深,朗读时就能使文字活起来,以情带声,以声传情。

朗读训练要取得良好效果,在把握基本要求的基础上,还须做到:

第一,指导学生在形象感受和逻辑感受上下功夫。

语文教材由各种体裁的选文组成,要朗读得正确、流利、有感情,当然须注意各种体裁选文的特点,训练表达技巧。而表达技巧是受内部心理状态支配的。这里所说的心理状态,主要指感受。朗读者通过词句的刺激,引起对客观事物的感知、体会,包括眼、耳、鼻、舌、身方面的感觉和时间、空间、运动方面的

知觉。也就是说"感之于外"而"受之于心"。比如我们看到《荔枝蜜》中"……热心肠同志送给我两瓶。一开瓶子塞儿，就是那么一股甜香；调上半杯喝，甜香里带着股清气，很有点鲜荔枝的味儿。喝着这样的好蜜，你会觉得生活都是甜的……"这样的片段，会似乎看到两瓶荔枝蜜，会嗅到荔枝蜜的香甜。实际并未看到，并未嗅到什么，只是字词、句子给我们的刺激，刺激感官，刺激大脑皮层。这就是朗读者因文字语言引起的感受。

指导学生在形象感受上下功夫。形象感受主要来源于作品中的形象。诗文中的语言，特别是诗词所具有的形象性，是表达作者思想感情，给人以熏陶感染的重要因素。朗读前要对叙述、描写的语言，特别是实词部分要认真咀嚼，体会。如白居易《琵琶行》中"大弦嘈嘈如急雨，小弦切切如私语。嘈嘈切切错杂弹，大珠小珠落玉盘"，是对琵琶弹奏的具体描写。要把这一段朗读好，首先须感受到："大弦""小弦"两句刻画在不同指法弹奏下产生的截然不同的音乐效果。"嘈嘈""切切"两个象声词把大弦、小弦各自的音色刻画了出来，音量也伴之以区别。前者沉响浊重，后者幽微细轻。"如急雨""如私语"两个比喻，分别表现出紧张、快速与舒缓、亲切的气氛。"大珠""小珠"圆润、光亮，"玉盘"晶莹、光滑，珠子与玉盘碰撞，清脆悦耳。"错杂弹"，指轻重和谐，错落有致。抓住这些实词开展想象，具体感受，所弹奏的琵琶声音的美，声音的错综变化，活泼跳跃的音符如在耳边萦绕，而"大珠小珠落玉盘"，又诉之于视觉，给听觉又增添色彩。珠圆玉润，视觉听觉互通，琵琶声的婉转流利就在脑中"活"起来，"动"起来。此时此刻，朗读者融化在诗歌之中，脱离了认识客观事物的表面的、粗浅的、混沌的状态，朗读时可充分表达情意，做到声情并茂。

由此可知，朗读时要把诗文中的形象展现出来，须注意"实词"的处理，开展丰富的想象，使课文中的情、景、物、人、事、理在朗读者内心活起来，似乎看到、听到、嗅到、尝到一样。朗读的学生对诗文中的形象在视觉、听觉、嗅觉、味觉、触觉等方面有感受，朗读就能提高水平。当然也不能忽视时间觉、空间觉、运动觉的感知。诗文有时间与空间的因素，朗读时同样要有具体的感受，既要想象，但又不能流于空泛无边，要找出它们的形象确指性，正确地表达作品的思想情意。比如《散步》第一句："我们在田野散步。"接着写"这南方初春的田野，大块小块的新绿随意地铺着,有的浓,有的淡……"空间定格在田野,然而是南方的田野,想开去,视通万里,又要收回可到"南方",与北方的田野大不相同;时间可定格在"初春"。万象更新的日子。时空结合起来想象,感受就具体实在。语言有动作性,看描写人物行为动作的文字,凭自身经验,就会产生相应的运动觉。朗读诗歌、小说、记叙性散文,要取得良好效果,形象感受起十分重要的作用。

与此同时,还要指导学生在逻辑感受上下功夫。任何一篇佳作,在逻辑上总是严密的,不可能散乱一片。文章中的逻辑关系,主要指全篇各层次、各段落、各语句之间的内在联系。这种内在联系,犹如文气,贯通全篇。朗读前指导学生理清文章脉络,理清结构层次,使他们在脑中形成感受,这就是逻辑感受。朗读前对文章的主次详略、轻重缓急、上下衔接、前后呼应、结构特色等有具体、清晰的感受,就能把文章的思路化为自己的思路,很顺畅很有层次地从口头表达出来。逻辑感受要真切,须注意文中虚词的运用。"不但……而且……""虽然……但是……"等等对表达一层层意思起至关重要的作用,朗读时须明白、清楚,有时某些虚词可起指路标的作用。比如《在马克思墓前的讲话》是以议论为主,兼有记叙和抒情的演说词,要朗读好这篇文章须弄清文章的脉络,先叙述马克思逝世的情况,再介绍马克思卓越的理论贡献,然后叙述他的革命实践活动,最后论述他崇高的革命品质,并以"他的英名和事业将永垂不朽"作结。还须弄明白,无论是叙述情况,还是议论马克思的伟大发现及其深远影响,都饱含着赞颂和敬仰的深情,也就是记叙、议论、抒情三者水乳交融。学生朗读前,应指导他们对整篇文章有逻辑感受、要把握全局:文章由四个部分组成,这四个部分是如何层层推进的,每个部分之间是如何衔接的。如二、三部分用"因为马克思首先是一个革命家"衔接理论发现与实践活动两个内容,"首先"要重读,提示下文要讲述新内容。又如三、四部分之间用"正因为这样,所以马克思是当代最遭嫉恨和最受诬蔑的人"过渡,前半句承接上文,"这样"指代马克思卓越的理论贡献和光辉的革命实践,下文开启对崇高品质的议论,"因为……所以……"表因果关系的关联词一定要读清楚,"所以"要停顿,要重读。

即使是一小段文章,朗读时对句与句之间的关系,一层层意思之间的关系同样要有清晰的感受。如"一生中能有这样两个发现,该是很够了。即使只能作出一个这样的发现,也已经是幸福的了。但是马克思在他所研究的每一个领域,甚至在数学领域,都有独到的发现,这样的领域是很多的,而且其中任何一个领域他都不是浅尝辄止。"第一项承接上文,赞颂马克思创建历史唯物主义和创造剩余价值学说,接着用"即使……也……"作退一步论述,作更深一层的赞颂,实词"够""幸福",后者更具色彩,分量更重。接着,用"但是"一转折,开拓新领域,对每个领域的成就加以综述,在综述时,用"甚至"来强调数学领域的独到发现,用"而且"进一步说述研究的深入。这段话共三个句子,进,退;退,进;曲曲折折,犹如峰回路转,朗读时须精细地把握,才能准确地表达。这里颂扬马克思的功绩不是一一列举事实,而是用一系列表范围、表程度、表数量的形容词、副词来说明马克思研究范围之广,领域之多,成绩之显著,思想之深刻,他确实是当代最伟大的思想家、科学巨匠。

朗读议论文,逻辑感受十分重要。感受深,目的明确,不会似是而非;脉络清晰,不会模棱两可。

朗读不同体裁的课文,或侧重形象感受,或侧重逻辑感受,二者不能截然分开。议论性文章虽是逻辑思维的产物,运用概念、判断、推理,但是,不管记述什么道理,都是以客观世界的生活事实为依据的。常见的议论文多是夹叙夹议从抽象概念到典型例证,最后作理论性结论,因此,同样需要形象感受,只不过侧重点不一样罢了。如孟子的《生于忧患,死于安乐》论述忧患使人勤奋,激励人们有所作为,而安乐使人怠惰,会萎靡死亡的道理。为了论证这个道理,先摆了六个论据"舜发于畎亩之中,傅说举于版筑之间,胶鬲举于鱼盐之中,管夷吾举于士,孙叔敖举于海,百里奚举于市",每个论据有人物有情节,对照注释阅读或查阅有关资料,就会有一个个活泼鲜动的形象在脑中闪现;空间觉也不一样,"畎亩""版筑""鱼盐""士""海""市"各不相同。形象感受准确,深入,朗读时这些论据就清晰、有力。记叙的文章,哪怕是诗歌,同样有篇章,同样须文气贯通,因而也须注意逻辑感受。比如臧克家的《有的人》是诗歌,朗读时形象感受很重要,但这首诗是进行哲理性的议论,特别是用对比的手法进行议论,这就需要逻辑感受,诗的第一节:"有的人活着/他已经死了;有的人死了/他还活着。""死"与"活"对比,第一句与第二句对比,句中停顿、分行处也是对比,把语言链条中正反关系弄清楚,朗读时文路、文气就清晰无误。

第二,充分调动学生朗读的积极性。

一个班级里几十名学生的朗读水平不可能在一个起跑线上,要调动每名学生朗读的积极性,须采取多种不同的方法。

齐读,是让每名学生朗读的一种好方法。有的学生无朗读习惯,有的学生羞于开口,在课的进程中,要寻找适当时机,选择重要段落,让学生齐读。读前提出明确要求,读后评议、指点,每名学生都可获得训练。

有针对性地指导,使每名学生在原有基础上获得提高。比如,有的学生朗读时常漏字、添字、改字,这多半是由于以自己的想象代替作者的文字,默读时未养成认真、细致的良好习惯。用逐字纠正的办法不易收到好效果,从培养良好的朗读态度入手,要求特别细致、特别认真,不要一目十行,宁可慢些,但要正确。不厌其烦地指导,错的情况必然大有改观。又如,有的学生不仅长句子读破句,即使短句,也会停顿不当。这多半是逻辑感受较差的缘故。要纠正这种状况,首先要在理解句子与句子、词与句子之间的关系上入手,单凭表面感觉读不好,只有深入理解,才能更好地感觉。这样的同学一般说阅读能力不强,要朗读好,默读理解尤其要下功夫。有的同学读得过"板",缺少有声语言的魅力。这多半是由于把自己置于旁观者的地位,未深入课文之中,未进入角色,这就要在情感上引导,激发朗读愿望,加深形象感受与逻辑感受。有的同学喜爱朗读,但常常读得飘忽,或者过分夸张,听起来有造作的感觉,不悦耳。这首先要肯定朗读的积极性,然后明确朗读的目的与要领,区别朗读与表演,在"风行水上,自然成文"上下功夫。因而,朗读既要有面上的要求,又要因人而异,加强个别指导。

朗读形成台阶式,让每名学生看到自己的进步,树立信心。学生朗读水平高低不一,教师要做有心人。哪些课文、哪些段落、哪些词句,请哪些学生读最合适,最能充分调动他们朗读的积极性,教师要心中有数。由易到难,由简到繁,由短到长,每名学生自己觉得有能力朗读好,心中就十分愉快。如果某位同学读得不理想,指导以后可请他复读,读得他自己满意,信心就会增添。表情朗读是学生心中的高目标,有的教师在这方面才能欠缺,可请学生示范。有的学生音色美,吐字清晰,能读出文章的气势。课文学完,从头至尾朗读一遍,对读的人来说,是训练,是巩固所学内容,并再次感受语言文字的魅力;对听的同学来说,不仅整体感知所学内容,而且是高尚的精神享受。学生既看到自己的进步,又感到有台阶可攀,积极性就高涨。

有些诗文还可采用吟诵的方法。吟诵的方法不强求一律,每名学生可自由发挥,用什么腔调,怎样抑扬顿挫,可根据对诗文的理解自己决定,只要语音正确,用普通话,与诗文基调不违背,听起来悦耳就可以。

总之,课堂上要常有书声琅琅,首先在认识上须突破,把朗读训练放在重要的位置,不把它作为点缀,作为摆设;其次,教学行为要落到实处,从教材的实际出发,从学生的实际出发,因文而异,因人而异。

72. 不能忽视学生的个人阅读

问：个人阅读同样是学生语言实践能力培养的重要方式,也想请您指点一二。

于漪：在语文课程改革的进程中,为了贯彻新的教育理念,实现新的教育目标,探索学生自主学习的规律,许多语文教师研究语文课堂教学结构、语文课堂教学的种种模式创造出不少生动的、新颖的、学生学有兴趣、学得轻松愉快的课型,一扫语文课繁琐分析、灌输加训练的沉闷气氛。改革给语文课堂教学注入了生命活力。

新的课型,尤其是公开课、研究课、展示课,形式多样,丰富了语文教学。如朗诵课、赏析课、课本剧课、辩论课等等,以文本为蓝本,或模拟,或创造,发挥学生自主学习的积极性,学生在读、写、口语交际的语文实践活动中,提高了语文能力,然而,有两点须注意：

一是要因人制宜,因文制宜。选择怎样的课堂样式,要切合学生的年龄特征,切合他们的生理心理需要。低年龄段和高年龄段的学生认知水平、心理需要知识基础、生活视野等均有所区别,前者更喜爱感性的东西,后者开始作一些理性的思考。再说，文本本身丰富多彩，各具特色，选择怎样的语文教学样式，要与文本的特点相匹配。有的文本片段可以表演，使用多种感官，加深对文本的理解；有的文本须深入探究，方能体味表达的奥妙与思想的精髓，就可采用讨论乃至辩论的方式。任何教学样式都不可能是万能的，适合各类文本的教学。即使是很好的一种教学样式，如果不分青红皂白套用乱用，就会东施效颦，效果适得其反。用得恰当，用得得体，有助于学生提高学习质量，这是选择教学样式必须遵循的原则。

二是无论采用何种教学样式，都不能忽视学生的个人阅读。阅读是学生的个性化行为，教师的分析无法代替，集体讨论也无法代替。文本的学习重在感受、体验。文质兼美的精妙，只有学习主体亲身体验，才能真正理解。感知是进入体验的大门。阅读语文材料，通过视觉，接受文字信息，接触文字塑造的形象、场景、氛围，触摸作者的思想情感，与作者心灵交往。把自己已有的学习经验、生活经验，通过联想、想象、比较、分析，和语言材料中新的内容结合，把文本中的间接知识和真实生活世界联系起来，产生一种新的体验，这种体验包括文字的、情感的、价值观的。这种学习由入目到入心。这种学习的过程，使思维得到锻炼，情感受到熏陶，思想获得启迪，语言的理解与感悟能力在阅读实践中切实提高。个人阅读的质量越实在，集体讨论、小品表演、合作学习的质量就越好，不会东拉西扯，言不及义。师生对话，生生对话，有了实实在在的内容，有了个人独特的体验，交流起来必然思想碰撞，互补有无，出现"神来之笔"，妙语连珠。出现这样的境界，学习资源、课程资源，大家就真正共享了。

这是不是说所有的语文课均须用相当时间安排学生个人阅读？当然不是。怎样引领和指导学生个人阅读，须视不同的教学目的、教学内容而定。个人阅读之所以需要重视，需要强调，是因为：个人阅读是学好语文的基础、提高语文素养的基础，它最能自主，最能探究，也最能有自己的创意，语文实践中一切有效的做法都离不开它。再说，由于学生课业负担重，题海训练的折磨，致使相当数量学生缺少高涨的阅读积极性和良好的阅读习惯。如果不重视这个问题，不仅语文学习浮在表层，获益不多，而且会在无意识中关闭了一扇扇吸收人类精神养料的窗户。

课文课程内涵极其丰富,深入理解它的基本特点,正确把握语文教育的个性,课堂教学就必然充满生命活力,达到师生共同成长。

73. 阅读教学六要领

问：作为语文老师,平时接触最多的是对学生进行阅读训练,可以说阅读教学能力是语文教师的基本功,于老师您是语文教学的行家,非常期待您给我们传授一些看家功夫。

于漪：语文教师上得最多的课是阅读课,因为阅读训练在语文教学中最为基本。通过数量可观的阅读课,不仅能引导学生积累知识,培养阅读理解能力,而且能训练学生的思维,发展他们分析、综合、抽象、概括、比较、归纳、演绎等能力。阅读课尽管形式多样,方法不一,但最为重要的是使学生学有兴趣,学有实效。要使阅读训练有成效,课上得有吸引力,在以下几个方面须妥善处理。

第一,多而杂与少而精。

不管是精读课文还是略读课文,不管是讲读还是自读,教师制订课时计划时都要目的明确,授课时要紧扣住教学目的,组织学生进行听、说、读、写训练。教学目的要求须少而精,不能多而杂。

这个认识可以说是语文教师的共识,但在课堂教学中要体现这种共识是很有距离的。课上得糊成一片,目的不明要求多,是阅读课常见的病症。究其原因,大多在忽视了驾驭教材,忽视以教材为依据引导学生进行语文学习,不是实现教学目的,而是在不知不觉中被教材牵着鼻子走,课文中有什么美词佳句就教什么美词佳句,有什么修辞方法就点什么修辞方法,有什么写作方法就分析什么写作方法,等等。其结果,多目的往往成为无目的,课前制订的教学目的或难以实现,或大大冲淡,学生学习效果受到影响。

任何一篇课文都是思想内容和语言文字的有机结合体。且不说思想内容,单是语言文字的运用,可教的就很多,至于佳作,更值得探讨深究。语文教学是个系统工程,就阅读教学而言,内容十分丰富,知识点、训练点繁多,不能期望在一篇课文、一堂语文课中解决许多问题。教学的阶段性要清晰,不管是知识的传授还是能力的培养,都要有"序",每个学期、每个阶段、每个单元要达到怎样的目的,教师要心中有数,成竹在胸,再把这些目的要求根据教材的特点和学生的实际分别落实到一篇篇课文教学之中。教师要舍得割爱,特别是经过钻研有所发现的地方,如果与本课教学目的远离,或关系极少,也不应枝叶旁出,更不应大加发挥。教学中目的性愈强,收效愈大;随意性多,盲目性大,往往事倍而功半。至于课内不得不割爱的地方,课外与学生研究,那是另当别论。总之,课不能上成身有多处赘疣、臃肿不堪的胖子,应该是主攻目标明确,线条清楚,详略得当,学生读有所得,语文能力得到有效的训练。

第二,单打一与多功能。

语文课在诸多课程中课时最多(高中略次),而在语文课中阅读课又最多。如何提高阅读课的效益,是语文教学中必须认真研究的问题。读得好,吸收得充分,表达就有物,就有精彩之笔。阅读课的质量效益直接影响学生听说读写能力的发展。

传统的语文教学方法中,单打一的情况最常见。例如介绍某篇文章的作者,往往只就事论事,或详或略地介绍一番。这虽未尝不可,但如精心设计,把作者生平介绍与语文能力训练、智力发展、思想情操陶冶有机融合起来,一箭数雕,岂不是可以提高课堂教学的效率? 比如教《事事关心》介绍作者邓拓,如果先出示《燕山夜话》,让学生看书中作者照片,请学生讲述注释中对作者的简介,然后教师作一点补充,引述《燕山夜话》自序里的一段话要求学生听写。这样处理,突出了人物介绍的要点,使自序里"我们生在这样伟大的时代,活动在祖先血汗洒遍的燕山地区,我们一时一刻也不应该放松努力,要学习得更好,做得更好,以期无愧于古人,亦无愧于后人"的思想给学生以良好的熏陶;这样处理,训练了学生听写的能力和口头表达能力;这样处理,眼看、耳听、口说、手写,学生语文能力获得培养,学习课文的兴趣有所激发。

语文教学的目的在于提高学生正确理解和运用祖国语言文字的能力,发展学生的智力,培养社会主义思想品质和爱国主义精神。实现这样的目的不能采用1+1+1的方法,而在于围绕语文能力的训练,渗透思想情操教育,发展智力。要树立综合培养的观念,精心设计讲和练的内容,选择讲和练的方式。一个个教学环节有明确的训练目的,紧扣语文能力的训练点辐射到智力因素的开发和非智力因素的培养,辐射到品质、情操的熏陶感染,发挥多功能作用。

这当然不是说每节课中每个教学环节、每个知识点和训练点都要做到一箭数雕,而是要根据教材的特点精心选择,教出实效。一节课选择两三个这样的"点"训练,一日不多,十日许多,一课课积累,久而久之,课的综合效益就十分显露,学生多方面受益。

第三,整体与局部。

语言是思想的载体,一篇完整的文章总是表达一定的思想,不管是记叙、议论,还是说明、抒情,文章的各个部分都为表达中心思想服务。阅读课上教学生学课文,首先要有"文"的整体观念。这篇课文写什么,怎么写,为什么这样写,要梳理清楚;要从语言文字入手探究思想内容,再紧扣思想内容推敲语言文字的运用;要理清写作思路,把握作者写作意图。有"文"的整体观念,学生不仅能学习词句,而且能体会作者谋篇布局的匠心;不仅能从思想内容和语言形式辩证结合的高度训练听、说、读、写的能力,而且能发挥教材的认识价值、教育功能,丰富学生的文化素养。其次,对文章的"局部"可重点推敲。某些词句、某些段落是文中表达思想的重点,在语言运用方面有特色,有独到之功,可带领学生细细咀嚼,体会遣词造句、表达思想的准确性、深刻性、生动性,分析这些词句、段落在文中的地位与作用。学生学习的难点也可多花一点工夫研究,但难点不一定是重点,难点主要在攻克障碍,使学生对全文理解得更好。某些课文的教学从总体上讲可以粗线条,但要把握中心,主干、枝叶十分清晰,不喧宾夺主;课文的某些局部可仔细斟酌,学得细一点,学得深一点,对语言文字的具体运用获得更多的启发,以举一反三。局部与整体应妥善掌握,不能有所偏废。阅读课不能上成语段课,这个字什么读音,那个词前面可填个怎样的关联词,这个句子中某个词可不可用另外的同义词或近义词代替,等等,诸如此类语言上的练习不厌其烦,不厌其碎,而整篇文章说的是什么,怎么说的,却在眼皮下溜走了。如前所述,文中的某些段落可以深究,但不能以偏概全,以段代篇。只见树木,不见森林,只抓"段",不抓"文",在某些方面可能有机械操练之效,但远离语文教学目的,从根本上影响学生语文能力,尤其是写的能力的提高,影响学生文化素质的培养。语文学科中高分低能的状况有愈演愈烈之势,这与以鸡零狗碎、碎尸万段为主要训练方法的课恐不无关系。

第四,声情并茂与平板枯燥。

阅读课很难上得学生兴趣盎然,然而,学生如果不兴趣盎然,学习的效果往往就七折八扣。中学生都是青少年,青少年具有好奇好胜的心理特征,怀着浓厚的兴趣探求新知,探索世界,这是阅读教学的有利条件。把握这个特点,充分运用这个有利条件,阅读课就能闪发光彩,学生学习的积极性就高涨。

课文教学声情并茂,对学生学习有强大的吸引力。声情并茂绝不是表演,也不是游离于语文基本能力的训练,而是充分发挥课文内在的感染力、说服力,充分发挥语言文字的表现力。文章情铸成,尤其是文情并茂的课文,情或溢于言表,或在字里行间潜动。教学时首先教材要烂熟于心,体作者的情,察文章的意,文脉、情脉双理清;其次要选准动情点,满怀感情地启发、提问、讲述、剖析、朗读、吟诵,以情激情,增强学生语言感受的能力。教师的教学用语要规范、生动、流畅、悦耳,能在学生心中弹奏。

声情并茂不是教师唱独角戏,而是教师出于对学生对学科的满腔热爱,精心地、激情洋溢地启发、引导学生想、读、说、写,使文中的佳词美句、精彩段落,通过眼看、口诵、心想,伴随着文中深刻的思想、精辟的见解流入学生的心田,从而获得求知的快慰,思想感情的陶冶。

有一种误解,认为记叙文可教得声情并茂,而说明文、议论文只能是平板。其实不然,说明文要把某一事物介绍给读者,总渗透或赞成或反对或褒或贬的感情,议论文对事理进行鞭辟入里的剖析,或正面阐述,或反面驳斥,无不情寓其中。因此,这两类文章同样可教得情思横溢,不过表达情意各具不同的特点罢了。

课要教得声情并茂,十分重要的是要动口;要引导学生抓住重要段落、关键词句反复朗诵,把无声的文字变成有声的语言,读出感情,读出气势,如出自己之口,如出自己之心。有些朗朗上口的好课文,忽视口出声、声传情、情铸意的作用,教学效果就大受影响。声情并茂还可借助现代化的教学手段发挥作用,在教学过程中适当插入精彩的录音、录像片段，也能使课堂生辉。

课不能平板枯燥，否则，学生就容易昏昏欲睡。抽去文章的情和意，文字就成为干枯的符号，难以激发学生爱学、爱练的热情。机械操练也是如此，学生难以领略语言文字表情达意的表现力和生命力，学起来当然也就索然寡味。

第五，起伏跌宕与平面推移。

一节课45分钟，青少年学生，特别是少年学生，不可能自始至终全神贯注。因此，针对学生的心理特点，顺势适时地组织教学的各个环节，安排教学的各方面内容，以把握学生思维的兴奋点、学习的兴奋点，至为重要。

阅读课以在一个平面上推移最常见，顺着作者的写作思路，由文章开头梳理起，一段段或讲或练，直至结尾。这样教未尝不可，但经常如此，千课一面，难以刺激学生求知的欲望。教学思路应不同于写作思路。语文教材对学生起训练作用、教育作用，指导学生学习某篇课文，总是要达到一定的教学目的。为了实现这个教学目的，要确定教学中的重点、难点，安排恰当的教学环节，组织相关的教学内容，使学生学得愉快，学有成效。也就是说，教师要驾驭教材，把教学内容巧作安排。文似看山不喜平，阅读课也是如此。为了实现某个教学目的，课可分为若干阶段，有导入，有展开，有铺垫，有高潮，有反馈，有尾声。导入是课的起始，或通过对旧知的回顾引出新知，或开宗明义点出学习目的，或启发学生质疑，活跃课堂气氛。这个环节目的在引起学习动机，激发学习兴趣，初步明确学习目标，时间不宜长，关键在精彩。因为毕竟是课的"凤头"。展开是阅读课的重要环节，知识点、训练点的选择，教学内容的精心组织，教学思路的创造性，学生学习情绪的高涨等，均能见到功夫。在这个环节中，讲读内容、训练内容均要精心设计，有起有伏，有疏有密，有铺垫有过渡，有重锤敲打，主次分明，详略得当。这样处理，学生的注意力、兴奋点均得到调节，既学得紧张，弦又不绷得太紧，学得愉快而轻松。课可以掀起高潮，高潮部分一般来说是文章主旋律所在、作者思想闪光之处、感情倾泻之笔。经过展开部分的起伏、铺垫、蓄势，可充分运用各种教学手段，调动学生的感觉器官和思维器官，读、讲、评、议，纵横捭阖，学生思维活跃，聚精会神动脑动口，课堂上常会出现惊人之笔，学生相互启发、碰撞，闪发出智慧的火花。一节课中紧扣作者写作意图和课文个性特点,用一刻钟左右时间组织阅读高潮、训练高潮,让学生遨游于祖国语言文字的神妙之中,学生印象深刻,获益匪浅。至于反馈,可集中进行,也可分散到某些环节之中。经常注意反馈,教师可及时了解学生学的情况,有针对性地指导,又可让学生看到学习的效果,增添学习的信心。有的课还可设计一个"尾声",创设余音缭绕的气氛,让学生带着美感下课堂,带着继续探索的心情下课堂。

课要起伏跌宕,除教学内容巧安排外,训练的方式也要讲究。如思维与口头表达的密集训练,就很能掀起高潮。如近义词的扩展、延伸,反义词的辨别、剖析,一连串问题的追问,等等,均可收到训练的好效果。

第六,关键在教与学两个积极性的发挥。

教与学是一对矛盾,在教学过程中教师是矛盾的主要方面。学生学得如何与教师的思想水平、业务水平、教学能力密切相关,当然也与课前备课是否深入、课上能否驾驭有直接关系。

上课是极其严肃的事,对语文教师来说,胸中有书,目中有人,是教好课的基本条件;不熟悉教材,对教学对象不了解,不研究,课的随意性就很大。随意性越大,教学效果就越受影响。为此,课前准备十分重要。爱国诗人陆游对其幼子说过:"诗为六艺一,岂用资狡狯,汝果欲学诗,功夫在诗外。"诗是整个文化的组成部分,怎可把它看作儿戏?你果真要学写诗,功夫要花在诗外。阅读课不是写诗,但道理相通。课要教得有效果,非下苦功不可。即使教一个词,求准确都十分不易,何况要把课教得有科学性、趣味性、艺术性?当然,言其不易,并不是要望而生畏,望而却步,而是要有自知之明,不断激励自己奋发,钻研课文,教好学生的积极性经久不衰。

在学习过程中,学生是主人,教师的教是通过学生自身的学习积极性发挥作用的。学生学得越主动越积极,越能促使教的质量的提高。学生学语文的积极性、阅读的积极性靠教师激发、教育、培养。只有教的积极性,学生积极性不高,阅读课很难上得有声有色,生动感人;学的积极性比较高,教有时不能适应学生的旺盛求知欲,无半点居高临下之势,阅读课也不可能流光溢彩,久而久之,学生的积极性就会受到压抑。

"打铁还需自身硬",教师要上好阅读课,当然要靠自身有过硬的阅读分析的真本领,但是千万要悉心培养学生阅读的主动性、积极性,以阅读开阔认识世界、认识人生的视野,以阅读拓宽知识的覆盖面,以阅读开启学生思维的门扉,以阅读发展想象力、记忆力,以阅读带动听、说、写能力的训练。阅读是基础,阅读课底子打得扎实,打得深厚,语文能力的培养就能收到理想的效果。

说千道万,阅读课的质量系在语文教师的身上,系在语文教师的心中。难怪有人一语破的:课的质量就是教师的质量。

74. 胸中有书,目中有人

问:经过几年的教学实践和磨砺,我们大体上已经能够胜任教学任务,同时注意到不时会出现一些优秀教师的成功经验,在认真学习之余也会细细琢磨,希望能尽早形成自己的教学模式,这样的认识对不对,想请于老师给我们指点一些迷津。

于漪:教有法,是说凡是教这门课的,有些法则是要遵循的。一是从教材实际出发,从学生的实际出发。一个好的语文老师,要胸中有书,目中有人,教材的特点能准确把握,教材的来龙去脉要烂熟于心,我们是以教材为典范,培养学生的能力,发挥教育作用,对学生的实际要非常清楚,不清楚教学就会无的放矢。二是不管怎么教,都要取得效果、达到目的,要根据教学大纲的要求,培养学生的听、说、读、写能力。三是要启发诱导,教师的本事就是使学生开窍,要引导,要点拨,整个教学过程,就是启发诱导,不能代替学生。

但教又无定法,每个教师都有他的好的经验,都有他的长处。不同的教材,不同的教师,根据不同的学生可以创造出种种行之有效的方法。有的善于朗读,有的善于写作,有的善于分析,可以从不同的方面突破,教师可以发挥自己的优势。所以,课不能上得千课一面。语文跟数学不一样,数学不懂就不懂,语文往往处于似懂非懂状态。小学高年级可以读《水浒传》,中学可以读,大学如对古典小说的研究则还要读,它的阶段性不像数理化那样明显,这就给语文老师带来了极大的难处,要求教师要教懂学生似懂非懂的地方。因此,教与学不

177

是在一个平面上移动，如果是在一个平面上移动，学生就学无兴趣。要对学生糊里糊涂的地方，一点就自然开通，浅者深之，窄者广之，似懂非懂的地方豁然贯通，这样学生就觉得语文课上与不上大不一样。既然教无定法，所以，不同的课教师就可以创造。教师从事的是精神劳动，是创造性的劳动，每个教师都是有创造性的，再好的教材，也要靠教师去理解，去调配，根据学生的实际去教。

教，有时候是平铺，有时候须倒过来；有的当中拎取片段，有的可以变换段落，其目的是让学生准确理解课文，教出个性来。教《花儿为什么这样红》，我一节课在课堂上教，一节课在校园里教，我们校园里的花很多，用教材上的知识去解释校园里花的变化。

为了提高教学效率、教学质量，必须坚持从学生实际、教材实际出发，整个教学过程必须坚持启发式，充分调动学生学习语文的主动性、积极性。每位语文教师各有所长，都有各自行之有效的进行读、写、听、说训练的成功经验，关键在于静下心来，认真回顾，善于总结，一步一回顾，会有许多新的发现，对教材、对学生会有许多新的认识，对语文教学规律会有许多新的体会。教法特色靠自己在实践中创造，风格、流派靠自己在实践中创造，当然，这要靠苦功，靠正确的教育教学理论和学科理论的指导。

我们希望青年教师成长、成才、成功，但以为用某种教学模式来规范他们的教学就能达到目的，这是不可能的。语文学科是如此丰富多彩的人文学科，只要基础扎实，执着追求，广为学习，坚持实验，就能上出一堂堂生动活泼、学生喜爱、质量上乘的课。不同体裁、不同类型、不同年级的课，完全可以采用不同的教法，整齐划一的做法就使课僵化了。语文教学中不能说哪一种教学模式是放之四海而皆准的，是最有效的，大家都要以之为榜样，都要如此做。各种教学模式的产生，自有它实践的土壤和一定的理论指导，但又往往伴随着不足与局限，因此，教学时提倡无恒式，是为了发扬各种教学模式之长，相互补充、百花齐放，用某一种模式来"统"，师生的创造性被抑制甚至被扼杀，课堂里就不可能有活水流淌，语文教学还哪来勃勃生机？

在教学中师生同游有什么要领？

75. 记叙性文章四特点

问：作为语文教师我们不想放过这个向您求教的机会,我们想就不同文体的特点及其教学处理意见,向您咨询学习,首先是我们最常见的记叙文,怎么把握这一文体的特点呢？

于漪：只要阅读一篇篇记叙性文章,我们就可以看到记叙的特点有：

在内容上,具有真实性特点。真实,是记叙文的生命。我们知道,记叙文的责任在于把客观事物的形状、色彩、质地、形成过程、存在形式、变化特点及主观世界中的心理、情感、认识、感受等告诉读者,使读者产生身临其境、心有所感的感受。如果作者胡编乱造,无中生有,说有为无,以非为是；或夸大其词,任意渲染；或歪曲真相,胡乱贬斥……欺骗读者,这样的文章即使外表华丽,也必定遭人唾弃。凡是长期流传下来,受到读者欢迎的记叙性作品,其内容都必定是真实的；所状之景,所写之物,所叙之事,所写之人,所抒之情,以及所生发之理,都是真实可信的。

在表达上,具有综合性特点。跟议论文、说明文相比,多种表达方式在记叙文中的综合运用,体现得更为明显。仅以叙事文来看,叙述一件事,总要交代事情的来龙去脉,前因后果,这离不开叙述。在叙述过程中,对重要环节、具体场景、人物活动,少不了要加以反映,这离不开描写。一件事的起因、发展、结束,总有内在原因,是对是错,总会给人启发,写到这方面内容,自然又离不开议论。

既然写这件事而不写别的事,说明这件事打动了你,给你的心灵以撞击,在感情上的反应不是爱就是恨,不是喜就是怒,不是哀就是乐。文章总是要体现某种感情色彩,如果把真实的感情加以凸显,那就必然要用抒情的方式来表达了。叙事如此,写景状物记人也同样如此。许多内容深厚、感情真挚、材料丰富、立意深刻的记叙作品都具有这样的特色。

在结构上,具有多样性特点。议论文、说明文的结构变化也是多种多样的,但比较而言,还是没有记叙类作品那样变化多端,摇曳多姿。像伏笔、照应、悬念、线索、繁简、虚实、正侧、直接与间接等关于结构艺术的概念基本上都是指记叙作品而言的。仅以朱自清的《荷塘月色》为例。在全篇结构中,作者集中笔墨描绘的是荷塘月色,即第 4、5、6 三段内容。这三段文字也不算多,但在内容的安排与组织上呈现出灵活多变的风貌。写荷叶、花、香味,这是静的画面;写微风过处,叶动花颤的情状,这是动的画面;写月色,先写月光倾泻在花叶上的情景,这是实写;写"叶子和花"又像"笼着轻纱的梦",则是虚拟,但虚中见实,表现了朦胧月色下花叶飘忽不定的姿态。另外,写月色着墨较浓,写远山、灯光、蝉声则属于随意点染,可见繁简有致、浓淡相宜。总之,作者从平观到俯视,从细察到鸟瞰,由远及近,从上到下,由里及外,写尽荷塘月色的无限风光。整个画面是立体的,内容是富有层次的,真是难得的巧思妙构。

在题材上,具有广泛性特点。记叙文的题材可以说无所不包,景点、物态、人事、感情、心理都可以在作家笔下熠熠生辉。鲁迅先生的《故乡》,既写景,又写事;由景与事来写人;由写人来揭示社会生活的本质特点;由揭示社会本质来引起人们的思索,作品题材的内涵相当深广。刘白羽的《长江三峡》重在写景;丰子恺的《上天都》重在由事及理;宗璞的《西湖漫笔》重在反映社会的变化;黄河浪的《故乡的榕树》重在表达游子之思;夏衍的《包身工》重在黑暗社会劳苦大众备受压榨实况的纪实;《为了六十一个阶级弟兄》表达了社会生活中的新风貌……这些都说明,记叙文取材广泛,目的各异,功能多样,既可以开阔我们的视野,又可以熏陶我们的情感;既可以言志,又可以明理;既可回忆过去,又可以展望未来。总之,上至天文,下至地理,宇宙之内的一事一物都可以在作家笔下化作一道风景,构成一个斑斓的世界。

上述四点，是记叙类作品的共同性特点。具体到某一篇作品的阅读，我们还要认识其个性。

76. 文言文教学要处理好实词与虚词、文与道的关系

问：文言文教学近年来受到更多的重视，这是必要的，它是我们汉语母语的根，但也是语文教学中一个短板，许多学生面对文言文中一堆虚词就一脸茫然，其实我们老师对于文言文教学也多少有点怵，不得要领，您能给我们一些建议吗？

于漪：在文言文教学中常易犯以偏概全的毛病。有时讲一大堆"之""乎""者""也"这类虚词；有时意译一番，貌似有文，但字词句却不落实，这两个偏向都难以有效地培养学生阅读浅易文言文的能力，教文言文须防止上述两个偏向，处理好虚词教学和实词教学的关系，处理好文与道的关系。

初教文言文时，眼中只有虚词，似乎文言虚词在文言文中举足轻重，学生一旦掌握，就能通达无阻地阅读这类文章。其实，这是一种误解。虚词和实词，究竟孰轻孰重？从文言文本身的特点看，还是实词为主，虚词为辅。实词的意义比较实在，文章内容的表达主要依靠它们。就好比造房子要有砖头、木材一样，没有这些主要建筑材料，要想盖起房子是不可思议的。比如柳宗元的《童区寄传》中有"行牧且荛，二豪贼劫持反接，布囊其口，去逾四十里之虚所卖之"的句子，且不说其他的实词，单是"虚所"一词，若不指导学生理解，不仅全句意思不能疏通，而且全文的情节也没有着落。学生生活在现代语言的环境中，对字词含义的理解习惯于日常的用法，故而常会出现以今推古、误将古词当今词的现象。"虚"，学生习惯于理解为"空虚"的"虚"，"虚实"的"虚"，"虚弱"的"虚"，对"虚"是通假字，同"墟"，一无所知；学生还容易把"虚所"看成两个词，他们读了一点文言文，在脑中初步形成古汉语多单音词的印象，会把"虚所"拆开，而且可能把"所"误作虚词看待，不知"虚所"就是集市。因此，无论从文言文本身特点，还是从学生的学习情况看，教好这类与现代汉语词义差别很大的实词尤为重要。

落实文言文实词教学，当然不是不分难易、不分主次，见一个敲一个。如果见实词就敲，必然琐碎零乱，肢解文章。教学实践证明，古今意义相同的词语无须花工夫，学生就能理解；文言文中的单音词，在现代汉语中通常用双音词表达，只要稍加点拨，指导学生在近义词、同义词中慎加选择，学生是能掌握的。重要的是除上述要十分注意辨别古今词义的变化外，在以下几个方面也要多加指导，帮助学生摸索掌握文言实词的规律。

要理解词义，须认真识字。汉字历史悠久，演变复杂，尤其是假借字，学生接触得不多，不易辨认，除引导他们一个一个熟记积累外，可点明一些同音假借、音近假借等现象，帮助他们理解。如《愚公移山》中的"一厝朔东，一厝雍南"的"厝"通"措"，读 cuò，两个字声、韵、调完全相同；《马说》中的"才美不外见"的"见"通"现"，声母不同，韵母相同，都是 iàn；"河曲智叟亡以应"的"亡"通"无"，韵母不同，声母相同，都是 w。有的字是音近假借，如"在肠胃，火齐之所及也"的"齐"通"剂"，一读 qí 一读 jì，声母、声调虽不一样，但读音相近。经常注意辨认，感性材料多了，就会变生疏为熟悉。

注意辨析多义词以及诸多义项间的细微差别，指导学生放在句中，放在前后文中推敲、琢磨，理解它们确切的含义。如《大铁椎传》中有"貌甚寝"与"既同寝"，一词多义，要学生把"寝"放在句子中理解，显然"睡觉"在后一句中一讲就通，以此来理解前一句，无论如何讲不通，面貌怎么可能"睡觉"呢？必须考虑其他的含义，用工具书检字，就发现"寝"有好几条义项，其中"丑"放在"貌甚寝"中最合适。一词多义，纷繁复杂，常积累、比较、总结，掌握就较为牢固。有些词义项较多，但差别细微，更要注意辨别，因为对中学生来说，"迥别"还容易看出，"微殊"则不易发现，往往被忽略。如《童区寄传》中有四个"得"，如都释为"获得"，语意僵硬，表达不出文章原有的情致，须指导学生把它放在具体的句子中加以精细地区别。"力上下，得绝"，用力上下来回磨动，使得绳子断了。这里的"得"表结果，表完成。"得童"的"得"由"获得"引申为"抓到"，即"擒获"的意思。"孰若吾得专焉"的"得"相当于"能够""可以"。"贼二人得我"的"得"由"获得"引申为"掳获"。摸准了这些细微的差别，能辨析古今词义的异同，加深对课文的理解。

词类活用是文言文中经常出现的一种语言现象，它能使文字简练，给人以不蔓不枝的感觉。词类活用的情况有多种，如名词活用为动词、形容词活用为动词、数词活用为动词等。教学时不仅要让学生懂得某某词活用为什么词，更要让他们懂得凡是有词类活用的句子，都是缺少某一个句子成分的中心词，而活用后的词正是充当这个句子成分的中心词，被活用这个词的本身作中心词的附属成分。如"尔安敢轻我射"这个句子，谓语里缺少"视"这个中心词。"轻"，原是形容词，表示重量小，被活用为动词以后，充当了"视"这个中心词，而"轻"本身做了"视"的附属成分。

重视实词教学不等于忽视虚词。虚词虽没有实在意义，却有帮助造句的作用，它们好比是造房子的水泥、石灰，砖头得靠它们垒成墙，糊成壁。忽视了，必然影响学生阅读文言文的能力。因此，教学中要虚实并举，不可偏废。落实文言虚词要注意：须用现代汉语翻译和无须翻译的区别，如同是"之"，在"以君之力，曾不能损魁父之丘"句中，前一个"之"必须译，助词，用于修饰语与被修饰语之间，"按你的能力"，"之"是"的"的意思，后一个"之"也是助词，但修饰语"魁父"与被修饰语"丘"两个成分是同一性的，可根据上下文灵活翻译为"这个""这样的"，但也可不译。有的完全不需要译，如"虽我之死，有子存焉"，此处的"之"用在主语和谓语之间，取消句子独立性，无须译出。落实文言虚词还要注意它们在不同句子、不同文章中的变化，弄清它们的变化，有助于正确地理解句子的含义。比如"其"，学生印象最深的是译作"他的""他们的""它的""它们的"，作第三人称代词，阅读文言文时，常用这个解释套，因此，必须结合文句指出"其"的多种用法，帮助他们树立多义项多用法的概念。"其一犬坐于前"的"其"，用在数词前，译作"其中"；"夜至张柴村，尽杀其戍卒"的"其"，用在名词之前，起指示作用，可译作"那儿"；"其真无马邪？其真不知马也"的"其"，用作连词，表示选择，可译作"是……还是"；"圣人之所以为圣，愚人之所以为愚，其皆出于此乎？"的"其"是副词，表示估计、推测，可译为"大概""或许"；"以残年余力，曾不能毁山之一毛，其如土石何？"的"其"用在句首，加强反问语气，可译作"难道"……总之，把多变化的虚词放在句中、放在前后文中细细琢磨，正确理解它们在具体语言环境中所起的造句作用，方能准确地把握文意。

文言文教学容易"重文轻道",以为学生把文字看懂了,字词、句式,古今词义的一些差异也粗有了解,就算完成了教学任务,内容似乎不必多讲究。其实,这也是一种误解。不论何种文体的文章,语言文字和思想内容总是水乳交融,浑然一体的。在教学过程中,根据教材特点和学生实际,有时侧重于语言文字,有时着力于思想内容,这是必要的。但绝不能抓一头,丢一头。如教《出师表》,如果光注意文字上的疏通,忽视诸葛亮借出师之机,语重心长叮咛刘后主的恳切用心,情真意切地规劝刘后主的由衷之意,怎么能让学生识得文章的"真谛"呢? 所以,文道不能偏废。

文言文中的"道",还有一个批判继承的问题。要用历史唯物主义的观点来分析作家与作品,把作家和作品放在一定的历史时期看总的倾向,看作品是否反映了当时社会的现实,是否表现了人民的愿望。教学时不仅要阐明作品的历史意义,还要指出它的现实意义,指出可借鉴之处,对学生起教育作用。如刘禹锡的《陋室铭》历来是被传诵的名篇,托物言志,寥寥81个字,借陋室发挥,表达出高洁的品格和安贫乐道的生活情趣。在当时来说,有一定的积极意义。刘禹锡一生的主流是积极要求变革朝廷弊政,参加了比较进步的王叔文政治集团,在王叔文失败后,他长期被贬。他在政治上虽一再遭受打击,但仍坚守政治节操,不追求华丽的居室,不追名逐利,而着意于自身的修养,这一点在当时是可取的。然而,必须向学生指出:刘禹锡毕竟是一千多年以前封建士大夫阶层的一员,"谈笑有鸿儒,往来无白丁",明显地表露出轻视劳动人民的思想倾向,而且封建文人那种高傲、清高、孤芳自赏、回避现实的品格不值得今天的青年学生学习模仿,其中可借鉴的是人应有高尚的生活情趣,不追名逐利。有的作品具有经久不衰的教育意义,也同样要引导学生弄清其历史意义和现实意义,推陈出新,受到感染,受到启示。如范仲淹的《岳阳楼记》,立意高远,文笔华赡精拔,抒发的"先天下之忧而忧,后天下之乐而乐"的伟大抱负脍炙人口。当时一个封建文人在遭受贬谪的情况下,有"不以物喜,不以己悲"的情怀,仍然坚持理想,关心国事,实在是难能可贵。今天我们更应具有吃苦在前、享乐在后的高尚情操,自觉地担负起振兴中华,繁荣祖国的重任,反对和鄙弃那种一事当前先为自己打算的卑琐思想。

在文言文教学中关于"道"的问题强调批判，否认继承，对古人要求过高，求全责备，或者一味继承，放弃批判，对古人顶礼膜拜，崇尚迷信，都是违背历史唯物主义的，都不能正确地区分文言文中的精华和糟粕。因此，一定要坚持批判地继承历史遗产的原则。

语言文字教得扎扎实实，思想内容教得明晰正确，学生阅读文言文的能力必然提高，思想、情操上就会受到中华民族数千年悠久的、优秀的文化遗产的熏陶。

77. 写作的要旨在于塑造心灵

问： 作文教学可能是今天最令师生头疼的话题了，对于作文教学的重点、要点、难点和策略，您能给我们一些建议吗？

于漪： 中学生为什么要写作文？为的是培养与提高正确运用祖国语言文字以表情达意的能力。不管科学技术怎样发达，电脑使用范围多么广泛，作为一名中国人，用中华民族自己的语言文字表达情意、交流思想，是必要的，不可改变的。语言文字是民族文化的根，掌握它，正确使用它，是一代代中国人义不容辞的责任。

文章是客观事物的反映，写作的人要反映大千世界中纷繁的客观事物，必然在观察、感受、思考的基础上，有自己鲜明的态度，或悲，或喜，或爱，或恨，或赞扬，或批判，或同情，或厌恶……把这些用文字真实地表达出来，就是有真情实感的文章。"情"是文章的根本，情真，是写文章的基本要求。

热爱是培育写作热情、激发写作冲动的基础。热爱生活，对生活中美好的事物爱慕、敬佩，主动接受教育，以高尚的人文美、雄伟粗犷或雅致灵秀的自然美陶冶自己的心灵，知识增长，心灵丰富，就会有绵绵思绪往外倾吐。热爱生活，对生活中假、恶、丑的东西充满憎恨、厌恶，同样有要说、要写的感情冲动。教师对之要指导、要培养。

作文教学不能只见文，不见人。只见文，就会以"文"论高低，见到不顺眼的，就会埋怨、责备，甚至不屑一顾，放置不管。见到"人"，就会有爱惜之心，责任之心，就会有千方百计教好他们的智慧与耐心。少一点功利，多一点师生之间的真情，作文教学就不会是枯燥无味的条条框框，而是灵动的、有趣的、充满生活气息和生命活力的。

学生学习写文章有困难，这是常态。如果一学就会，轻而易举，要我们教师干什么？运用语言文字表达情意，牵涉认识能力、生活积累、学习经历、文化积淀诸多方面，讲几个写作模式不可能真正提高写作水平。对学生作文说一百个"不行"也不会"行"，关键要精心指导他们怎样才会"行"，把写作的规律和学生认知规律有机结合起来指导。

作文是综合性很强的语文实践，不经过一定数量的训练，写作的要点、关键、窍门何在，确实难以把握，甚至一无所知，用两三篇作文应考打天下，是荒谬的。数量不等于质量，但没有一定的训练量，又怎出得了质量？写文章手熟十分重要。手熟，文字就顺畅流出，否则，疙疙瘩瘩，满纸障碍，别说文章的质量，就是写作兴趣也荡然无存了。

运用语言不单纯是语言问题，"言为心声"，语言是思想的直接表现，思想为里，语言为表，思想是语言的内核，语言是思想的外衣。"辞从意生"，思想十分明确，十分清晰，语言也就清楚明白。因此，语言训练时不能只停留在如何遣词造句方面，须同时进行思想的磨炼。想得清楚，才能说得清楚，写得清楚；想得正确、周到，才能写得准确、周密。

思想与语言的锤炼可以双促进。思想模糊，语言就含糊不清。要使思想清晰起来，除对事物再认识、再仔细思考之外，可以用语言说出来、用文字写出来后再琢磨、推敲，促进思想清晰起来。写文章实际上是一个使思想逐步成熟、逐步完善的过程，是整理思想和经验，使之明确化、条理化的过程。语言的深刻来源于思想的深刻，对事物精髓能一眼见底，语言表达就能入木三分。

俄国诗人纳德松说："世上没有比语言的痛苦更强烈的痛苦。"如何消除呢？要锻炼自己的认识能力、体验能力，对语言的感受力、鉴赏力。对事物的真相认识得越清楚、越透彻，越有独特的感受，遣词造句就越准确，越生动。"一句话，百样说"，怎样说最恰如其分，最有效果？多思考，多比较，对语言的敏感程度就会不断增强。"百炼为字，千炼为句"，抓住一个"炼"字，快乐就会相随。

乐于追求是写好作文的主心骨。文章不是无情物，它是生命的倾诉，心灵的表述。文章质地的高下与心灵追求的程度紧密相连。崇尚真、善、美，摒弃假、恶、丑，文章就能站立起来，给人以启迪、以惊喜、以感染、以鼓舞。如果只是辞藻的堆砌，名家名言的组装，写作主旨不明，无心灵美好的追求，文章就没有力量，浮游，飘忽，无益于写作能力的提高。

敏于思辨是写好作文的支撑。要阐述对客观事物的观点，发表自己的主张和见解，就要说理论辩，以理服人。为此，要敏于思辨。对所要阐述的事物，要思考再思考，深入思考，多角度思考；辨别再辨别，纵向辨，横向辨，同类辨，异类辨，弄清事物真面目，把握实质与要领。这样，论辩时就能探幽析微，见解正确、深刻，逻辑性强。

敏于思辨，靠的是敏锐的目光、阅读的积累和对生活深厚的兴趣。思辨能力的形成，非一日之功，要注意培养，不断锻炼，逐步形成敏于观察、敏于思考、敏于辨别的良好习惯。这种能力的形成、习惯的培养不能局限于写作教学之中，要与阅读教学结合，与课外学习与生活结合。经常明是非、辨曲直、比异同、发主张、阐道理，下笔说理就容易水到渠成。

要写出好作文，须认真学习语言，锤炼语言。清朝著名诗人袁枚说："一切诗文总须字立纸上，不可字卧纸上。人活则立，人死则卧，用笔亦然。"文章的语言"立"在纸上，就有活泼的生命力。怎样才能"立"起来呢？平时要注意语言的积累，阅读中积累，生活中积累。库存充实，使用时选择最恰当的表达，就清楚明白，生动形象，准确无误，文章质地也因之而提高。

写作材料就在我们身边，如空气一般无处不在。学生对此常缺乏认识与体会，动笔时有搜索枯肠之苦。要指导学生从五光十色的生活中学会捕捉材料。用心捕捉，进入事物里层，带着感情摄取，挖掘寻找，就能从极其平凡极其普通的事物中发现一般人所看不到的生动、新鲜的东西，就能在平凡之中见深意。

指导学生写作要抓好三思，即思想、思维、思路。文章的光彩在于思想的发光。"意"是文章的主心骨，下笔之前要深思熟虑，不可看到生活中一点现象就拿起笔来涂抹。要指导学生在观察和研究生活现象的基础上独辟蹊径，鼓励他们有所发现,有所创造。思想靠平时的锤炼,在听说读写各项训练中,"意"的锤炼贯穿其间,临渴而掘井难以奏效。

写作最忌脑子僵硬,思维不活,因而写作教学全过程都要注意对学生思维进行训练,借助语言进行多角度、多侧面、多层次、多类型的思维训练。低年级尤要注意联想与想象力的培养,高年级侧重分析、综合和推理的能力。训练要善于把握学生思维的"触发点","触发点"犹如一团线的头,头拉得好,就会思绪绵绵,让思想插上翅膀。

写作思路的指导得法,脑中积累的写作材料就会如海水激荡,涌起波澜,蓄倾泻之势;如指导不得法,则会框住学生的脑子,使他们犹如步入窄胡同,步履维艰。思路指导宜"放"不宜"收",但又要在"放"中理出头绪,思而有序。文章无定法,首先是打开思路,鼓励学生进行扩散性的思维。

出于真心、诚心、善心、慧心的写作,把心灵受到震撼的人、事、景、物诉之于笔端,或叙述,或议论,或抒情,皆如清泉一般汩汩流淌而出,创造织锦成文的精彩,实乃人间快事!

78. 记叙文写作的谋篇布局

问:记叙文写作是最常见也是最基础的写作训练,指导学生写好记叙文的用处怎么说都不为过,您能不能传授我们一些秘笈?

于漪:指导学生写记叙文,不仅要求他们"言之有物",内容具体充实,而且要"言之有序",根据主题的要求,把散乱的材料条理化,以求布局得体,层次分明,首尾一贯,神完气足,这样文章的思想内容才能表达得自然流畅,才能给人以形式上的美感。

古人说:"袖手于前,始能疾书于后。"写文章前,要指导学生认真思索,教育学生写前心中有一个"总谱",有一个总体设计。写文章必须全局在胸。在审清题意、确立主题以后,选用哪些材料来表现主题,先写什么,后写什么,怎样过渡,如何衔接,要不要穿插有关内容,采用什么方法收尾等,都要打打腹稿,在脑子里搭个粗略的架子。看起来思考要花费一点时间,但心中有了文章的骨架子,有了"总谱",下笔就不会云里雾里,不着边际。

指导学生编写作文提纲,有助于他们理清思路,组织材料,划分段落,形成比较完整的构思。编写提纲的指导重点在于引导学生正确地划分层次段落。层次段落分得正确清楚,文章写起来就有眉目。划分层次段落,心中要有准绳,不能一会儿时间,一会儿空间,一会儿人,一会儿物,杂七杂八。应该或者按照时间的推移,如《多收了三五斗》就是按照事件发生、发展的顺序组织材料,写得井井有条;或者按照空间位置的变换,如《记金华的两个岩洞》,按照作者足迹的移动,转换记叙的景物,有条不紊;或者按照人物出场的先后,如《果树园》围绕中心事件写了几个人物,而人物出现有先有后,作者按先后顺序安排层次段落,井然有序;或者按照人物性格、事件性质归类来划分,如《任弼时同志二三事》,写了任弼时生前许多事迹,作者精心按事件性质分类,组成完整的篇章。

让学生进行一定数量不同类型范文的篇章结构的剖析,对培养学生有条理地思考问题很有好处。有些课文可作为重点解剖的例子,使学生在写作上有所借鉴。像《人民的勤务员》这样的文章,写雷锋拿自己的钱给大嫂买车票,帮大娘找儿子,雨天护送母子回樟子沟,当临时装卸工人,春节做临时服务员五个故事,采用并列式的横结构,每个故事都以雷锋自己的话作结,而把这些故事有机地串联起来的是一条思想线索"寻找一切机会","永不停息地为人民做好事",结构上丝毫不松散,雷锋时时、处处、事事为人民的中心思想得到了较为充分的表现。多推敲范文的篇章结构,有助于学生从总体上驾驭写作材料。

有些学生的习作大段落比较清楚,段落里若干小的层次却是颠倒纠缠,表述不清。针对这种情况,可以帮助他们弄清楚层次之间的关系,懂得要按一定的顺序组织句群,不能跳跃,不能颠倒。比如,排列句子时可由远及近,或由近及远;由小至大,或由大而小;由上而下,或由下而上;由静而动,或由动而静等,总之,必须有一定的"序"。教师可引导学生剖析范文中某些段落的层次关系,理解它们的条理性。如《从百草园到三味书屋》中第二个段落比较长,有二百多字,写了许多具体的色彩缤纷的事物,但安排得纹丝不乱。植物、动物;远景、近景;静态、动态;视觉感受、听觉感受、味觉感受等均排列有序,层次清晰,堪为楷模。教师还可给学生提供材料进行训练，要求学生按一定的"序"组合材料，这些材料是一组相互关联的句子，但排列顺序不妥当，句子和句子的意思有的联系很勉强，有的联系不起来，要求学生把它们重新安排一下，组织成一段话。也可选用学生习作中层次混乱的材料，指导他们把句子的顺序重新加以排列，理清思路。

文章是有机的整体，前后要连贯，要注意交代照应，上下衔接，以求血脉顺畅。初中学生年龄比较小，考虑问题常不大严谨，写作文会顾前忘后，抓这忘那，结构上暴露出脱节掉钩的缺点。比如写游记，开头和弟弟等数人一块儿去某公园，描这个景，记那件事，写着写着把弟弟和其他几个人丢了。前面说的话，后面忘了照应。又比如记人记事，前面未作任何交代，突然在文章当中或末尾冒出了一些与上文脱节的人物语言、行动或情节，使人丈二和尚摸不着头脑。再比如，一层意思与一层意思之间，段落与段落之间，缺少榫头，没有搭钩，上下不贯通；有时，不知怎么过渡，就乱用"可是""但是""然而"等词语。针对这种情况，可从几个不同的角度进行综合指导。一是结合范文的分析，向学生介绍常见的过渡方法：(1)用一个关联词语或转折词语过渡，如用"总之""因此"或"可是""不过""相反"等进行过渡，这些词语往往放在下一段的开头。(2)用一个句子过渡，承上启下，如《谁是最可爱的人》开头三个段落抒情议论，点明中国人民志愿军战士品质纯洁高尚，意志坚韧刚强，气质淳朴谦逊后，用了这样一句话"让我还是来说一段故事吧"进行过渡，转入三个典型事例的叙述，这样就由议入叙，使议和叙衔接起来。(3)用段落过渡，《谁是最可爱的人》第九个段落"我们的战士，对敌人这样狠，而对朝鲜人民却是那样地爱，充满国际主义的深厚感情"，就是承接第一个典型事例的叙述，开启第二个典型事例的记叙，起桥梁作用。二是向学生介绍照应的方法：(1)开头结尾遥相呼应，《一件珍贵的衬衫》在这方面很突出。(2)在适当的地方把前面说过的话加以照应，或反复出现，如《挺进报》一文开头提到陈然下决心学写仿宋字，后面又写到党组织指示必须坚持写仿宋字，同后来"笔迹相同"的结论相呼应，结构严谨，环环相扣。三是进行"缝合"的训练，给学生若干记事记人的材料，要求他们连缀成文章，顺叙时注意伏笔与照应，插叙、倒叙时特别注意上下文的衔接与过渡。四是修改自己的作文,重点放在过渡与照应上。

头重脚轻也是结构上常出现的毛病。学生总想把作文写好,下笔时动了许多脑筋,但由于对怎样的开头才是真正的好,认识不清,把握不准,于是就发生离题太远、描写不当、架空抒情等情况。结尾由于笔力不济或时间所限,往往草草收场或来个简单的表决心,唱高调,文章骨肉不匀,站立不起来。怎样才能头不重脚不轻呢?除了加强总体设计,通盘考虑文章的内容与结构外,可对文章的开头与结尾多加揣摩。方法一是选择教材中有特色的开头和结尾进行分析研究,懂得好的开头须切题简明、新颖、生动,好的结尾能点明题旨,深化主题,含蓄深刻,发人深思;熟悉常用的开头与结尾的方法,如落笔接触文章的主题,交代写作动机,描绘环境,渲染气氛;收笔画龙点睛,突出主题,言近旨远,耐人回味。如《故乡》《母亲的回忆》《藤野先生》都是极好的范例。方法二是评析讨论学生的作文,启发学生就文章提出多种多样的开头与结尾,开展比较,认真推敲,取优去劣,开阔学生思路,体会其中奥妙。古人说:"凡起句当如爆竹,骤响易彻;结句当如撞钟,清音有余。"激励学生不仅认真剖析范文的开头与结尾,课外阅读报纸杂志时也多加注意,从中吸取养料。

结构是组织材料的形式,主题是文章内容的结晶,形式是为内容服务的。因此,在指导学生组织材料、安排结构时,千万不能为结构而结构,一定要服从主题的需要,有力地表现主题。

79. 激起学生写作的兴趣和责任

问:都说兴趣是学生学习重要的前提,拿到写作教学上来说恐怕就更有说服力了,想请于老师教我们几招,怎样能更好地激发学生写作的兴趣。

于漪:要教学生写好作文,既要注意激发学生的写作兴趣,又要激励他们加强写好作文的责任感,二者相互促进,缺一不可。

古人说"启其蒙而引其趣"。要让学生首先感到写作是一件有趣的事。客观世界,包括自然的、社会的,各种各样新奇的、有趣的人、事、景、物,会深深地吸引你,你把这些有趣的事,带着生活露水的事,用文字写下来,清楚明白,曲折有致,岂不是趣上加趣?从"身外有"到"意中有"到"笔下有",是跳跃,是创造,是用笔书写的本领。有趣定向发展就形成兴趣。兴趣靠引导逐渐形成。

兴趣是学生探求知识、认识事物的推动力,是拈笔伸纸、一吐为快的不竭的动力。对写作有兴趣,有浓厚的兴趣,就会全神贯注,就会入迷,就会有钻劲,学得深,用得活,提高得显著;反之,思想涣散,心猿意马,提笔忘字,写出来的所谓作文必言不及义,杂乱无章。

写作教学中,我们对学生写什么,怎么写,确实十分重视,乃至用尽心力,而对学生对写作持什么态度,有多少热情,有没有兴趣,则研究得不够,对其左右学生学习的质量和写作水平缺乏深刻的认识。这些非智力因素的培养,不仅影响今日学生的学习、成长培养的有效性,对他们一辈子的求知、工作、做人均能起积极的促进作用。孔子说:"知之者不如好之者,好之者不如乐之者。"学生对写作产生兴趣,产生爱好,并且以写作为乐,有不吐不快的心情,我们的写作教学就成功了一大半。

学生的写作兴趣、写作热情、写作态度,绝不是靠教师的几次动员、苍白无力的说教就能形成的,而是要用生动、具体的事例,精湛、睿智的语言,繁简奇正、各尽其态的文章,细水长流地对学生进行点拨、指导,唤醒他们的写作意识,让语言文字表达情意的美妙,点点滴滴渗入他们的心头。

在阅读教学、写作教学中可结合诗文实例,讲述文人用笔的逸事,给学生以激励。

当前,语文课程改革对学生进行三个维度的教育,其中一个维度就是情感态度与价值观。在语文教学中,注意培养学生热爱写作的感情,培养他们认真求实的写作态度,这不是外加的东西,而是应有之义。

语言文字的表现力、生命力,在阅读教学中随时可拈来激发学生的学习兴趣,从锤炼词句到篇章结构,从教材的选择、剪裁到构思的匠心,有意识地以读代写,以读促写,能大大增添学生对写作的感情。例子举不胜举。激发学生写作兴趣尤其不能忽视学生作文中的鲜活材料,它们对同龄人的榜样作用、借鉴作用及激励作用有时远远超过佳作本身的价值。运用学生的材料,可整篇,可片段,也可是某些语句,甚至是哪个词用得特别准确、特别得体、特别精彩,也郑重推荐,真心表扬。要用精细的目光去发现学生作文中些微的变化、不显眼的进步,增强他们写作的信心。春风化雨,持之以恒地滴灌,必有成效。

　　与此同时,要把培养学生用母语写好作文的责任心贯穿于写作教学的全过程。何谓"责任"? 就是应该做的事,应尽的职责。每一名中学生和母语应该有不解的情结。母语蕴含的民族精神、民族文化、民族思维方式、民族智慧,对成长中的中学生是精神财富、精神养料。认认真真学习,能用母语具体明确、文从字顺地表述自己的意思,能根据日常生活需要,运用常见的表达方式写作,是责任,是应该努力完成的事。到了高中,更应进一步提高记叙、说明、描写、议论、抒情等基本表达能力,并努力学习综合运用多种表达方式。能调动自己的语言积累,推敲与锤炼语言,表达力求准确、鲜明、生动。最近,报载一则消息令人忧虑:2005 年高考,广东考生在作文满分 60 分的写作中得到 50 分以上的不足7%;一些学生照抄某些流行歌曲的歌词或作文说明中的文字了事。显然,这不完全是作文水平不高或低下的问题,更严重的是态度问题。这些考生对作文不重视、不负责、不严肃对待,视作文为儿戏。积极的人生态度是以求实的科学态度、认真的学习态度为基础的。教文就得育人,在责任心的培养上下点功夫,让学生养成良好的写作习惯,严肃认真地对待每一次写作,就会积累一点写作方面的经验教训,悟到一点作文之道。能体会到写作中的苦与乐,写的兴趣和热情就会高涨。我们不可能要求每个学生对写作满腔热忱,但要千方百计引导他们热爱与自己血肉相连、呼吸与共的母语,有写的愿望,有非写不可、非写好不可的迫切性和责任感。当然,其中为数不多的人有旺盛的写作热情,有一吐为快的冲动感,思想和情感伴随着文字在笔端汩汩流淌,这更要鼓励,因势利导。

　　如教苏轼作品时,插说:"某生平无快意事,惟作文章。意之所到,则笔力曲折,无不尽意。自谓世间乐事,无逾此者。"苏轼说自己生平没有痛快、高兴的事,只有写文章,想到什么,笔下就能曲曲折折充分地加以表达,自己认为人世间快乐的事,再也没有超过写文章的了。这种炽热的写作热情、写作冲动,可说是到了登峰造极的地步。正因为苏轼把写诗作文升华到人生欢乐的境界,把人生欢乐融化于写诗作文之中,因而他的作品气势恢宏,畅达淋漓,挥洒自如。与此同时,也可插说一点情况迥然有异的事例,同样可激发学生深思。苏轼的同乡唐庚也是宋代著名诗人,苏轼写作欢天喜地,他写作愁眉苦脸。他说:"诗最难事也! 吾……作诗甚苦,悲吟累日,然后成篇……明日取读,瑕疵百出,辄复悲吟累日,返复改正……复数日取出读之,病复出,凡如此数四。"真是"诗歌千古事,得失寸心知"。写首诗要痛苦地口吟好些天,发现毛病百出,要反反复复修改,这种写作上极端认真的态度、执着追求的精神,同样是至宝,是当今学生提高写作能力必须具备的。

80. 精选写作角度力求小、新、巧

问:写作教学要求学生去表现他们的生活,而学生所经历的生活五花八门,可以说是既丰富又庞杂,这常常是学生面对写作时的困扰,不知从何入手,您会给学生一些怎样的指导呢?

于漪:表现事物的角度要精选,那么什么是角度呢? 又怎么精选呢?

学生都有这样的经验:人像摄影大有讲究,有的人拍正面像,脸似乎宽了点,眉毛有点往下,不好看;拍侧面照,鼻子挺直,轮廓清晰,很有几分美。显然,拍摄时角度不同。有眼力的摄影师善于研究拍摄的对象,从不同的视角观察,或正面,或侧面,或左面,或右面,或由下往上,或由上而下,从而选取最佳角度,创造最好的艺术效果。

从人像摄影中我们可得到启发:观察生活中任何一个事物,不应定在一个点上,应该转换视角,正向、侧面、反面、左面、右面、上面、下面等,多角度观察,把事物看真切,看具体,看深入,要写文章表现某个事物时,就可从众多角度观察所得中选择最恰当最精彩的加以定位,表达写作意图。

生活是海,文章是浪。生活中题材广阔无垠,而写作时入文章的仅是浪花。浪花虽小,但一滴水也能反映太阳的光辉,小角度能够表现大主题。这就是我们通常说的选材时切入的角度要小,要以小见大。

写作离不开大自然景物,离不开社会生活,对青少年学生来说,要写生活中的重大题材，无疑似老虎吃天，因此，选取小的角度写更为重要。其实，许多名家名作在这方面都是很有建树的。例如反映辛亥革命是一个很大的主题，辛亥革命前后反动统治阶级镇压革命与毒害人民，罪行累累，旧民主主义革命严重脱离群众，空想依靠少数人的力量代替群众的革命运动，教训深刻。表现这样重大的主题如果从正面写，长篇巨著也难以全部包容。而鲁迅先生的《药》仅以短短篇幅就揭示得十分深刻。他选取了"人血馒头"这个小角度来写，通过对人血馒头这副"药"的买、吃、议以及效果，表现了作者对辛亥革命这副"药"不能治愈患痼疾的旧社会重病的鲜明观点，以小见大，引人深思。又如茅盾的《白杨礼赞》也是以小见大的力作。1941年正处于抗日战争的相持阶段，作者身处在国民党统治区的白色恐怖之中，要表现解放区军民在中国共产党领导下进行艰苦卓绝斗争的重大主题是十分不易的。作者选取了白杨树这个极小的东西，用象征手法写，形象鲜明，寓意深邃。

平时习作中写人写事，要学会选取小角度。如写一个你所尊敬的人，千万不能写成人物介绍。什么都写一点，又好像什么也没写。要从不同角度理解认识为何这个人受尊敬，然后从中选取某一个小角度加以表现，写出个性，写出特点。写"小"不是说尽写些芝麻绿豆的事，关键在这个"小"能不能见"大"，能不能从中获得发现而把它写透。因为文章是讲究单位面积产量的，"小"中要容纳下相当数量的"大"。

角度要新，不落别人窠臼。新，永远是文章的生命。剖析懒惰的危害，如果只是从一般常见的角度论述，就会味同嚼蜡，犹如吃别人的残羹剩菜。而今跳出常人的思维框架，另辟蹊径，独树一帜，文章的效果就与前者大相径庭，能牢牢抓住读者，且会留在记忆里经久不忘。

角度还要选得巧。要反映比较广阔的生活面，如果平面展开，往往啰唆累赘，不会有良好的效果。因此要巧选角度，使表达的主旨浓缩、集中，使人读了能举一而反三。

巧，不是故弄玄虚。它需要艰苦的思维劳动。它不仅需要对每一个观察事物的角度一一过滤，而且要善于把角度与角度之间联系起来思考，寻求新的发现。一旦形成新的角度，文章往往就会跃上新台阶。

小、新、巧这三者不是割裂的、排斥的,角度选得好,可以是既新又小,还很巧,通过某一面多棱镜折射出纷繁的生活现象,揭示事物的本质。

角度能否精选最为重要的是锻炼眼光的敏锐度,事物外在的和内在的,实的和虚的,整体的和局部的,看得明,识得真。敏锐的目光又要与深入的思维结合起来,只有写作的人自己进入别有洞天的境地,笔下才会呈现出别有洞天的境界。要做到这一点,须对生活中的事物发生浓厚的兴趣,耐心地听,仔细地看,百听不厌,百看不厌,生活的潮水就会催开智慧的火花使你会多生一双新眼睛,看到许多新奇的原来看不到也想不到的写文章的好角度。

81. 讲评有要领

问:作文教学中还有一项内容是老师们常常犯难的,就是讲评作文,讲评作文有什么章法,请于老师给我们提拎几条骨架。

于漪:方法是为目的服务的,习作讲评只要能收到开发学生智力、提高表达能力的效果,方法尽可能灵活多样。下面简述常用的几种。

第一,对照与比较

运用对照和比较的方法,正误、好差显露,学生鉴别起来清楚明白。讲评中可比较对照的方面很多,运用时须根据习作的具体情况和讲评要达到的具体目的慎加选择。如习作《树根》托物寓意,赞颂美的创造者,主题积极,但事例不贴切,语言毛病较多。把习作者自行修改前后的两篇作文同时印发,组织学生讨论它们的异同,辨别正误,剖析原因,再请习作者自己谈修改前后的思想认识。通过对照比较,弄清这样一个道理:文章不厌百回改,修改语言实质上就是修改思想;认识模糊,语言必然含混不清,事例必然不贴切、不典型。这是就一个学生的习作前后对照比较。

第二,归纳与演绎

运用这两种方法目的在于,把习作中的零散优点上升到规律性知识和运用写作中的规律性知识评析写作,加深对规律性知识的理解。把习作材料同写作的基本原则、基本方法挂上钩，从活泼泼的习作材料中抽出某些写作要旨，又以某些写作要旨为指导，评说具体的习作材料。一篇习作涉及的写作要旨不少，一节讲评课只能根据习作具体实际拎几点。

第三，赏析与评改

讲评课上组织学生赏析习作是学生喜爱的一种做法。习作当然不会很成熟，不可能完美无瑕，但只要确有见地确有新意，确有高于同学之笔，即使带有稚嫩之气，也是值得欣赏评析的。这对锻炼学生眼力，对提高学生习作水平很有益处。眼高才能手高，眼不高，手也高不了，认识低下，不可能写出质地好的文章。赏析习作就是锻炼学生眼力的方法之一。如学生春游之后，要求学生就自己最感兴趣的二三小景用语言进行素描，勾勒形象。习作讲评时请学生析文赏景，忆景品文，领略佳妙。赏析时不停留在一般性的说是道非的水平，要析得入情入理，并佐以表情朗读。

讲评课也可运用集体评改的方法进行。特别是看图作文，使用同一个图，讲评时可选择一两篇作文集体评改。由于每人在这方面都有过实践，都尝过一点读画写文的甘苦，都有话可说，因而评得特别细致，改得也比较贴切。这类评改实质上是以一两篇中等或中下的习作为依据，修补改造进行集体创作。

第四，引进与延伸

讲评课应有容量。就习作评习作容易呆板，如果根据讲评要求引进课外的有关内容，或扩展，或加深，或增加直观，或引申发挥，课堂气氛就会更加活跃。源头有活水，学生不断品尝到甘甜，领悟到知识如浩瀚的海洋，就会孜孜不倦地求索、进取。

讲评课可把课外的引进课内，也可把课内的延伸到课外。课结束，而寻求有关知识的愿望和活动继续着。

82. 作文教学要课内外沟通

问：您已经就作文教学给了我们许多宝贵的建议，我们会在今后的教学实践中加深理解,创新运用,力争不断提高作文教学的成效。我们还想请您对常见的作文教学的问题给老师们开一张负面清单,以警醒教学实践。

于漪：作文教学,也称写作教学,它的构成,它在语文教学中的地位和作用,一般地说,中学语文教师都口熟耳详,并在教学实践中积累了不少经验。有些语文教师对它情有独钟,作了许多专门的研究,提炼出行之有效的经验,指导学生提高运用祖国语言文字书面表情达意的能力。应该说,这些都是教学中的财富,它标志着语文教学在前进,在发展。

然而,无可讳言,作文教学在语文教学中的"老大难"状况尚未得到根本上的改变,如何有效地提高学生的写作兴趣、写作能力仍然是比较棘手的问题,花费不少时间,付出不少劳动,有时是事倍功半,有时甚至是徒劳无功。从这个实际情况出发,中学作文教学有必要迎难而上,开展研究。学生应具备相当程度的写作能力,不仅是学生今日学习语文、学习各门功课的需要,更是为明日做真正的合格公民打基础。写作能力与阅读能力一样,陪伴人工作,陪伴人继续学习,陪伴人的一辈子。从培养人的需要出发,从社会实际需要出发,中学作文教学必须在理论和实践结合的高度深化改革,提高质量。新修订的《初级中学语文教学大纲》和《普通高级中学语文教学大纲》适应现代社会要求,根据实施素质教育促进学生发展的需要,总结语文教学实践中的经验教训,在写作教学方面也提出了明确的目的要求,适应时代,驶向未来,既讲究规范,又鼓励创新。写作教学改革准绳在握,势在必行,因而,对写作教学深入探讨研究就成为中学语文教师应尽的义务和肩负的责任了。学习,探讨,大胆实践,开拓进取,群策群力,作文教学质量一定能取得突破性的进展。

目前,有些认识与做法困扰了作文教学前进的步伐,影响作文教学质量的全面提高,常见的有：

第一,定格在应试教育上,忽视写作能力的培养对学生良好素质形成和今后发展的重要作用。换言之,在教学中只见"文",不见"人"。只见学生的一篇篇作文,以应付考试,以博取高分,对真正的写作能力的培养,在写作中如何提高学生的整体素质极少考虑。"文"是实的,具体的；"人"是虚的,概念化的。考试是教学进程中的一种手段,是对教与学的评估、检测,就升学考试而言,是一种选拔。学生当然要参加考试,素质教育的实施同样需要用考试手段检测教学水平,选拔学生进入高一级学校继续求学。然而,考什么,怎么考,要研究,要改革,以促进学生的全面发展。应试教育的弊病在于错把手段当目标,培养学生成为一代新人的目标淡化了,而把考试手段提升到不恰当得压倒一切的高位,为了追求分数,追求升学率,损害了学生的全面发展。作文教学的目的绝不是只让学生学会写一两篇作文应考,而是要有书面表达的真本领,即使日后电脑网络高度发展,书面表达能力仍然必不可少。

第二,重视写作技能技巧的训练,忽略写作整体素质的培养。由于应试教育的影响,作文教学中狠抓技能技巧的训练,把综合性极强的作文分割成若干条若干块,如命题作文怎样套题,材料作文怎样抓要点,怎样的结构可万无一失,开头、结尾怎样装,等等。写作的技能技巧不是不要指导、不要训练,问题是应放在怎样的位置上,怎样指导,怎样发挥学生写作的积极性。学生的作文应该是鲜活的、有灵性的、有真情实感的、有青春气息的;纯技能技巧的训练,抽掉了内容的真实、情感的真挚,搞文字上的排列组合,像窗花、纸花一样,感人的生命力没有了。虚话、假话、空话,不是发自肺腑的,从根本上违背了作文教学要求学生表达自己真情实感的本意。学生学写作,是学语言、学观察、学思考,是学认识生活,学审视美丑、学体验人生。培养学生的写作能力,要着力于学生写作素质的整体提高,只重视文章的表层而忽略思想、情感、认识能力、审美观念的引导、点拨,以偏概全,写作能力不能明显提高也就可想而知了。

第三,指导模式化,操练机械化,学生的写作积极性、自主性、潜能受到抑制。由于应试教育的影响,一味寄希望于教学的立竿见影,压题,猜题,"画地为牢",学生不能越雷池一步。于是,什么类型的题目,搞什么样的作文模式,紧扣怎样类型的题目,展开大运动量的机械操练。按理说,学生写作文自主性最强,不管怎样的命题作文,也不管怎样的材料作文,也不管其他什么类型的作文,总是写自己的所见所闻、所思所想,可以兴之所至,信笔写来,品尝倾诉心声的快乐。如今禁锢在一定的模式之中,写自己少体会无感受的东西,机械操练,硬做文章,硬造思想,确实苦不堪言。学生缺乏写作的自主性、积极性,必然会觉得"写"是沉重的负担,至于潜在能力的发挥就更不必谈了。热爱写作、酷爱文学的学生有,但为数不多。必须清醒地认识:我们要贯彻党的教育方针,面向全体学生,我们要教会每一名学生,使他们在原有的基础上有明显的提高。还必须清醒地认识:学生中写作的尖子也不是操练机械化、模式化的路子培养的,他们的提高有自己的蹊径。

要提高学生写作的整体素质,要使每一名中学生的写作能力在原有的基础上取得明显进步,作文教学首先要转变观念,以学生为本,以促进学生的发展为本。学生是学习的主人、写作的主人,教师施教之功在于引导、点拨、开窍。教师不能越俎代庖,代替学生学习,代替学生写作,要尊重学生的自主权,尊重他们的个性,还他们学习、写作的时间与空间。兴趣是学习的先导,也是写好作文的先导,千方百计激发学生写作的兴趣,调动他们写作的积极性、主动性,学生就有写好作文的强烈愿望,就有努力提高写作能力的内驱力,认真实践,反复实践,就会进入书面表达之门,收到扎扎实实的良好的效果。

写作知识语文教师都熟悉,也都掌握。作文教学不能停留在写作知识的传授与灌输上,而是须着力于写作能力的培养。正好像懂得游泳知识的人不一定会游泳一样,熟悉水性与游泳的能力是要在水中实践锻炼才能形成,而锻炼要取得效果,须高手指导,掌握要领。如何指导学生学会作文,哪些途径必不可少,哪些做法比较有效,是值得思考、值得研究的。作文教学既要重视课内讲清道理,指导学生动笔,又要重视课外的广阔天地,加强学生写作实践。课内课外综合起来考虑,不零打碎敲,有利于学生举一反三,触类旁通。力求做到课内外沟通,从课内延伸到课外,以丰富的课外活动促进课内外写作质量的提高。

83. 洞悉学生的写作心理

问:您已经跟我们介绍了从兴趣入手开展写作教学的经验,要全面帮助学生提升写作能力和水平,还需要我们做些什么? 能不能请您再多给我们支支招?

于漪：学生是学习写作的主人。写什么，怎么写，为什么要这样写，如果学生对这些问题有解决的欲望，有追根究底的积极性，他们就有了持续不断写好作文的内驱力，作文教学就会生机蓬勃，活水流淌。有人说，学生写作积极性调动与发挥出来了，作文教学就成功了一大半，这是很有见地的看法。在提高学生写作积极性上下功夫，是搞好写作教学的要义，因此需要研究中学生写作心理。

中学语文教学的主要目的之一是培养和提高学生的书面表达能力。学生语文水平如何，常常以这种表达能力作为衡量的尺度。要调动学生写作的积极性，激发写作兴趣，提高写作质量，注意探索与研究学生对写作的一些心理活动很有必要。

命题作文时常会出现这样的情况：学生有的面带笑意，若有所得；有的注视黑板，入神思考；有的微微摇头，口出啧啧之声；有的涨红脸叫"太难了，不会写"。学生见到作文题后的种种心态正是他们写作心理的一种反映。这种情况尽管初高中学生有差异，对不同题型、不同题目反映不一样，男女学生表现也有区别，但确实有一部分学生视写作为畏途，有害怕的心理；视写作为难事，为不易攻克的堡垒，有畏难情绪。有些学生还有急于求成的心理，期望作文一篇一个样，篇篇有进步，否则，就没劲，就不想写。洞悉他们的情况，有针对性地采取种种措施，破"怕"，攻"难"，克服"急于求成"的情绪，对端正写作思想、提高写作能力颇有益处。

第一，破"怕"。

学生写作中有恐惧心理，犹如头上套着紧箍咒，手脚捆着绳索，不加以清除，提起笔来就重如千钧，只字难书，墨滞不下。怎样才能减轻与消除这种心理呢？

首先要找准恐惧的原因。乍看起来，有些学生同样是害怕动笔，害怕写，但一经了解分析，就可发现在不同的学生身上形成害怕心理的原因是很不相同的。经常碰到的有如下几类情况。一是长期受批评，受指责，形成条件反射，只要一提到写作，这些学生就立刻与"挨批评"联系起来，因而产生"怨"。这些学生往往是语文水平低下，写的东西不知所云，教师不满意，家长不满意，写作者自己也不满意。既然是三不满意,当然受批评多,没有信心。二是不摸门,摸不到书面表达的门径,由苦恼而怨恨,形成恐惧心理。这些学生开始也是按教师要求练习写作的,但由于基础差,胡编乱凑,不成篇章,十分苦恼。有名学生曾这样说:"我从小不喜欢语文,尤其是作文,我对它就像对仇人一样的恨。"问他原因,他说:"我看到作文就头大,就害怕。拿起笔写不出来,等想出一点要写,字又忘了。"三是神秘感,觉得写作是"高级"的事,是作家、文学家的事,自己不是那块料子,自卑得很,害怕动笔。四是懒于思索,形成莫名其妙的"怕"。此外,还有其他种种原因。查明原因,心中才有底。

其次是从鼓励入手,加强"对症"教育。形成写作中的恐惧心理的原因尽管各不相同,但这些学生至少有一点是共同的,那就是对写作缺乏信心。不树立信心,就难以根治"怕";而满腔热情的积极鼓励,正是增强信心的补益之剂。不论是面上的教育,还是指导个别学生,均要把鼓励贯穿其中。对语文水平暂时低下的学生千万不能求全责备,一纸"棍子"式语言,而应十分精心地注意他们习作中细微的变化,哪怕只是某个词语用得准确,某个句子比较通顺了,也要充分肯定,真心实意地表扬。脱离学生实际的挑剔,过多的指责,只能如凉水浇身,改变不了写作的落后状况。要变指责为鼓励,化凉为热,点燃学生写作上进取的火花,破除学生习作上的神秘感;帮助他们分清习作与创作的异同,懂得心中思,口中言,写下来就可成文章;懂得语言是表情达意的工具,只要自己对外界存在的人、事、景、物有"情"有"意",就可运用它来表达。情义人人都有,工具谁都能掌握,并不神秘。至于懒于动笔、懒于思索的情况,那就要启发、教育,促使这些学生端正学习态度,在"勤奋"二字上下功夫。对他们的启发、教育,不能空洞说教,要针对青少年学生好奇好胜的特点,采取生动、具体的方法。有时介绍一篇文章,讲述一个故事,会收到奇妙的效果。

再次,指点入门的途径,让学生自己从"怕"中走出来。害怕的心理关键所在是不会动笔,不会写,故而要消除这种心理,必须实实在在地"帮",指点写作入门的途径。常用的方法是:

——帮助找"米"下锅。害怕写作的学生头号难题是"做饭无米"。总觉得无话可说,无物可记,无事可叙,心中茫然。其实,这样的学生并非真的无"米",

只是不知道哪些是"米"。教师引导他们重新认识，他们就会尝到获得写作材料的喜悦。可从两个方面启发。一是启发他们从记忆中去寻觅，抓住某些记忆中的人、事、景、物，开展联想与想象，使模糊的印象清晰起来，笼统的具体起来，单薄的丰富起来，零碎的串联起来，成为笔下可写之"物"。二是启发他们就地"捕捉"，学会看周围的事物。如写春天的校园，实地观察一番，把平时从眼皮底下溜走的东西捕捉住：冬青树春天落叶，黄金条先开花后长叶，五彩海棠的花蕾掩映在绿叶之中……启发学生打开认识的窗户，写作中的"米荒"就可逐步解决。

——帮助"搭架子"。主要解决两个问题：一是究竟盖什么建筑物心中要有数，也就是帮助他们明确文章的中心思想。二是指导他们梳理思想与材料，先说什么，后说什么，怎样开头，如何过渡，如何收尾，要通盘考虑。先列提纲，教师指导，自己修改，或师生一起修改，想清楚了再写，再动笔，克服一团乱麻、杂乱无章的毛病。

——帮助选"砖瓦"。词句是文章建筑物的砖瓦材料，选得恰当，建筑物牢固、美观。可试写一段，就遣词造句进行分析比较，也可写好以后教师面批面改，有些词句让学生自己咀嚼、辨味、思考、比较。满腔热忱、持之以恒地"帮"，学生稍稍摸到一点"门"，望而生畏的状况就有所改变。前面所说的那位视作文如仇人的学生高兴地说："我有点会写了，对作文不怕，也不恨了。"对写作确实持畏惧心理的，只是班级里的部分学生，因而，上述"帮"的办法有的不宜在全班铺开。如"搭架子"的做法，若教师对有一定写作能力的学生越俎代庖，势必禁锢他们的思想，束缚他们的手脚，效果适得其反。

第二，攻"难"。

古人说："文成于难。"文章是客观事物的反映，客观事物纷繁复杂，要能反映得正确恰当、深刻，实非易事。难怪清朝文学批评家金圣叹用"心疾气尽，面犹死人"来形容写文章的艰难。写作文虽不同于创作，但学习运用语言文字来表达思想，反映客观事物，也是很不容易的。笔耕艰辛，教师无须讳言，该着力的是引导学生变畏难为攻"难"，在攻"难"的过程中消除畏难情绪。怎样攻"难"呢？抓积累，抓思路锻炼，抓局部的深入，抓榜样的激励。

一是抓积累。陆游在《示子遹》一诗中说道："汝果欲学诗，工夫在诗外。"写文章也是如此,临阵磨枪,为时已晚。要攻克写作中的"难"字,十分重要的是重视平日的知识积累、生活经验积累、语言积累。腹中空空,下笔即使搜索枯肠,也只能是捉襟见肘。因而,要写好作文,功夫在文外。经常可采用的方法有:(1)用百首以上的诗词打底。细水长流地组织学生理解与背诵古代名诗名词,咀嚼语言的甘甜,领略意境的优美,涉足于中华民族诗歌宝库之中,激发热爱民族语言的感情,陶冶高尚的情操。(2)广泛阅读书报杂志,开阔视野。创设种种条件培养学生阅读的兴趣,如以课内带课外的扩展阅读、对比阅读,又如新杂志展览、新作品推荐、名著选读等。学生博览犹如蚕食桑,不能要求吃桑吐桑,硬加模仿,而是引导他们"破其卷而取其神",领略其中的意、情、辞、章,消化融会,慢慢吐出丝来。有些教师十分重视这方面的工作,据不完全的统计,有的班级学生阅读的杂志多达七八十种,有的学生一个多学期来课外就读了数十本书。这些读物涉及的知识面广,不仅是文学、艺术、体育方面的,还有航海、航空、航天、兵器、旅游方面的,等等。学生由于涉猎面广,增长了见识,开阔了视野。(3)到生活宝库中觅宝。生活宝库是写作材料取之不尽、用之不竭的源泉。学生往往身置其中不知"宝",既不识"宝",谈何觅"宝"?教师要经常提醒、指点,启发他们观察、体验、储存。至于摘抄佳词美句,组织参观游览,课内指导精读课文,当然也是积累、储备的途径。

二是抓思路锻炼。文章必须"言有序"。而"言"是否有"序"又取决于思路是否有"序",是否细致严密。文章贵丰满,忌干瘪,而能否丰满又取决于思路是否开阔活跃。学生写作文时往往有这样那样的零碎材料,有点点滴滴的感想,而不善于井然有序地加以组织,不会从广度上开拓、深度上挖掘。要攻这个"难",须着力于思维的训练、思路的锻炼。如,从观察、理解、联想、想象能力的培养入手,促使学生锻炼思维、锻炼思路。除了课外实地指导观察,写作过程诸多环节积极引导外,阅读课上有计划有目的地培养也很为重要。有时一两段精彩的文字若能驾驭得当,就会成为训练思路、训练上述能力的好材料。

三是抓局部的深入。俗话说一口吃不成个胖子,要攻写作之坚,整篇文章大而化之、笼而统之地指导一番,学生不易捉摸。若有计划地从学生写作实际情况出发,抓一个个局部,有重点地进行"分解动作",深入一点,带动全篇,学生易懂易做,效果较好。比如写人是有相当难度的,低年级学生不大可能一下子写好,可先抓肖像描写的练习,再抓语言描写的练习……而抓肖像描写时,可静态写生,动态捕捉;可粗线条勾勒,工笔细绘;可正面描写,侧面烘托;可画眼睛,绘整体;可单个儿写,前后对比写,左右对比写,放在矛盾之中写等。从学生写作实际需要出发,有重点地抓局部深入,使学生学有所获,树立信心。这种指导不是空泛地讲述名词术语,而是以范文或学生习作为依据,启发学生在理解领会的基础上,自己去精细地观察、熟悉、体验。经过一个阶段有的放矢地训练,学生笔下的人物肖像就开始有特点、有灵性,活起来了。必须注意的是,初中与高中的要求不一样、难度不一样。如果搅和在一起,超越年龄,超越水平,期望必然落空。

四是抓榜样的激励。古今中外"苦学为文"的事例不胜枚举,杜甫的"语不惊人死不休"、白居易的"口舌成疮,手肘成胝"、皮日休的"百炼成字,千炼成句"、王荆公的易十数字才定出"春风又绿江南岸"的"绿"字等名言名事皆可激励学生攻写作的难关。学生写作有明显进步者更要热情肯定,以激励同窗。

总之,既要培养学生写作中知难而进的精神,又要指点攻"难"的途径,并辅之以攻"难"的方法,使他们振奋精神,向易动笔、勤动笔、动好笔方面转化。

第三,克服"急于求成"的情绪。

学生有学好语文,写好作文的愿望,并希望学了就见效,立竿见影,这种心情是可以理解的。然而,他们不懂得学语文、写作文有自身的规律,不能与学数学、物理、化学完全等同。针对这种情况,一是要肯定他们想写好作文并想有明显进步的愿望。二是要帮助他们认识学好语文、写好作文的规律。作文综合性很强,它是语文综合能力的一种表现,它要求不仅掌握字、词、句、篇等的表达形式,而且要求在观察生活、认识生活方面有真切的感受,思想、情操与语言文字都要认真锤炼。写好作文是需要一个过程的,阅读,积累,实践,认识,思考,想象,开阔视野,提升认识,陶冶情操。它不是百米冲刺,而是马拉松赛跑,不可能一蹴而就,也不可能像数理化学科学了某一个公式、定理,就会解某一类的题。它更需要意志、耐力、持之以恒的态度和不懈追求的精神。从这个意义上说,教学生学写作文,也是在教学生学做人。三是要有精细的目光,对学生的点滴进步,都要满腔热忱地肯定、鼓励。肯定与鼓励不是笼统说几句不着边际的话,而是要具体剖析,说明进步在哪里,并与学生一起探讨进步的原因。这样做,鼓舞士气,增添信心。学生"急于求成"的情绪能否克服,相当程度要看教师能否耐心开导,热情、细致地做个别学生的工作。

学生成长有各自的环境,对待写作也会有种种不同的想法,只要面向他们,洞悉他们的写作心理,认真分析、研究,有的放矢地进行教育,他们就能消除顾虑,轻松握笔,一步一个脚印在写作上取得进展。

84. 教师的"下水"与"半下水"

问:常有同行议论,说现在语文老师不会"下水"作文,作文教学为什么要老师亲自动手写? 我们连批改作文的时间都不够,还要腾出时间"下水"写作文不是增加我们负担吗? 于老师您觉得呢?

于漪:常听到有些教师这样说:"教语文最轻松的时候是学生写作文的时候,最苦的时候是改作文的时候。"乍听起来,似乎有点道理,仔细推想,就可明白底里。原来是作文题目一出,教师就了事,只要学生做,自己不动手,当然无丝毫思想负担,果真这样,作文教学就成了"叫"学生作文,而不是"教"学生作文。正因为如此,批改时不仅有数量多之"苦",质量差的"苦"恐怕尤甚。

要教会学生写作文,教师自己就得会作文。这个道理不说自明。比如识字,自己不识字,怎么去教别人识字? 作文要比识几个字复杂无数倍,要教学生作文,从思想内容到文字表达,无一不难。文章作法是写作实践的经验总结,确实有指导写作的功能。但是,课堂上搬那么几条,就希冀在学生作文上显奇迹,那是不可能的。重要的在于实践、体验、琢磨、推敲、领悟,最后进入通达的佳境。教师要学生走这条学作文的道路,自己必须先探路,亲尝甘苦,洞悉关隘沟坎,寻觅跨越的良策。不如此,就难以取得指导学生作文的主动权。

为了提高作文教学质量,教师应该练笔,应该亲自握笔"下水"。认识到这一点并不太难,难的是做到,真正做到。影响做到的原因很多,从现象上看、工作繁忙，负担很重是主要原因，其实，种种思想顾虑、缺乏兴趣、无动笔习惯等倒是实质性的障碍。后者不解决，即使有空余时间，也仍然会停留在观看学生"下水"的那一步。我接触到一些青年教师，开始几乎都有提笔"下水"的决心，也动手写了几篇，但由于条条绳索的束缚，中止了，后退了，随动口不动手之波，逐动口不动手之流。其中怕这怕那是一个个关卡。怕写得不好，学生笑话；怕写得不好，在同行面前出洋相；怕别人说你正经，你努力，给别人增添压力；怕别人说你为什么热衷于摇笔杆，你想干什么……有了这些沉重的包袱，小小一支笔就有千钧之重，提不起来。造成这种压力的是一种潜在的习惯势力，认为自古以来就是教师出题学生做，哪有教师先做的道理；认为不写也比学生高明，否则怎么能批改学生的作文；认为要教师"下水"作文，是不是存心与教师过不去，存心制造高低的矛盾。这种种陈旧的看法必须破除，而破除的办法不是就事论事，而是要站在时代的高度站在事业的高度来认识，来解决。

我们这些语文教师都是传统教育制造出来的"产品"，传统教育的特点之一是重知识轻能力，因而"产品"身上也就不可避免地打上这种印记，有了这种印记，不利于教学改革，也影响教学质量的提高。只有采取积极的措施，补上能力的缺陷，才能适应时代的要求。人类社会已经跨越了蒸汽机动力时代、内燃机动力时代，开始进入瞬息万变的信息时代。时代向教师提出新的挑战，要求教师站在"面向现代化，面向世界，面向未来"的高度培育学生，使学生不仅有扎实的知识基础，而且有较强的思维能力、动手操作能力、自学能力，具备开启知识大门，敢于改革创新的本领。书面表达能力是学习和日后工作的基本技能，当然必须着力训练。为能使这种训练取得良好效果，教在点子上，导在关键处，教师"下水"锻炼就势在必行。要把消极的压力转变为奋进的风气，教师一定要去"怕"添"勇"，勤于练笔，锲而不舍。至于兴趣、习惯往往受所追求的目标的制约，只要满腔热忱去追求培育时代新人的大目标，决心使自己成为语文教学中的行家里手，习惯可以改变，兴趣也能够培养。

教师"下水"固然重要，而"半下水"也不可小视，有时比写上一两篇作用还大。所谓"半下水"，指的是教师出了作文题以后，要积极开动思维器官，根据题目要求打腹稿。要仔细审题，一字一词一推敲；要审慎地选择材料，从教师角度、从程度不等的各类学生的角度思考,考虑学生是否有"米"做炊,"米"的质量如何;要考虑怎样提炼主题,确定中心,根据题意可提炼出哪些不同的主题,确定哪些不同的中心;怎样写是陈词套式,怎样写可见新意,怎样写是浮游无根,怎样写可入室一步,略胜一筹;学生在确定中心、提炼主题时会碰到哪些困难,从哪儿指点,他们就能攻克;材料选择后怎么连缀,怎么安排结构,自己能排列出多少种结构的样式,推测学生可能采用哪几种,怎么进行扩展;还要思考根据题意可选用哪几种开头方法,结尾哪些方法妥帖……总之,要多角度多层次地思考,切不可脑子里荒漠一片。

"半下水"的好处在不拘泥于写篇,可以在腹中一题多作,可以教师自己作,也可以设身处地为学生作,碰到走不通时可立刻改道,比较灵活;它的好处还在于训练教师思维的深度与广度,把教师储存在脑中的读写知识及其他知识综合起来选择运用,提高知识的利用率,探求并熟诸写作的奥秘。坚持不懈地在腹中作文,备尝立意选材、谋篇布局的甘苦,才思就会敏捷,胸中作文之道学富五车,指导学生写时就能得心应手。从这一点来说,学生作文时教师哪儿来的轻松?教师比学生更为紧张。

"半下水"尽管有不少好处,但与"下水"比,仍然有一步之遥。要把脑中的种种写作设计变成笔下意明词达的文章,还得花气力飞跃。不过,"半下水"的功夫深,"下水"的难度就大减;"下水"的实践多了,"半下水"时就更能添翅添翼。一"思"一"写","思""写"并重,相辅相成,相得益彰。

愿在作文教学中,教师"导游",师生同游,或浅浮,或深潜,享受搏水之乐,收获驾驭文字表情达意的硕果。

教师观

怎样才能做到师爱荡漾？

85. 没有爱就没有教育

问：做教师面对的是人，是学生，所以对教师来说，爱学生是必然的，但是师爱与其他的爱区别在哪里？究竟怎样表现爱才是师爱？您是如何理解的？

于漪：教育事业是爱的事业，没有爱就没有教育。师爱超越亲子之爱，教师与学生没有血缘关系，教师教育学生成长、成人、成才，肩负着国家的期望、人民的嘱托，是一种大爱，一种仁爱，是把阳光、雨露播撒到每个学生心中的无私的爱。

爱，不是姑息，不是迁就，爱是"严"的孪生兄妹。没有规矩，不能成方圆。培养人，要有严格的要求，严格的管理。这个规矩，就是党的教育方针，要以它为准绳。"爱"是"严"的基础。爱是对事业的忠诚，对莘莘学子的无限期望。有了爱满天下的胸怀，"严"才会有效果。"严"要严在"理"上，"爱"中有"严"，"严"中有爱，学生在温暖的阳光抚爱下就能健康成长。

仁而爱人的情感世界是人独有的。教师对学生的爱是恻隐之心的体现，美好人性的弘扬，薪火相传的担当，时代号角的召唤。教师要懂得对学生的爱，学会对学生的爱。师爱内涵极其丰富，是一种温暖，是一种理解，是一种包容，是一种体贴，是一种动力，是一种引领，是一种高尚，是生命活水流淌。学会热爱学生，绝非仅是教育的技能技巧，更是人文素养的提升，人生阶梯的攀登，教师实现人生价值的境界。

一个学生就是一本丰富的书,一个多彩的充满活力充满希望的世界。每个学生都是家庭的宝贝、国家的宝贝,都是独一无二的活泼泼的生命体,在我们这块多情的土地上,都有享受优质教育的权利。教师要对每个学生倾注真情真爱,让先圣"有教无类"的理想成为我们伟大祖国教育事业发展的现实,让每个学生享受到其中的温馨与幸福。师爱荡漾,是学生健康成长的福祉。甘为红烛燃自身,甘为泥土育春花,这是我一辈子为师的信条。几十年来我教过各种类型的学生,各具个性特点的学生,面对这些丰富的"书",我一本一本读,一点一点学习、领悟,深谙其中的奥秘,逐步懂得师爱的真谛,也品尝到亦师亦友的无穷乐趣。

感情问题来不得半点虚假,要锤炼出丹心一片,真情实意、全心全意。切不可半心半意,三心二意,虚情假意。对学生的爱不是说在嘴上,写在纸上,而是体现在全部的教育教学行为之中。哪怕是一个手势,一个眼神,一个难以察觉的微笑,只要传递的是由衷的爱意、呵护,学生就会感受到阳光照射般的温暖。每个学生的生命都值得尊重,值得敬畏,对他们要满腔热情满腔爱,切不可挑挑拣拣,厚此薄彼,伤他们渴望获得老师关爱的心。

教师要练就敏锐的目光,发现学生身上的优点、特点,哪怕是思想言行有较多毛病的学生,身上也蕴藏着闪光的东西。教育的任务就是长善救失,要充分肯定和发扬他们的长处,在成长过程中逐步弥补自己的不足。"长善"是一种善良,一种期盼,一种大度。任何教师都无法代替学生成长。责骂、讽刺、挖苦学生是教师最无能的表现。教师教育的本领在于晓之以理,动之以情,导之以行,春风化雨,润物无声。切不可由着自己的性子,情绪失控。好话也要好说,学生是人,是要尊重的。

师爱荡漾应覆盖学生求学过程的方方面面,生活的、学习的、精神的、物质的,等等。身体健康要关心,而精神方面的成长更为重要。当今社会纷繁复杂,多种价值观并存,多种文化交织呈现,对无文化沉淀、无生活经验的学生更要在明辨是非、追求理想信念上积极引导,切实引领他们"扣好人生第一粒扣子"。

教师的活儿是良心的活儿,手里捧的是学生鲜活的生命,一个个需要精神养料成长的鲜活的生命,要尽心尽力,一丝不苟,把他们培养成为国家的有用之才。工作不是做给别人看的,想获得什么犒赏,最为重要的是对得起每个鲜活的生命,对得起国家托付的千钧重担,对得起自己的良心。

86. 师爱是大爱,是仁爱

问:您对师爱的境界令我们感动,我们也向往成为像您一样师爱荡漾的老师,您能不能传授我们一些秘笈?

于漪:早在两千多年前,孔子就说过教学生要"视其所以""观其所由""察其所安""退而省其私",也就是说要观察学生的日常言行,观察学生所走的道路,考查学生的意向,考查学生私下的言行。实际上就是要了解学生的学习世界、生活世界、心灵世界。知之难、知之深,充分发展学生自身积极向上的因素,因势利导,激励、赞扬,学生向前迈步的劲儿就势不可挡。为了提高语文教学的实效性,我在了解学生、分析研究学生方面下了一些功夫。一看二听三问四查,神态、表情、动作,口头语言、书面作业,课内的、课外的,学校的、家庭的,独处的、集体的等,做有心人,时时,处处。了解的过程是培养师爱的过程,也是和学生多接触多交往、亦师亦友的过程。做一名语文教师,不仅要认清学生富有时代气息的共性,而且要审视学生之间的差异,把握各自的个性,采用多种多样的教学方法,保护和调动各类学生的积极性。尽管所教学生在同一所学校,同一个班,但由于遗传因素、家庭情况、周围环境、成长经历的种种不同,学生的思想、性格、行为、习惯、志趣、爱好、学习基础、接受能力均有明显的差别。教师胸中既要有班级学生的全局,又要有一个个学生的具体形象。他们是主体的、活泼的,不是一个个抽象的名字,而是变着的、发展着的。教学中用"一刀切"的办法对待个性迥异的学生,说到底是缺乏爱心的表现。

教师要走进孩子的知识世界、生活世界和心灵世界,要跟孩子有共同的语言。作为一名老师不能随便对孩子说"不",一定要了解学生,要因势利导。当今学生不大会感动,也不会感恩,似乎已经历沧海桑田,情感世界蒙上盐碱。要教会学生用两个眼睛看世界,既要看到社会上存在的问题,识别假恶丑,又要看到并追求真善美。态度,是指求真的科学态度、乐观的生活态度和宽容的人生态度。当今,"宽容"的培养十分重要,许多孩子都是自我中心,心怀不广。

每一节课的质量直接影响学生生命的质量。每一个学生的生命都是值得敬畏的,上课就是用生命在歌唱。就是用你的生命来影响他们、感染他们,让他们热爱父母、热爱老师、热爱学校、热爱祖国,让他们懂得做人的道理。

师爱超过亲子之爱,亲子之爱是有血缘关系的,而师爱是大爱,仁爱,要热爱每一个学生。教师一定要用敏锐的目光发现孩子身上的优点,尽心尽力,长善救失。写在纸上,说在嘴上,不叫懂道理,身体力行才是真正懂道理。教师的意义和价值是长效的,"种瓜得瓜,种豆得豆",不种什么也没有。

要真正做到爱每一个学生,教师自己必须有仁爱之心,心地善良。仁而爱人,有"恻隐之心","不忍人之心",就会悲天悯人,对别的生命寄予无限的同情。同情是爱的基础。胸中有"仁爱"这个"源",爱学生的"流"就会川流不息。心中没有这个"源",就不可能有大胸怀、大气度、大力量,就不可能对学生有坚韧的爱,不可能在教育教学中年年月月、任劳任怨,引着、拽着、扶着、托着、推着学生向前,引领他们不断增强自觉性、自主性、健康茁壮地成长。

师爱是超过亲子之爱的。这个道理不是写在纸上、说在嘴上的,真懂,要用自己的言行来实践。国家把希望交给我们,家庭的希望也在孩子身上,因此,老师对学生要满腔热情满腔爱,做到师爱荡漾。

87. 锤炼对学生的情感

问:您一再强调师爱超过了亲子之爱,要做到师爱荡漾需要付诸行动,这其实是提示我们锤炼对学生的情感,想请您给我们一些具体建议。

于漪:学生有向师性,年龄越小,对教师的依赖越多,期望从教师那儿获得浓浓的爱。爱是学生成长发展的基本需要。孩子需要父母之爱,学生需要教师的爱。爱是教师纯洁高尚的感情,是一种动力,能激励学生为了崇高的理想奋斗不止。爱是教育的基础,教师对学生的教育只能是"用爱去交换爱,用信任去交换信任"。教师生涯中最大的事就是一心为学生，把爱撒播到每个学生的心中，要做到这一点，教师就要锤炼感情，努力增进使命感和责任心。

首先，要关心每个学生，热爱每个学生。教育无选择性，只要是我们的学生，无论天资如何，性格如何，文化基础如何，长相如何，都要平等相待。教师心中要有一杆秤，那就是"公正"，如果偏爱一部分学生，冷落一部分学生，教育效果就会七折八扣，教师在学生心目中的形象也就站立不起来。教师要有一副敏锐的目光，善于发现每个学生身上的优点、长处，长善而救失。成绩优秀的学生不等于在非智力因素方面，如情感、意志、品性等都已十全十美，响鼓还要重锤敲，教师要满腔热情肯定优点，指出不足，引导他们向更高层次攀登。对学习困难的或有这样那样缺点的更要师爱荡漾、关心体贴、具体帮助，鼓足他们克服困难的勇气，指点他们克服困难的方法，激励他们奋勇前进。

其次，要尊重每个学生，尊重他们的人格。爱不是怜悯，不是施舍，爱是对生命的热爱。教师用对生命的热爱唤起学生对生命的热爱，激发他们生命的活力。在这里，爱是尊重，施爱者和受爱者在人格上是完全平等的。教师对学生的尊重就和对学生公正一样，是教师最重要的品质。一个独立的人都是有价值的，都应有其尊严，学生今日是学习的主人，明日是大自然和社会的主人。当然应享有人的尊严。因而，教师要从心底尊重他们，关心他们，促进他们发展。特别值得注意的是对缺点明显的、有缺陷的同学更要有赤诚之心，不仅从思想上，而且从感情上尊重他们独立的人格，千万不能劈头盖脸地批评，乃至辱骂。也不能冷嘲热讽，损伤学生的自尊。如果这样做，不仅有损教师的身份，有损教师的人格，更会摧残学生的自尊自信。一个失去自尊的人不可能受到别人的尊敬，后患无穷。

再次，要发挥每个学生的潜能。美国心理学家马斯洛认为，人的潜能是人所具有的极其宝贵的内在价值。每个学生都具有一定的潜能，教育就是要把这种天赋的潜能发挥出来。因为人的潜能只是为人的发展提供了可能性，它还不具有现实性，只有教育才能使天赋的潜能得以发挥。正因如此，教师不能以固定的一成不变的眼光看待学生，学生在成长过程中是变化发展的，要细心观察他们，相信他们内在的资质，创造种种合适的条件，让他们充分发挥。要发挥学生的潜能,就要了解他们的个性特点,了解他们的兴趣爱好,了解他们的精神世界。教育学生不能满足于一般要求、共同目标,要熟悉每一个,因材施教,才能使每个学生获得长足的发展。教育的真正意义,就是要发展人的个性,使人成为"和谐的人、完整的人、全面发展的人"。我们实施素质教育,以创新精神和创新能力培养为重点,其前提必然要发展学生的个性。只有有个性的人,才能发展成有创造性的人。

当然,爱不是姑息,不是迁就,爱是严的孪生兄妹。没有规矩,不能成方圆,这个规矩就是党的教育方针,要以此为准绳培育学生。爱是对事业的忠诚,对莘莘学子的无限期望。教师锤炼感情,净化感情,就能师爱荡漾,爱满天下。

我们的徐匡迪老市长有一句言简意赅、言简意深的话帮助我们深入思考,启迪我们怎样实践。这就是:

教育是事业,事业的意义在于献身;

教育是科学,科学的价值在于求真;

教育是艺术,艺术的生命在于创新。[①]

我们都应以此不断勉励自己,学习做教师的真本领。

88. 教师的人格魅力

问: 通过您和您一系列的介绍,我们真切地感受到了人民教育家的人格魅力。于老师,在您心目中一名理想的教师应该具备怎样的人格素养?

于漪: 如何成为一名具有人格魅力的优秀教师,罗曼·罗兰说过:"要播撒阳光到别人心中,总要自己心中有阳光。"具有人格魅力的理想教师应具备怎样的素质呢?

理想的教师应该是胸怀理想、充满激情和诗意的教师。任何教师要想有高

---

① 徐匡迪在任上海市市长期间在全市中小学幼儿教师报告会上曾引用了老教育家吕型伟的三句话:教育是事业,事业的意义在于献身;教育是科学,科学的价值在于求真;教育是艺术,艺术的生命在于创新。——编者注

的成就、高的水准，首先必须有高的理想。作为教师，走上教育岗位以后，必须为自己设置一个一生为之奋斗的目标。只有设置这样一个目标，才能把自己的所作所为锁定在这个目标上，才能不断增强自我意识和使命感，才能不断地进行自我挑战，否则会走弯路，会荒废时间及精力。教育和其他职业有很多相同的地方，也有很多不同的地方。教育的复杂性和丰富性是其他事业所不具备的，它要求教师富有更高的灵性与悟性。教育的每一天都是新的，每一天的内涵与主题都不同，只有具有强烈的冲动、愿望、使命感、责任感，才能够提出问题，才会自找"麻烦"，也才能拥有诗意的教育生活。写诗是要有灵感、悟性和冲动的，真正的教育家也应具备这样的品格，永远憧憬明天。一个优秀的教师，必须具有远大的理想，不断地给自己提出追求目标，同时又要有激情。优秀的教师要永远伴随着自己的梦想。当生活没有梦时，生命的意义也就完结了，教育就没有了意义。

理想的教师，应该是自信、自强，不断挑战自我的教师。一个理想的教师，应善于认识自己，发现自己。生活中的一些人，为什么没激情，因为他发现不了自己的可爱之处和伟大之处。一个人永远不会超过他追求的目标。同样，一个人也永远不会超过对自己的评价。一个人对自我的评价，往往是这个人事业能否成功的标志。自信使人自强，适当的"骄傲"使人成功。只有自信，才能使一个人的潜能、才华发挥到极致，也只有自信才能使人得到"高峰体验"。所以，校长应该保护教师的这种自信，甚至于带有"骄傲性"的自信。作为教师也应珍视这种自信，不因一时挫折而丧失自信。一个人要取得成功有两个重要的前提：一个是追求成功，一个是相信自己能够成功。

一名理想的教师，应该不断地追求成功，设计成功，更重要的是要撞击成功。因为人来到世上并不知道他会成为什么样的人，只有去撞击每一个可能成功的暗点，才能擦出成功的火花。教师有这样或那样的冲动，有这样或那样的撞击，是难能可贵的。当一个教师停止撞击了，就意味着他对生活失去了意义，对自己的存在失去了自信。

理想的教师应该是善于合作、具有人格魅力的教师。竞争基础上的合作，合作基础上的竞争，是现代社会的显著特征。一个不善于合作的教师，他走不了太远。因为这个社会是需要合作的社会。社会如此,教师职业也是这样。我们的教育对象,我们的学生,处在非常复杂的社会环境中,时时刻刻接受着多方面、多层次的影响。教师的影响在多大程度上能够成功,取决于教师在多大的层面上协调各方面的力量,共同对学生施加影响。一个会做工作的教师,他会调动千军万马来实现自己的教育抱负。一个优秀的教师应该非常尊重他的同事,非常尊重他的领导,非常善于调动帮助他成长的各方面因素。

理想的教师应该是一个充满爱心,受学生尊敬的教师。教师的爱心就是教育的力量源泉,是教育成功的基础。我们有很多教师日复一日、年复一年地在教,但是他从没有在教的过程中寻找到乐趣,心中也没有涌起一种爱的热潮,这样的教师永远也不可能取得教育上的成功,永远也不可能把握教育的真谛。未来的教育家应该投入全身心的力量去爱学生,爱教育。只有爱,才能赢得爱,你爱教育事业,教育事业也会爱你,你才能获得事业上的乐趣。你爱学生,学生也才会爱你。教师爱学生,一个很重要的表现就是相信每个孩子。每个孩子都具有巨大的潜能,而且每个孩子的潜能是不一样的。只有独具慧眼,发现每个孩子身上的潜能,鼓励孩子去不断地自主探索,才能使他们的才华得到淋漓尽致的发挥。教育有一个很重要的前提就是爱心。只有在爱的基础上,教师才会投入他的全部力量,才会把他的青春、智慧,无怨无悔地献给孩子们,献给教育事业。理想的教师应该是一个追求卓越、富有创新精神的教师。教师不在于他教了多少年书,而在于他用心教了多少年书。有些人,他教一年,然后重复五年、六年乃至一辈子;有些人,实实在在地教了五年。一个实实在在教五年的人与一个教了一年却重复了一辈子的人,其成就是不一样的。一个优秀的教育家应该是一个不断探索、不断创新的人,应该是一个教育上的有心人。一个人为什么能够成功,往往在很大程度上是因为他是个有心人。

理想的教师应该是一个勤于学习、不断充实自我的教师。勤于学习,充实自我,这是成为一名优秀教师的基础。一个理想的教师,一个要成为大家的教师,一个想成为教育家的教师,他必须从基础抓起,扎扎实实多读一些书。不要把教育家看得多么神秘,每个教师都可能成为在中国非常有影响的教育家,关键在于是否做一个有心人,是否执着,是否有恒心。当然,我们知道,教育家必须具备相应的知识结构、教育理念、文化素养、道德素养、工艺素养。因此,教育最重要的任务是学习。作为一名教师,你跟其他专家不一样,需要各方面的知识,一个知识面不广的教师,很难真正给学生以人格上的感召。孩子年龄越小,他对教师的期望就越高,他就越是把教师当作百科全书。在他们眼里,教师是无所不知的,而如果教师是一问三不知,他就非常失望。所以教师应该完善自己的知识结构。

理想的教师应该是一个关注人类命运、具有社会责任感的教师。教育不光是给孩子们知识,教育更重要的是培养学生一种积极的生活态度,以积极的生存心境、积极的人生态度对待生活。作为一个教育家,作为一个理想教师,他应该非常关注社会,非常关注人类命运,非常注重培养学生的社会责任感。也只有教师的社会责任感才能塑造学生的社会责任感。教师在课堂里面和学生讨论环境、人口等问题,才能唤起孩子们对这些问题的关注。如果教师整天关心的是名次,是分数,孩子们的心胸怎么能得到发展? 学校的世界和外面的世界应该是息息相通的,而现在却是"外面的世界很精彩",学校的生活很艰难。因此,要使学生更好地生活,要使今后的社会更加理想,更加完美,首先要净化我们的校园,并使我们的学生具有人文关怀精神。苏霍姆林斯基说过,孩子在离开学校的时候,带去的不仅仅是分数,更重要的是带着他对未来理想的追求。理想的教师是一个坚韧、刚强、不向挫折弯腰的教师。所有的环境都能够产生教育家;所有的磨难都可能造就教育家。

89. 师者,人之模范也

问:您向我们提出了做一个什么样的老师的拷问,我们也常常听到"经师易得,人师难求"的喟叹,在您看来,要想成为一名优秀教师最重要的品质是什么?

于漪:"师者,人之模范也。"什么叫老师,老师就是榜样,是模范。作为教师,应有相当的学识,教师传授的是中华优秀文化、人类进步文化,必须对要教授的课程深入进去,自己非常清楚才能教好学生,才能做到左右逢源。汉代的韩婴讲:"智如泉涌,行可以为表仪者,人师也",德才兼备,方可为师。要为人师,要做学生的老师,要智慧如泉水一般喷涌而出,思想言行堪为学生的榜样,也就是说,要德才兼备。说起来容易,但要身体力行,真正做到,须自尊自励,严于律己,在提升思想、净化感情上下功夫。

回顾教育历史,常有这样的图景浮现眼前:一群身无分文的知识分子,器宇轩昂地屹立于天地间,悲天悯人,造福苍生,令人感动。这是由于他们身上有那么一股志气、意气与豪气。历史启示今天,肩负重任的现代教师,理应从传统中汲取精华,锻造自己的"精气神"。教师需要不断修炼人格魅力与学术魅力。在教育工作中,一切是以教师人格为依据的,教育的力量来自教师人格活的源泉。人格魅力是一种与权势、金钱无关的吸引力,靠的是一身正气,品德高尚。学术魅力重在有真知灼见,有厚实的文化底蕴,不人云亦云、依葫芦画瓢。

教师要怀揣对学生的满腔热情,以自己专业的真本事教出学生的真本领。语文教师心中要有点汉字文化、经典文化和人类进步文化。汉字符号表达性能的复杂、感性信息的丰富,绝非西方拼音文字作为符号所可比。"视而可识"使得字的象形部分栩栩如生,跃于纸上;"察而见意"更是充满了想象力、象征性的丰富。汉字笔画多样,结构复杂,音义错综,字又多,难学;但又有易学的一面。掌握了基本笔画和常用构件,写起来就不难。且不说象形、会意,仅数量众多的形声字,记住形符和声符,就会触类旁通,记住一批字。汉字每一个符号都是一件艺术品,都具有生命力,都与自然与社会相连。人的心灵、心态、思维方式与语言文字互为内外,相互激发、相互依存。把握了这一点,阅读教学中立体的审美功能就会注意开发。

语文课本中选了一定数量的中华经典诗文,就文论文,往往一知半解,乃至发生讹错。读一点经典,打一些底子,情况就不一样。中华学术文化体大而思精,湛深而博大,凝聚了先民生活的经验和民族特有的才智,散发出东方特有的异彩。紧扣教学需要,深入学一点经典作品《论语》《孟子》《庄子》等,可认识中国文化精华,涵养品德。经典恒久而弥新,吮吸中华文化源头养料,能开启智慧,体悟人生。与此同时,要专心致志研读几部大作家的著作,随着他们的人生足迹走一遍,真正领会他们的心路历程,领会他们生命的光辉,使自己增长见识,提升思想认识,不断完善人格。为此,我前后通读了辛弃疾、杜甫、陶渊明的著作,深深进入他们的精神世界。读经典作品,对作者也不能只知其一,不知其二,否则难以做到知人论世,知世论人。如读《岳阳楼记》,对范仲淹的"先天下之忧而忧,后天下之乐而乐"的恢宏旷达,炼词造句的华赡精拔,心悦诚服,胸中涌起的是忧国忧民的文人形象。读《渔家傲》等作品,会真切感受到他守边数年,受人敬畏,呼为"龙图老子",称其"胸中有数万甲兵",武功值得称道。作品苍凉悲壮,开宋代豪放词之先河。不仅如此,灾荒之年他处饿殍遍地,他以修建庙宇、修桥筑路等以工代赈,辖区内无人饿死。人是有血有肉活生生的,当作者一个个形象丰满地站在你面前时,你才开始对他、对他的作品有所认识与理解。

信息渠道畅通的今天,对教师的要求更高。教师不可能是万能博士,但必须拓宽视野、广泛学习,尽量读得多一点,了解得多一点。世界名著的涉猎当然是应有之义,自然科学,音乐艺术也须多加关注。语文教师知识仓库里的货物不能不杂,但要杂而有章。广泛阅读不是滥,而要有所选择。学要思,学而不思,只是"对书",徒然是"劳倦"眼睛,收获甚微。

学然后知不足,教然后知困。做了一辈子教师,一辈子都在惶恐之中。每次课后,我总要扪心自问:"这样教,学生有收获吗? 对得起学生吗?"青春是生命中最为宝贵的年华,托付给好教师,这是历史赋予我的使命,责任大如天。

90. 教师工作平凡而又十分有意义

问:于老师,从我们听到您的名字起就知道您是一位优秀教师,所以您谈的对理想教师的许多观点让我敬仰,事实上我们每天会遇到许多糟心事,感受到的是教师工作的平凡和劳累,我们很想知道一些您从教的心路历程。

于漪:我在读初中二年级的时候,当时,我这个学生不太老实,比较调皮,不太知道读书的重要,在课堂上专爱看小说。我的语文教师是个很好的老师,对我的教育和影响是很大的。他是个年轻的男老师,戴着眼镜,文质彬彬,讲起课来引人入胜。我记忆特别深的就是他讲鲁迅先生的《故乡》这一课,讲得有情有景,非常生动。他是这样讲的:"少年闰土,这个十一二岁的小英雄,是怎么出场的呢? 天上是蓝色的夜空、金黄的圆月,地上是碧绿的瓜地,一望无际的沙滩。在这个蓝天、圆月、碧绿的瓜地的美景当中,出现了一个十一二岁的少年英雄。而这个少年英雄的出场是动态的,因为他手握钢叉,向偷瓜的敌人——猹,奋力刺去。在月光的照耀下,钢叉闪闪发光,与少年英雄脖子上的银项圈的光,交相辉映。"他用生动的语言给我们这些少年学生描绘了一幅夏夜的美景,听着听着,我自己也好像融入了画中。可是,当他讲到中年闰土的时候,声音低沉下来了,他说:"就是这样一个生机勃勃的少年英雄,如今却变得像石刻的人一样。他的脸上全无表情,额头上有了很深的几条皱纹。本来红活圆实的手,现在皲裂得像松树皮一样了。"接着他又给我们分析了为什么少年闰土跟中年闰土判若两人? 是什么使得他有如此巨大的变化? 他的眼里噙着泪水,他的声音是那么感伤,听课的同学都非常激动。

就在此时此刻,我对教师崇敬的感情油然而生,心想:教师是多么了不起呀,能够使学生从无知到有知。过去我有个习惯,恐怕现在我们的学生也是这样的吧,新学期来到的时候,教科书发下来,最感兴趣的就是语文,因为别的书看不懂,就爱看语文教材里有哪些好看的小说、散文。比如《故乡》这一课,我自己也看过,但体会不多,不懂得其中的奥妙,老师却不同,他看得很深,讲解得那么生动,把我们都深深地感染了。从那个时候开始,我就有了一个愿望:长大后想当教师,做一个教师是多好啊! 受这位语文老师的影响,我高中毕业以后,就考了教育系。报考时,家里没有人指导我。父亲早逝,母亲是文盲,我以为做教师就应读教育系,因为我不懂。我之所以做教师,应该说是那位语文教师在我心田撒播的种子。

果真,毕业以后,我就当了教师,回想起这段经历,感到自己的想法真是太天真、太幼稚了。早在唐朝的时候,文起八代之衰的韩愈就讲过:"师者,所以传道、受业、解惑也。"而我当时只晓得当老师就是授业。当然这个理解非常片面。由于党的教育,老教师的言教身教,同志们的帮助,我逐步认识到教师这个工作是十分光荣的。当我把教师平凡的工作和我们伟大的无产阶级革命事业联系起来的时候，我觉得自己的思想升华了，立足点也高了，认识到世界上，在太阳光底下还有如此光荣的事业。我曾经这样想：社会是要发展的、进步的，如果没有教育，没有教师，人类宝贵的精神财富，谁来传给下一代？社会怎么发展？有时候在工作当中碰到困难，我想到老一辈的革命家、无数革命先烈茹苦含辛、舍生忘死，给我们打下了红色江山。他们以自己的生命点燃的革命火焰，必然越烧越旺。革命的事业就好像操场上的接力赛跑一样，要一个接一个把接力棒传下去，我们人民教师就担负着传递革命接力棒的重任。要我们的事业兴旺发达，要我们的红色江山万古长青，要我们的国家永远摆脱被剥削被压迫，真正实现我们的伟大理想，就需要我们教师来传递这个革命的接力棒。这是关系到千秋万代的工作，难道还不光荣，还不高尚吗？

再从一个学生成长的角度来讲，我觉得小学当然很重要，因为这是人生的开始；到大学，世界观已经形成；而中学这个阶段，学生正介于似懂事未懂事之间，是一个人的世界观形成的非常关键的时期。对一个人来讲，青少年时代记忆力最强，求知欲最旺盛，是学习知识、吸取精神营养的黄金时期。在学生的这样一个黄金时期里，祖国和人民把他们的教育重任委托给我们，把祖国的希望交给了我们，这是对我们最大的信任，最高的奖赏。有时候我看到学生，我就觉得肩上的担子很重。刚上中学的学生，还是比较幼稚的，我个子比较高，有的学生比我矮一个头还多一点，这时，我跟他们讲话是低着头的；可是在不知不觉当中，我跟他们讲话就不用低头，已经可以"平起平坐"了；又在不知不觉当中，他们的腿长了几寸，裤脚管接了一次又一次，这时，我再跟他们讲话，就要抬头仰视了。我满怀喜悦的心情把他们接到中学里来，我又怀着依依惜别的深情把他们送出我们的学校。我领悟到中学阶段非常重要，是学生长知识、长觉悟、长身体的关键时期。在人生的道路上，五六年的时间短暂得很，我们教师做学生的工作只算是一阵子，可是，这一阵子确实影响学生一辈子。学生的理想、志愿，他们的意志、作风、能力都是在中学阶段形成的，这一点已为无数的事实所证明。很多人获得成就，都跟中学教师的辛勤培育分不开，陈景润之所以成为摘取数学皇冠上明珠的勇士，是因为中学老师给他撒下的科学种子。中学阶段思想政治工作做得怎样，文化教育进行得怎样，确实影响一个人的一辈子，这在

"文化大革命"中看得很清楚。如果思想政治工作很强,在风浪中学生的脚就站得稳。如我校高中有个班级,没有一个学生胡搞,没有一个搞打砸抢的;而有的班级,学生就胡搞,就搞打砸抢。这说明中学阶段思想政治工作是十分重要的。中学阶段既然是对人的成长起着如此重大的作用,当然,我们教师的工作就很有意义了。

粉碎"四人帮"之后,我们急切地希望国家能够很快治愈创伤、兴旺发达起来,也认识到国家要兴旺发达,科技是关键,而科技要进步,教育是基础。我觉得我们教师的工作,就像盖楼房,砌的是埋在土中的基石,虽然它不像科学成果那么显眼,但如果没有埋在土中的基石,就没有高入云天的大厦。我们的工作确实是非常平凡的,一节一节的课,一次一次的班会,和一个一个同学的谈话,如此而已,没有什么惊人之处。然而,如果我们要盖10层、18层楼房,基础不打牢固是盖不起来的。我们就是从事人的基础建设,根子扎得正不正、深不深,影响到一个学生能不能成才,能不能成大才。任何一个科学家、文学家、各条战线的先进人物,他们都有广博、深厚的基础,我们就是要为学生打下这样的基础。所以,尽管我在"十年动乱"当中,受到很大的冲击,戴了无数的"桂冠",我却始终没有动摇过做教师的信念。因为我觉得教师是塑造人的灵魂的工程师,我们所献身的教育事业关系到祖国的现在和未来;我们现在教得好不好,关系到我们学生的思想水平、文化水平、健康水平,关系到10年、20年以后我国各条战线是否有合格的建设人才。我们今天把工作做好了,10年、20年以后我们的社会主义建设事业就大有希望。我们的工作与社会,与"四化"建设是呼吸相通、休戚与共的。如果要我再次选择职业的话,我仍然是坚定不移地选择做一名中学教师,因为我的最高的理想就是做一个合格的中学教师。

正因为我们的工作是平凡的,又是很有价值的,所以我深深地爱着它。

91. 把握好教师的角色

问:教师工作不光是教学,不光要面对学生,还要处理协调多方面的关系,这经常让我们这些社会经验有限的年轻教师感到难以应付，您能给我们一些建议吗？

于漪：教师的角色不只是学生的老师，还要面对家长、面对领导，怎么做好这么多角色？

首先，根据不同的场合，表现不同的角色行为。

在角色要求比较复杂多样的情况下，教师要学会在不同的场合表现出不同的角色行为，这样既可以满足不同的角色期待，也可以减少自己的角色压力。比如，在学生面前，教师既要做权威，又要做朋友，就要根据不同的场合来灵活处理。在教学管理和课堂教学的过程中，教师就必须保持权威的地位和角色，这样才能保证正常有序的教学秩序，保证基本的知识和技能的传授。如果在这种场合过于强调朋友的角色，采取自由、民主和开放的态度，采取"放羊"的做法，教师就无法控制教学的局面，无法进行正常的教学。另一方面，在课外活动，尤其是在娱乐活动和户外活动中，教师就可以放下教师领导者和权威者的架子，以一个朋友的身份和学生们一起活动，拉近和学生之间的距离。如果这时候还保持教师的威严，就无法和学生们融合在一起，学生也感觉别扭和不自由，不愿和教师一起活动。在对学生进行心理辅导的时候，教师更要像知心朋友一样，以平等、尊重的态度对待他们，否则学生根本就不会讲真心话，教育和辅导的效果也不会好。

再比如，在社会公众面前，教师就要表现得像人们期待的那样，做模范公民，做示范者，否则就会受到人们的议论和指责。但是如果在任何场合都戴着"人格面具"来生活，无疑是一种长期沉重的心理负担，许多教师在生活中就有这种亲身体会，感到活得小心翼翼，过得很累。因此，"灵魂的工程师"必须学会在适当的时候放松自己，解放自己。如在自己的家中，在旅游中，在教师自己组织的活动中，教师都可以尽情表现自己普通人的真实一面。

其次，抓住时机进行沟通交流，减少角色期望的差异。

学生、家长、学校和社会对教师有着不同期望，往往使教师无所适从，并且似乎只有教师知道这些不同的期望，而提出期望的各个方面自己并不知道其他人对教师有着不同的期望。一旦教师满足了一方的期望，而没有办法同时满足其他方面的要求,往往容易受到有关人员的批评和指责。因此教师自己要主动沟通不同的方面,让他们了解自己面临的处境,这样可以大大降低教师所受的压力。比如,在执行教育部门关于学生减负的措施中,教师布置的作业减少了,学生的测验考试减少了,补课加班没有了,许多家长就误认为教师想减轻自己的压力,对学生的学习不负责任,对学生的前途不关心等等。教师在其中无疑担当了"替罪羊"的尴尬和委屈的角色。这时候,教师要主动把教育行政部门的规定和学校的要求告诉家长,如果家长有意见或问题,可以直接向学校或教育局提出,教师不承担任何责任。

再比如,同一个学校的不同领导,给自己提出了互相矛盾的要求,教师不知道如何是好,每一方都得罪不起,往往有"出力不讨好"或"生活在矛盾的夹缝中"的感觉。这时,教师就应该要求领导首先统一他们的认识,协调他们的不同意见,然后才决定怎么做。这样可以避免不必要的批评和委屈。

第三,在多种角色难以调和的时候,选择最重要的角色定位。

在多种角色难以调和的时候,我们可以进行比较和权衡,选择我们认为的最重要的角色模式。这样可以使自己避免在不同的角色期待中产生过多的心理冲突和不平衡,也可以加强自我选择的意识。

在教育教学处在改革和变化的时期,不同的人对教师的角色、地位和职业要求提出了不同的看法。有的人偏重理论分析,有的人展望理想的状态,有的人侧重于批评现状,还有的人从学校管理的角度出发,但几乎没有一种观点能够实实在在站在教师教学的角度提出一套实际有效又具有可操作性的方法。教师往往在众说纷纭中不知如何是好。这时教师要根据学校的基本要求和自己对教育教学的理解和经验,采取自己认为正确可行的教育教学行为,而不能迷失于"公说公有理,婆说婆有理"的角色论争中。

另外,当不同的方面对自己提出矛盾的、不可调和的要求时,教师往往需要从学校的规定和要求出发,这样可以避免不必要的麻烦。如,家长希望教师为自己的孩子提供校外补课和"充电",并提供适当的报酬,这是家长对教师的期望;但学校规定不准教师为自己班级的学生提供任何形式的校外补课,这是学校对教师的角色要求。这时往往需要按照学校的要求去做。

第四，把社会、学校规定的角色要求内化为自己的角色期待。

某一种外在的规定、要求或期待强加到自己身上的时候，我们往往容易排斥和反抗；但如果这些外在的要求和期望能够转化为自己对自己的要求和期望，我们往往比较愿意接受和执行。因此，教师要学会把社会和学校对教师的角色规定和要求逐渐转化为自己的角色期待，减少外部期望和自我期望的冲突和距离，自觉履行教师的义务。

为什么说教师职业需要内心深度觉醒？

92. 教师成长需要不断进行自我教育

问：要成为一名好教师离不开学校的培养与前辈师傅的指导，但是很多时候个人努力的作用甚至更大，教师的成长总是伴随着个人的自我教育。于老师，您从教超过七十年，从您自身的经历来看，教师自我教育中要特别注重什么？

于漪：我认为，名师的成长有四个关键因素：一是教师自身的内在深度觉醒，尤其当他们能够把自己所从事的平凡工作和国家命运、百姓幸福紧密联系在一起时，他们就会产生持续的动力；二是要在教学第一线摸爬滚打，并善于总结正反两方面经验，不断提升自己的理性认识；三是对学生具有满腔热情和爱；四是能够做到边干边学，不断进行自我教育。

社会上大量的工作是以人对物的，有两种职业是以人对人的。一是医生，医生是治病救人的；二是教师，教育是培养人的事业，把孩子从儿童一直培养到青年。以人育人的工作要求教师以自己高尚的人格去引导学生形成健全的人格；以自己的真才实学激发学生的求知欲望，让他能够具有良好的科学文化素质；以自己的高尚情操熏陶感染学生，让学生有高尚的审美情趣。以人育人，通过言教和身教进行，而身教重于言教。

言教不外乎晓之以理，动之以情，导之以行，跟孩子讲道理，引导他该怎么做。更重要的是身教。孔子说："其身正，不令而行，其身不正，虽令不从。"（《论语·子路》）有人问我："做了一辈子的教师你最深的体会是什么？"我说："与其说我一辈子做教师，不如说我一辈子学做教师。教师的内涵太丰富了，教师的意义和价值绝非我二十几岁时的想法。"

为此，我给自己专门定了两把尺子：一把尺子专门量别人的长处，一把尺子专门量自己的不足，让两把尺子伴随我的整个教学生涯。每次教研组开会，我都非常认真学习，"博采众长"，语文教师一定要学会"借脑袋"，因为语文是无处不在的。老教师讨论每一个问题，我都会把闪光的东西记下来，从中受到启发，少走弯路。如何寻找自己的不足？每一堂课教完，我都要在脑子里"过电影"，推敲哪些行哪些不行，然后写下三五点"教后小记"，包括两个内容：一是学生学习过程中的闪光点，二是记下自己的缺陷不足乃至错误，久而久之就摸到了教与学的规律。

德国教育家第斯多惠曾说过："要使教育教学工作永远勃勃有生气，必须找到自身最强烈的刺激。"那就是自我教育。对自我认识越清醒，自我教育的动力就越大。现在从学校到区县到省市到国家，都给教师提供了很好的平台学习、展示，这是外因。外因是变化的条件，内因才是变化的根据。最强烈的刺激就是自我教育。怎么样才能使自己从事的教育教学永远勃勃有生机呢？那一定要有强烈的内驱动力，也就是"内心的深度觉醒"。我为什么说一辈子在学做教师呢？我就是一直处在这样的觉醒过程中。我体会到当教师把个人的前途命运与祖国的前途命运紧密地联系在一起的时候，人就会变得聪明，就会站在比较高的地方思考问题，而且心中总是有一团火，能有旺盛的经久不衰的内驱力。我这个老教师梦寐以求的就是国家的伟大振兴，而要伟大振兴，最重要的就是人才辈出。"内心的深度觉醒"，就是把日常平凡的乃至琐细的工作和国家的千秋大业老百姓的幸福生活紧密联系起来，这样，我就会觉得我已经不是站在平地上来看教育，而是站在高山上来看教育。

我一直觉得自己肩膀上挑着千斤重担，一个肩膀挑着学生的现在，一个肩膀挑着国家的未来，今日的教育质量，就是明日的国民素质。国家把自己的未来交给教师，这是对教师的无限期望。理解到了这一点，我觉得每天做的工作是那么有意义，那么有价值。因为我是为每一家庭在培养后代，为国家培养未来。所以我觉得清醒地认识自己，内心深度觉醒十分重要。

93. 精神思想的追求不可缺

问：您关于"两个肩膀""两把尺子"等的这些建议很深刻,很形象,我们会认真学习,努力实践,这些品质对我们今天的教师来说尤其需要,实际上它们反映了一名教师的精神与思想追求,您能不能再具体地跟我们介绍一些?

于漪：对于教师来说,思想道德素质是十分重要的,所以我说教师要学会追求。

第一,教师需追求的素质。

社会上不是任何人都可以做教师的。要做教师,有几点是必须明确的。第一,选择了教师职业就是选择了高尚。因为社会上有各种各样的职业,而教师必须是思想高尚的人来做。教师是为国家培养未来的人才,国家把自己的希望交付给了教师,教师的一言一行都会对孩子产生影响。第二,做教师必须德才兼备。古人讲,什么人才能做教师,"智如泉涌,行可以为表仪者,人师也"。教师的智慧像泉水一样涌出,教师的言行仪表可以作为别人的榜样。我们中国古人扬雄认为教师就是模范。欧洲各国认为教师就是榜样。教育就是以人格教育人,因此他必须德才兼备。第三,作为教师必须要有谦虚的品德,作为教师必须与时俱进。

现在的教师与20世纪六七十年代的教师不一样,有很多学的东西,尤其是大学时学的东西几乎没用了。作为一名教师就必须不断学习,与时俱进。21世纪的学生,与我们那时候的学生完全不一样。教师对学生内心世界的了解十分重要。记得教20世纪80年代的学生,我要把足球队员的名字背出来,足球队员的站位、任务我要把它搞清楚,因为你要教学生,就必须和他们有共同语言。现在孩子喜欢什么?动漫、卡通,初中学生喜欢还珠格格、"超女";那么高中学生心中的偶像是谁呢?是周杰伦。这个周杰伦起码可以吸引我们80%的高中生。你搞不清楚周杰伦唱的歌有什么好,但学生就是那么着迷。周杰伦一首歌可以使他如痴如醉。你要教育他,就要进入他的心灵世界。我对学生讲,其他流行歌曲也很好,比如韩红唱的《青藏高原》,那种嘹亮、高亢的曲调多么好听。

腾格尔唱的《我的家乡》，多么感染人。可学生就觉得周杰伦好。为什么呢？因为他唱的别人学不会，他的标准就是别人学得会就不好，学不会的就好。我听周杰伦唱歌，觉得就像普陀山的和尚念《金刚经》，可为什么他受欢迎？周杰伦有些中文底子，又了解西方的摇滚，又会作曲，因此把中西方文化融合在一起，又唱又跳。做一名教师，谦虚十分重要，你不可能什么都知道，你要教现代学生，你必须要学习。德国教育家第斯多惠说："要使得你的工作富有勃勃生机，你就一定要找到生命最强烈的刺激——自我教育。"这个对教师来说太重要了。作为教师，只有不断学习新的东西，你的教育教学工作才有生机。

谦虚好学十分重要。因为一个人一旦志足意满，就会视而不见，听而不闻。我遇到过许多教师，其中有两位教师由于性格上的差异，一个就学得比较好，另一个认为自己很不错了，从二十几岁到五十几岁都差不多，他忘了一个教师终身学习是多么重要。如果不学习就没有新鲜的东西，课堂上就没有时代活水，又怎么能吸引学生呢？所以，作为教师，这三条十分重要。

第二，教师需要学习的榜样。

我有很多学习的榜样。一个人成长一定要有榜样，20 世纪 60 年代初，我们学雷锋，从校内学到校外，那时风气很好，夜不闭户，路不拾遗。现在孩子心中有榜样，但那些都是什么样的人？是偶像。我的一生将很多前辈作为榜样，我不断地和他们作比较，找身上的差距。

比如鲁迅先生，他救国救民的思想，对青年、对莘莘学子的炽热之心，钻研学问的严谨态度，是我的榜样。又比如闻一多先生，他上课那种吸引力、辐射力，我一辈子都学不完。他在西南联大上课时，教室十分破烂，灯光非常昏暗，他教屈原《九歌》，说："黄昏时分，从四面八方辐辏而来的鼓声近了，更近了，十分近了；神光照得天边透亮，满坛香烟缭绕……"破烂的教室里坐着的学生分不清课堂上讲课的是闻一多，还是 2 000 多年前的屈原大夫。2 000 多年前的屈原大夫，由于闻一多的创造性教学活在了现代人的心里。因此我想教学就要有这样的魅力，它就像磁石吸铁一样，把学生牢牢吸引住。我脑子里不断有这些前辈的榜样，经常拿来比一比，自己就进步了，这是我做教师一辈子的追求。

第三，教师需有精神上的追求。

作为教师,在当今时代非常不容易,现在外面的世界太精彩,对我们的诱惑很大,对孩子们的诱惑也很大。一个人总是要有追求的,作为一名教师,他今生的追求非常重要,为什么? 第一,教育的本质——培养人,中国人的教育本质就是培养有中国心的人,有中国心的现代文明人。用古希腊柏拉图的话讲"把人从洞穴里引出来,把灵魂向上牵引"。这就是提升人的精神世界,达到真实的境界,知识与能力是攀登精神世界的阶梯。我们从事的事业是精神世界的事业,精神世界讲的是真善美,"四书""五经"里有很多这样的话。打开《大学》,第一句话就是:大学之道,在明明德,在亲民,在止于至善。陶行知"千教万教,教人求真"。这一点如忽略了,人的精神世界就会变异。人的内心世界非常重要,人不能自然成才,他要靠培养,而在学校教育、家庭教育、社会教育中,学校教育应该是最主流的、最重要的、最健康的。

第四,教师需追求立体的教学。

作为教师要清醒地认识自己。人往往以己之长比人之短,这是很容易的,特别是现代思想进来了,特别是美国的个人主义思潮,样样都说自己的好,说自己的好要有信心。自信心能够使自己更出类拔萃,但是自信心并不等于自我感觉良好,如果什么时候都自我感觉良好,他就会故步自封。要清醒地认识自己,我觉得这一点是非常重要的。现在的知识比过去多很多,因此我提出了教学要立体化,课要多功能。相同的时间,特定的空间,教学效果大相径庭。孩子学到的东西不一样,受益也完全不同。为什么课是立体的? 任何一篇文章都有文字训练的功能,因为文字本身也是文化。

如《岳阳楼记》中的"先天下之忧而忧,后天下之乐而乐",我们教这篇课文,并不只是认识这几个字,教这个句子的同时,这个思想就进入孩子的心里。登岳阳楼的诗人可能有很多,为什么范仲淹的文章就流传千古?因为他"不以物喜,不以己悲"。孟子的"与民同乐"就很了不起了,而范仲淹是"先天下之忧而忧,后天下之乐而乐",超越了他同时代人的精神境界,因此就变成了民族精神的精华,流传千古。在教这个语句时,这个思想就要教下去,这不就是教育功能吗?

我们课文中有些国外的东西也有认识功能。学了《瑞恩的井》,感受了孩子的善良，这篇课文就有了审美的功能。一节课是线性的还是立体的，对孩子的教育是不一样的，孩子要多方面地接受教育。上海市"二期课改"提出了立体的三个维度，一个是知识与技能，一个是过程与方法，还有一个是情感态度与价值观。其实，20世纪90年代，我们就提出要学习小学语文的课改，要让中学教师听听小学教师是怎样上课的，空的虚的都没有了，它很实在。而当时的《一课一练》这些教辅材料铺天盖地，已经把我们的语文教材"碎尸万段"了，这个看一个手指头，那个看一个脚指头，那不叫语文，而叫肢解。

第五，教师应追求自我完善。

不断追求，归根结底是为了我们的孩子，从事孩子的教育事业是功德无量的事。一个孩子遇到一名好教师，他一辈子得益；遇到一名不合格的教师，他就倒霉了。我记得那个时候，"五讲四美"要作报告，上海我也分到一讲。当时，孙道临老师和我作一期讲座。尽管他是一位著名表演艺术家，但遇到吃不准读音的字，他还是认真查字典，我想正因为孙道临老师这样严谨的作风才使他成为一位表演艺术家。作为一名教师就要这样追求完美，不断克服自己的不足，不断向"污点"进攻。学会追求是为了孩子，如果他的学习根基越深厚越广泛，发展就越好，所以，基础教育十分重要。我真是佩服小学一年级的语文教师，我就教不来。适合的才是最好的，讲得高深不一定好，讲得对了，学生有兴趣了，他学会了，这就是最好的。

第六，语文教师需追求全能。

语文教师要是全能专家。要做到全能就要学会找突破口。一个大目标是做一名合格的教师，在朝着大目标努力的过程中，要找准小目标，找准突破口，不断进步，要做到八个字：胸中有书，目中有人。胸中一定要有书，教材一定要烂熟于心，就好像是你写的，如出自己之口，如出自己之手。这样的话，你教书就能够左右逢源，否则一个学生问个问题，你可能就不知道了。备课要有突破，要有鲜明的个性，条条大路通罗马，殊途同归，教师要发挥自己的优势。另外，作为一名语文教师，用语要规范、丰富、生动。口头语言对学生的影响也很大，不要有口头禅。

教师不是理论家，但必须从理论与实践结合的高度精心探索。肩挑的为党育人、为国育才的责任大如天,追求永无止境。

94. 学会做价值选择

问：您提出的当教师要有深度觉醒,对我们而言这是深度的警策,我们会时时用来提醒自己。事实上我们今天生活在一个消费主义的环境里,不时会面对各种价值选择,没有疑惑是不可能的,您是怎么应对这些问题的呢?

于漪：选择了教师,就是选择了高尚,就是选择了与国家命运、民族命运、人民生活幸福血肉相连的事业。要想发财,就不要来做老师;要想当官,就不要来做老师。教师是"以人为本"的工作,是要以自己的人格引导学生塑造完美的人格,以自己的高尚情操熏陶学生的道德情操,以自己的科学文化素养来培养学生扎实的科学文化基础。

作为一个教师,一定对自己的追求要有清醒的认识。如果没有清醒的认识,仅是作为一个糊口的工作,那就是混了。教师是不能混的,混的不仅是自己的生命,更是学生的生命。所以说,选择了教师就是选择了高尚。如果没有这个认识,会经不起外界的诱惑。

一个老师如果对自己所从事的职业没有发自内心的深度觉醒,就难以成为合格的教师。这种人生观、价值观的确立,要求教师在师范院校求学时就扎扎实实地打好基础。这个问题解决好了,教师的思想、感情、知识、能力、智慧、潜能就会被充分地调动起来,也就不会是"学校要我做什么,别人要我做什么"才去做,而是自己主动积极地思考,为教育这个伟大事业奉献青春贡献智慧,推动社会更加进步、人民更加幸福、国家更加繁盛。这样,教师就一定会想到自己教什么学科,担当怎样的学科责任,进而努力使学生学到真正的本领,提高综合素养。当教师把职业认同这个根本性的问题解决好了,他就会在所教的学科宝库里主动探宝,脑子里就会涌现出许许多多的问题,并且想方设法带领学生、激励学生主动取宝。也只有这样,教师对自己所教的学科才能有挚爱深情,教育生命才能有依托,教育激情、热情和学科专业的追求才能有坚实的基础。也就是说,教师只有对党和国家的教育事业有感情,对学生有仁爱之心,才会在实践中不断锤炼自己的教育教学能力,才会对学科有满腔热情满腔爱,从而产生巨大的教育智慧和力量。

人一辈子都活在价值取向的选择之中,要学会自觉地选择,明智地放弃。中国优秀、卓越的知识分子"为天地立心,为生民立命,为往圣继绝学,为万世开太平"的对社会、对国家的担当意识是我们的榜样。读书学习的意志、毅力从何而来? 对教学业务刻苦钻研的持久力从何而来? 我认为关键在于内心的深度觉醒。教师从事的是塑造灵魂、塑造生命、塑造人的工作,一个肩膀挑着学生的现在,一个肩膀挑着国家的未来,千钧重担!

教师只有把个人的生命融入国家与民族发展的时代洪流中,只有把个人的生命传承于学生生命成长中,你才是永远年轻的。

我曾为自己的著作《语文教学谈艺录》中的内容拟过一个小标题,叫作"跑步前进"。近年来,我每年都会准备一本专用的挂历,上面几乎每一个日子都画上了圈,代表着我的日常工作安排;在许多格子里,还要画两个甚至更多的圈。退休后,我还逐字逐句审阅了上海市全部 12 个年级的语文教材和教参,至今有时上午还要听 4 节课,下午继续说课、评课。

也许有人会问我,都这么大年纪了,为何还要如此忙碌? 我的想法是,每个时代都有每个时代的要求。梁启超曾讲:人生于天地之间,各有责任。知责任者,大丈夫之始也;行责任者,大丈夫之终也。教师是教育别人的人,因此具备担当意识也是一种职业操守。新时代,我们要造就的是不仅掌握知识、还要具备实践能力和创新精神的学生,因此面对新时代的挑战,教师也必须要振奋精神,完成好培养人这一神圣使命。

95. 拒绝诱惑,拒绝跟风

问:您的觉悟对我们很有触动,您的经验对我们很有启发。您能做出这些表率,有什么策略方法?

于漪：教师应拒绝诱惑。人的一辈子会碰到很多挫折、很多诱惑，有精神的，有物质的。我做过师范学校校长，我做校长只抓两样东西。一抓校风，校风是凝聚人心的，是道德层面的而不是法规，道德是需要提倡的。二抓教师培养，抓年轻教师培养，有教师才有学生，校长要依靠教师。

我这人最大的优点就是爱学生，看着孩子们渐渐长大、懂事，就觉得没有白活，自己的心血没有白费，非常快乐。我从校长的位置上退下来后没有闲着，我审教材，从小学到高中，上百条建议没有马虎过，我累死了，每天晚上到 11 点多睡觉，我都 77 岁了。人不可能同时做好几件事，一个人的能力是有限的，时间是有限的，因此要学会拒绝乱七八糟的诱惑。

教师应拒绝跟风。英语从来没有像现在这样疯狂过，我认为有些搞双语教学是用来赚钱的。哪一个民族母语能用外语来教学？是非不分。但现在到处刮双语风，我们要明辨风向，拒绝不合理的。上海市"二期课改"，理念从整体上讲是不错的，因为上海市"二期课改"总的指导思想是马克思主义哲学，培养全面发展的人，以人为本，这是很大的进步。因为我们长期以来是以知识为本，以知识体系为本，如今追求以人为本，那就是个进步。我们提倡以人为本，因材施教。那么怎样才是以人为本，因材施教？有的人语言智能比较好，有的人文字智能比较好，有的人形体智能比较好，每个孩子发展都不一样，我们应对他们进行多元评价。但多元评价并不是把标准去掉，而应该有一定衡量标准，不能对学生产生误导。教知识是不允许有丝毫差错的，你作为教师不规范，学生可能一辈子不规范。

感悟、诵读，自古就有，东方文化本来就是整体的，西方文化是讲究科学分析的。现在有些东西跟我们以前讲的整体感悟有所不同，我们没有把这些东西从教育哲学上弄清楚。因此，就会把有些东西无限扩大，整个课堂就是讨论、讨论，教师没有发挥自己的作用。课堂需要教师的引导，名师出高徒，教学手段要趋利避弊，不一定都要用多媒体。对这些东西，教师要有自己的看法，学会拒绝。现在教育领域各种口号很多，各种风刮得也很大，这个时候我们更需要优秀教师，需要独立自主思考，不要一窝蜂。因为任何一个目标都要发展，都要实事求是，从本地的教育实际出发。

学会追求，学会拒绝，是教师提高教育有效性和可行性的真谛。

96. 文化价值失落，就找不到精神家园

问： 您上述建议引出了另一个重要话题，就是民族文化与民族精神的问题，作为文化传承者和传播者的教师应该如何从民族文化中汲取能量？

于漪： 民族文化是培育民族精神的土壤，是一代代人赖以栖息的精神家园。朱自清先生说："文化是承载人灵魂的地方。"文化就在人的身上，是人表现出来的。每个人都是文化的传承者。文化的传承者最为关键的是对文化是否自信、是否自觉。教师要有自觉的文化担当，要坚守，要传承，更要以中华优秀文化的精华，铸就自己的思想风骨，有中国人的志气，中国人的情怀，中国人的勇毅，堂堂正正，执着追求，奋发不息。

中华传统文化的优秀精粹犹如醍醐，充满智慧；犹如琼浆，甘醇醒脑。早在春秋战国时期，那些至圣先贤，研究人、研究人生、研究人类社会，从众多方面做了极其深刻的思考，阐述得深邃透辟，那种认识人生、认识社会的穿透力至今令人震撼。民族传统文化经历了绵长时间的检验、淘洗，留下了极其丰富的宝藏。这种大智大慧的思想结晶彪炳千秋。

作为一名中国人，首先应该用深厚的民族文化来滋润自己的心灵。众所周知，法国人不能不知道拿破仑，美国人不能不知道华盛顿，英国人不能不知道莎士比亚，对中国人来说，如果不知道孔子、老子、庄子、墨子、孟子、荀子，对《诗经》、《楚辞》、唐诗、宋词全然无知，那心会搁在何处？路又走向何方？文化的底子是做人的根，底子深厚，才能眼明心亮，前途宽广。

中国是世界上唯一维系了五千年文明而没有中断的伟大国家，根深、枝繁、叶茂。传统文化的丰富性、复杂性、多样性世界罕见。文化传统中孕育出的天降大任的历史使命感哺育了无数的仁人志士，哺育了无数民族的脊梁。翻开历史典籍，会被数不胜数的惊天地、泣鬼神的人和事所感动；历史的深厚积淀是今日要选择的"根"和"魂"。

了解中国文化的"根"和"魂"，是解决中国人就是中国人、中国人爱中国的问题。文化价值失落，人就找不到自己的精神家园，于国于民，都会发生

危机。

中华民族之所以历经内忧外患，五千年来打不烂、摧不垮，归根到底是民族文化、民族精神的支撑。民族经济不断变革，民族政治也会因各种因素变迁、变革，而民族文化是一个民族的深层性格，是一个民族的语言、信仰、价值观、生活方式和思维方式长期发展锤炼而成，只要有民族脊梁在，这种文化就压不垮。对此缺乏认识，缺乏敏感，就会迷失方向。

97. 民族语言是民族文化的根

问：谈到这里，我们自然想听取您关于汉语言文字与民族文化关系的见解，虽然我们都用汉语交流，用汉字书写，其实我们很少认真思考它们背后的东西，如今目力所见，洋文、洋节、洋玩艺不是比一百年前少了，而是更多，有时免不了会对老祖宗的东西心生疑惑，我们应该以怎样的姿态对待汉语言文字？

于漪：对本民族文化采取历史虚无主义态度，必然不知道自己来自何处，什么是自己的根，只能灵魂飘荡。

人类发明了文字，才彻底摆脱野蛮人的生活方式，启动人类的文明创造，传承思想、情感、智慧。汉语言文字是中华文化之根，语文教师不仅要对它满腔热情满腔爱，而且要心存敬畏、精心传播。

语言文字有巨大的魅力，它蕴含着人类独有的情和意，蕴含着浓郁的民族情结，丰富、深邃、色彩斑斓。以最大的审美敏感尊重它、爱护它、亲近它、探究它，它就会真诚地向你敞开心扉，无私地向你奉献无数的奇珍异宝。

语言是人类用来表情达意的声音符号系统，文字可称为表情达意的形象符号系统。前者使用较快，且能以自己的无穷变化应对人类的繁复情谊，后者的优点在于能传远方，传后世，有相当的存续性。中国浩如烟海的古籍记载了中国社会的发展变化、中国文化的源远流长、中国一代代人的精神与睿智。学习母语，热爱母语，能真正感受到自己与民族文化的血肉相连，骨肉亲情。

语言文字是民族文化的灵魂。翻开用汉字写成的一页页纸，你会惊喜地发现自己已步入画廊。在对书的内容尚无知晓的情况下，一个个汉字就好像画廊壁上的一幅幅画，争先恐后地向你诉说它的喜怒哀乐，它的精湛深邃，它的喧嚣宁静，它的幽默深思，千姿百态，美不胜收。此时此刻，你的感官、你的想象、你的情绪、你的思维，会跟随文字迅速进入状态，不由自主，心甘情愿，享受文字给你带来的人间百味。

语言是人整个学养的基础，它的重要性常被忽视。人生活在语言中，生命开始，意识刚产生，语言就像空气一样围绕在身旁。语言使人有了世界意识，有了文化意识，有了历史意识，而人活在文化、历史的世界之中，不能离开语言而存在。从教育的角度说，教育是培养、塑造、提升人的精神世界，思维、情感离不开语言，因而，没有语言就没有教育。

语言是思想的直接体现。各民族的语言不仅是一个符号系统，而且是该民族认识世界、阐述世界的意义体系和价值体系。符号因意义而存在，离开意义，符号就不成其为符号。这就是说，语言不仅有自然代码的性质，而且有文化代码的性质；不仅有鲜明的工具属性，而且有鲜明的人文属性。

民族的语言文字是本民族的文化地质层，它无声地记载着这个民族的物质和精神的历史。爱自己的民族就应该热爱母语，它是民族文化的根。

一个文明的有素养的民族对自己的语言文字是视若珍宝的。语言文字是一种文化的深层编码，是一个民族的集体意识。对外是屏障，对内是黏合剂，它蕴含着民族的情结、民族的睿智、民族的思维方式。它形美以悦目、音美以悦耳、意美以悦心，其中有无限的宝藏，陪伴人的终生。

母语的盛衰，意味着一个民族生命力的盛衰，粗暴对待母语，实质上是对一个民族心灵的直接挫伤。

汉字特别具有灵性，是具象的，灵活的，富有弹性的，创造的空间大。汉字是民族的灵魂，是民族生命的百科全书。一个方块字，就是一片天地，就是一部历史，就是祖先的回忆与希望寄托之所在。

一个个汉字的故事中无不蕴含着中华文化的基因，哲学智慧、伦理道德、风俗习惯、审美意识，稍加触摸，就会感受到它的博大精深和无穷魅力。热爱语文，在习得语文能力的同时，孜孜不倦地把其蕴藏的优秀文化基因植入自己的血脉,促进心灵发育,精神成长。

汉字的构成犹如人一样,有外形和骨架,思想和神韵,情感和精神。因而,书写汉字,不仅要用手,而且要用心。想清楚再下笔,端端正正,一丝不苟。汉字包蕴了东方思维——具象、隐喻和会意,这也是中华民族重要的精神资源。辨认有些汉字,稍加想象,先民们的生活便栩栩如生地展现在眼前。探究某些汉字的意义,会发现中华文化的"基因"藏寓其中,大大增长智慧。

汉字的书写是平面的,同时,它又是多角度的。比如,有的字笔画是平行的,有的是垂直的,有的是横竖交叉的,每个笔画都有自己的特点。错综复杂的笔画组合起来又很优美,有的雍容华贵,有的挺拔俊秀,本身就给人以美的熏陶。带领学生从小接触优美的汉字,认真学习、书写,品味其中的韵味,不仅能学得技能,情操也获得陶冶,能收获一颗宁静的心。

98. 不能光点洋烛数典忘祖

问:听您的报告、看您的书,经常能看到您对教育中一些数典忘祖现象的痛彻批评,这激发了我们作为中华儿女的民族自信和自豪感,也增进了我们教书育人、为国家民族培养接班人的使命感。您觉得作为一名教师,怎样才能保持文化上的清醒?

于漪:语文教育要致力于拥有自己的话语权。19 世纪末,西方的话语权随着它的军事扩张、经济扩张,覆盖到世界每一个角落。而今,文化上的渗透可说是无处不在,给母语教育带来极大的挑战。而我们内部的有些人对自己的民族语言的意义与价值缺乏深刻的理解与自信,甚至认为学生不喜欢古文,不喜欢中国文章,就不选、不学。荒唐!

当今,价值多元,文化多样,新兴媒体传送的大量良莠并存的信息,有些学生缺乏文化判断力,常会错把腐朽当神奇。更为可怕的是"一切都是外国的好""外语赚钱,语文无用"论调的传播,搅乱了学生的思想,人为地制造学生与母语的疏离。从小对自己祖国的语言文字无敬畏之心和热爱之情,又疏于学习、体会，弄得不好，是会数典忘祖的。语文教育面对严峻的挑战，教师须坚定文化自信，提升文化自觉，把民族文化之根植入学生心中，滋养他们心灵，增强他们对中华文化的认同感，对中国文字的亲切感。

中华优秀传统文化，积淀着中华民族最深沉的精神追求，包含着中华民族最根本的精神基因。中华文化有精华有糟粕，但它所积淀的核心价值基本未变，讲仁爱、重民本、守诚信、崇正义、尚社会、求大同的理念，是涵养社会主义核心价值观的重要源泉。这些传统文化精粹的价值取向，看似离我们很远，实质上与现代人很贴近，血脉相通，仍然是今日立人、修身的基本参照。取其精华，剔除糟粕，传承精神命脉，与创造性转化、创新性发展的社会主义核心价值观结合起来学习、传播、弘扬，心灵就能获得丰厚的滋养，一辈子受益不尽。

中华文化是一种包容性很强的文化，"山不厌高，海不厌深"，唯包容才能百川汇海，唯包容才能不断壮大。我们要坚守本土文化，对传统文化视而不见或任意鄙薄，不是无知，就是缺乏民族自信，切不可"抛却自家无尽藏，沿门持钵效贫儿"（明代思想家王守仁语）。但我们又必须有国际视野，了解并学习西方文化，以开放的心态对待，从中获得启发与借鉴。德国哲学家康德曾说："愚昧的人之所以区别于聪明的人，根本在于他不具有判断力。"外来文化内容繁复，价值多元，形式千姿百态，对待它们，须有眼力，学会判别、挑选、扬弃、吸收、改造，以我为主，洋为中用。与外来文化在交流中丰富，在交锋中提升，在交融中传播。文化上的清醒是中国人立身的根基。

中华民族是历史发展过程中逐步形成的命运共同体，维护这个命运共同体的纽带是文化认同。中华文化的血脉就是在长时期的历史过程中不断加深、不断巩固的，数千年未曾中断的根本原因是文化价值的连续性。如"自强不息""厚德载物"，启发人的道德自觉、人格自觉、信仰自觉；又如"仁者爱人""君子和而不同"等文化基因已进入民族血液之中。民族文化能否光大，不是取决于吸收多少外来的精华，而是取决于优秀文化是否得到很好的传承。

中华文化有几个层面。有围绕衣食住行的物质文化，有风俗礼仪、学术宗教、制度法律、文学艺术的制度文化，有道德观、人生观、宇宙观、审美观的精神文化。决定文化面貌、文化特性的精神文化，是一个民族、一个国家的精神追求,是最持久、最深层的力量。

经典是历史长河中经大浪淘沙流传下来的具有不朽精神内涵和艺术价值的典范之作,是对宇宙、自然、社会、人生的感悟与思考。它的思维包容量大,具有延伸性。读经典就是思想爬坡、磨脑子,但每上一个高度,都能有所收获。那种思维深邃之美、哲理思辨之美、语言文字之美,逻辑论证之美,会使你心旷神怡,自我升华。了解过去,承认过去,目的在于创造未来。忽视传统,丢失优秀文化传统,是悲哀;一切照传统办,亦步亦趋,是盲从。中华文化既需要薪火相传,代代守护,又需要与时俱进,勇于创新。

人生需要信仰驱动,社会需要共识引领,国家需要价值导航。中华文化一些优秀的价值基因跨越时空,焕发生命力,为当代社会主义核心价值观输送了厚重的力量。我们在培养与弘扬社会主义核心价值观时,又必须以革命文化、红色文化、社会主义先进文化为支撑。

文化对学生有巨大的穿透力,犹如水击石,或冲刷,或细镂,锲而不舍,石头就会变成令人叹为观止的奇妙形态。带领学生学习革命历史,读红色文化经典,让一代代舍己为公、造福人民、感天动地的英雄人物、英雄业绩叩击学生心灵。学生处在文化氛围之中,耳濡目染,受到感化,就会区别美丑,崇尚高尚,精神世界就会丰富、优美起来。

教育面向世界,借鉴国外本没有错,问题在于不能鄙薄自己的教育,历史的、现代的、当代的,都批判、否定、消解、解构。有些对中国基础教育讨伐鞭挞、对美式教育向往仰慕之语言不堪入目。一切以西方教育观念为最后依据,仰视别人,甘愿做思想的矮子,听人摆布,这种奴化心态令人可悲。教育不能光点洋烛,我们有独特的历史,独特的文化,独特的国情,中国教育必须有中国人自己的灯火,走中国人自己的路。就专业而言,也不是只能任人说短长。

改革开放以来,我们的育人理念、课程改革、队伍建设、制度创新等随着时代的要求均有突破性发展,其中不乏具有中国教育特色、中国教育个性的符合学生成长规律的理性思考与实践经验,闪亮之处不少。这些饱含中国精神的教育财富,是当代中国教育人群策群力奉献智慧的结晶,完全可以挺直腰杆充满自信地与国外平等交流。

拓开视野，借鉴他人，无可厚非，但要从本国、本地区的教育特点出发，改革创新，具有中国的话语，中国的思维。坚守中国立场，拥有世界视野，以教育自信创建自信的教育，走自己的路，我们的定力将更强大，我们的前途会更宽广。

99. 语文教师要有对国家和人民的满腔热情

问：我在初中教语文三年，刚刚能够站住讲台，每一次看到一些优秀教师在讲台上充满激情上课，内心在羡慕之余也很疑惑，他们是怎样让自己找到燃烧的动力的呢？

于漪：首先要有一颗爱国心，要有炽热的心肠。因为你所教的这些佳作美文是人类智慧的结晶，是人类最高尚的情操和感情，最深邃和精辟的思想。而这些精神财富都是热爱自己的民族和国家的产物。因为，世界上最有名的作家都是悲天悯人的，比如说雨果、巴尔扎克、托尔斯泰。我们中国与西方不同，西方是城堡文化，我们是天下文化。忧国忧民，以天下为己任是中国最宝贵的文化。我觉得作为一名语文教师，对国家和人民需要满腔热情，这样才会有激情，永远有一团燃烧的火焰在心中。

其次，作为语文教师需要有文化积淀。语文作为文化的载体，本身也是文化。语文老师就是在跟文化打交道。要让孩子沉浸在文化氛围中，教师当然要有一个比较开阔的视野和相关的背景。我原来总是想改行不好，后来我觉得改行也是很好的，因为文化都是相通的。比如我教过历史，我就绝对不会在教先秦文学时出现"皇帝"这样的错误。比如说在"文革"期间，大家捧李白，贬杜甫，我就不会这么干，因为具备了文化判断力。例如我读《跨越百年的美丽》，就一定要了解居里夫人，为什么爱因斯坦会有这样的判断，再联系到中国的居里夫人吴健雄等等。所以说作为语文教师文化的积累很重要。

再次，语文教师的教学语言要有些文化含量。语言是思想的影子。各行各业语言要求不同，我们不是超市的营业员，也不是卖菜大姐，我们是语文老师。语言要能反映你的文化素养，反映你的思想情操。如果语言有吸引力，孩子就愿意听。语文教师的词汇要很丰富，因为你要教孩子的一个是书面语言，另一个非常重要的是场景下的活的语言。所以我在课上有意识地多用成语，孩子的作文中也有很多我用过的成语。

我觉得作为一名语文教师，对国家和人民需要满腔热情，这样才会有激情，永远有一团燃烧的火焰在心中。

100. 要有中国式教育现代化的自信

问：您已经跟我们谈了不少关于建立文化自信的建议，这种自信是不是也应该顺理成章地延递到我们的教育实践，进而构建起有中国本土特点的教育理论呢？但是现实是我们听到的教育新名词、新名堂都是外国的，似乎提出中国传统教育教学理论就是落后的、保守的，您同意这样的看法吗？

于漪：什么是教育？教育就是培养人。什么是中国教育？就是培养有中国心的现代文明人。我们要培养的绝对不是那些只给外国人打工的人，而是要培养有中国自信、中国自尊的，能放眼世界的，为世界和平做贡献的人，也就是能真正屹立于世界民族之林的中国人。中国的基础教育必须立足本国，以我为主，要立足中国大地教语文。中国要走向世界，当然应该把外语学好，但是绝对不能以牺牲母语的代价来对待我们的语文。我们不能只点"洋蜡烛"，心中永远要有一盏中国的明灯。

我们的师资培养培训要注重中国式现代化教育的特色性。坚持马克思主义基本原理与中国具体实际相结合，与中华民族优秀传统相结合，是中国革命获得成功、民族复兴伟业获得发展的奥秘和根本，也是党带领全国人民向两个百年目标奋进的指路明灯。中国基础教育是社会主义现代化的有机组成部分，就应该以这两个结合为指导思想，为建设新时代高质量教育体系作出巨大贡献。中华优秀传统文化是中华民族的根和魂。中国优秀传统教育是对中华数千年文化的继承，没有中华优秀传统文化就没有中华文明几千年的传承发展。

然而，由于政治、社会、文化、学术等种种复杂因素的影响，我们许多教师对中国教育的传统知之甚少，甚至一谈传统就认为是落后，一谈民族就认为是保守，这是一种教育不自信的表现。教书育人从来不是技术操作问题，而是关系国家、民族未来的事业，丢失传统就意味着割断了民族的精神命脉，中国特色的教育必须把传统思想和文化精华的传承这块短板补上。我们只要到知网上查找一下，就知道研究我国古代优秀教育思想的著作和论文，相对于洋洋洒洒的国外教育论著的翻译介绍，完全不成比例。由此可知，我们本土的教育理论、教育文化对教师专业成长能有怎样的影响。比如有老师对《学记》一无所知，对我国古代典章制度听都没听说过，对历史上教育名家的教育思想也知之甚少，甚至都搞不清楚王阳明和王船山是两个人还是一个人。至于什么是超越时空的教学原理、什么是贵在至德的为学之道等等，更无从知晓。中国教师不知道中国教育的优秀传统和文化思想，是其专业发展中的缺憾与缺陷。

建立我们自己的教育话语权是对我们国家民族的尊重，是对我们自己教育的敬畏与自信，是对从事教育工作的人，特别是在第一线的教师的心中点燃希望之火，用温暖支持他们挺直腰杆做培养学生成长、成才的大事。中国的教育学和我们之前借鉴、模仿、学习的国外教育学理应不一样。所以，中国的教育学必须有效地传承中国优秀的教育传统。无论是针对青年教师的培养，还是面向学生的全面发展，中国的教育学必须具有我们民族的传统。传统的中国教育是文道结合、道器合一的教育，传统的中国教育更加注重人的培养，而不仅仅是知识本身。

中国式现代化，是党领导的社会主义现代化，是物质文明和精神文明相协调的现代化，是坚持以人民为中心促进共同富裕的现代化，是立足国情又借鉴国际先进经验的现代化。中国教育的现代化，要实践与理论双推进，就是要用中国教育理论来阐述中国教育实践，用中国教育实践升华我们自己的教育理论。回顾以往，在发展科学和搞工业建设方面，一百多年来我们多迎合西方的思想，在教育上也是如此，我们自己的教育思想、话语总是立不起来。我们进行了很多富有成效的教学实践，却依然缺少我们自己的、系统的教育研究和教育思想的提炼总结。我一直认为，拒绝学习外国，不是无知就是白痴，但是我们喝牛奶绝对不是要变成牛，而是汲取营养滋养自己。今天中国的教育，理应树立自信,拥有自己的理论体系并在世界教育发展中享有一定的话语权。我们党的教育方针政策有一系列原创的、创新的理论,但是我们在国际教育学科专业方面的话语权明显不足。跟着别人后面走,永远不能超越,更何况别人的理论是否具有普适性是要打问号的。任何教育理论都是在特定的历史环境、特定的地域、特定的文化需求中诞生的。教师虽然不是直接的理论建设者,但是在教育实践中必须建立批判性的思维,从不同的角度,用不同的方式独立思考、对照判断,在实践中不断进行理论转化。中国教育的伟大力量,潜藏在广大教师的实践与研究中,潜藏在每个教师自觉自信的教育生命中。每个教师所彰显出来的中国人的骨气、底气、才气、勇气、锐气,是创建"中国本土教育学"的巨大能量,也是中国教育鼎立于世界之林的坚实基础。

中国人一定要有骨气,中国人一定要说中国话! 我们要有自己的话语权,用祖国的语言文字来表达自己的思想感情。因此,基础教育的教师要肩负起教书育人的使命,要有坚定正确的政治方向,自觉同社会主义现代化建设事业,同社会主义教育事业同呼吸、共命运,严格塑造自己,精心塑造学生,要担当起传播知识、传播思想、传播真理的使命,担当起塑造灵魂、塑造生命、塑造新人的重任,为中华民族伟大复兴树中华教师魂、立民族教育根。

中国的教育学扎根中国教育的沃土,要有鲜明的时代特色。我们要培养顶天立地的人,要培养中国特色社会主义事业的建设者和接班人,而不是旁观者和反对派。因此,我们的教育学要符合中国国情,并且具有时代活水。中国的教育学来源于中国教育,服务于中国教育,是中国本土的活的教育学。我们不仅要建成有民族传统和时代特色的中国本土教育学,而且要把中国的教育学、中国在职教师岗位培训的方法介绍给西方。

101. 明做人之理,明报效国家之理

问:教师是一个职业人,要教书要育人,没有一项工作是轻松容易的,遇到的多是困难和挑战;但是我们从您身上分明强烈地感受到当教师的幸福感,能

不能请您再跟我们悄悄分享一些私心话？

于漪： 教师身上要有时代的年轮，努力学习，不断提高认识，学会站在教育战略的制高点上思考一些问题，探索教育教学规律，跟随着时代奋勇前进。为此，我不断地挑战自我，清醒地看到自己的无知、缺陷与不足，寻求解决问题的途径与方法，追求超越。比如课堂教学，根据课程目标和自己的实际情况，制订努力的小目标，一个一个台阶上，一步一步攀登。先是"胸中有书、目中有人"、知心教心，有的放矢；接着在语言的规范、生动、鲜明上下功夫，力求出口成章，下笔成文。再接着研究课堂教学的节奏与容量，怎样的教学节奏与内容的分量，学生最易接受，最能满足学生心理需求，不打疲劳战。然后又研究课堂教学的多功能，发挥学科教学的实用功能、发展功能和审美功能，以学科智育为核心，融合德育、美育，使教书育人落到实处，改变只是传授知识的线性思维。又研究课堂教学结构的改革，如何调动每个学生的学习积极性，组织到教学的情境之中，师生互动，生生互动，把传统的教学结构的直线往复转换成网络式的辐射型，能者为师，水涨船高，推动教学向深处开掘，往广处开拓。研究的问题均来自教学的困惑，学生学情的启示，目的是修正或否定自己不合语文教学规律与不合时代前进步伐的想法与做法，切实导引学生全面提高语文素养。

教师要有主心骨，不追时尚，不跟风，不炒作。教育是朴素的老老实实的学问，无须三流的化妆来涂脂抹粉，花里胡哨。有一个阶段有这样一种舆论，似乎没有什么动人的口号就是保守，就是不改革。当时我只能一笑了之。语文教学的科学性、复杂性难道用一句广告语就能概括？千人千面，千课千样，哪一个教学模式能包打天下，放之四海而皆准？多一点哲学思考，多一点文化判断力，就能经得起这个风那个风的劲吹，牢牢抓住教文育人不放松，一步一个脚印往前迈。语文教师的定力、个性不仅在课堂教学中反映，在课程建设、教学发展的重要时刻，我总是直言不讳地对许多问题提出自己的看法，撰文阐述自己的观点。比如语文教育的目标问题，语文学科的性质、特点、功能的问题，兴趣、情感、求知欲问题，素质、能力、智力问题等，我发表了很多看法，而且预料到会有不同意见，乃至反对的意见，但是本着当教师的良心，对学生的热爱，对语文教学质量的执着追求，坦率地讲述观点是应该的，必需的。意见能深化自己的研究，修正不恰当的不周全的乃至错误的看法。一名教师总不能只埋头上课,要抬头仰望教育大形势、语文教改大潮流,判别语文教学现状的利弊得失,了解向前发展的可能与期盼。胸中有全局,教学实践就能心明眼亮,措施有力有效。

20 世纪 90 年代至今,社会上物质生活的诱惑对教师的冲击越来越大,我也未能幸免。调动工作优厚待遇,兼职校长房子车子,我都婉言谢绝了。90 年代中期,一所规模宏大的民办学校邀我当校长,年薪 60 万,我也毫不犹豫地谢绝了。我也是食人间烟火的人,为什么会作如此的选择? 毕竟在人生道路上走了几十年,曲折坎坷,最牵动我的心的是学生能健康成长,国家的繁荣昌盛。我是一名教师,不愿做知识贩卖者,人和金钱之间画上等号,人格也就扫地了。其实《乐记》里早就深刻指出:"夫物之感人无穷,而人之好恶无节,则是物至而人化物也。人化物也者,灭天理而穷人欲者也,于是有悖逆诈伪之心,有淫佚作乱之事。"人总是有物欲的,因为要生存要发展。但君子爱财取之有道,追求的目标是人格的完美。泰戈尔曾说,鸟的翅膀一旦系上黄金,就永远也不能飞腾起来。人之所以为人,是因为有精神世界,有精神支撑。读书求知为什么? 为明理,为明做人之理,明报效国家之理。教师是教圣贤书的人,当然,应是做人的表率。

教海泛舟,学做人师,无比幸福!

102. 修炼德才,学做人师

问:于老师,我当教师第九年,算不上什么有名头的教师,但是凭心而论,完成教学任务对我来说没有什么挑战,教了一轮之后基本上已经驾轻就熟,如果不考虑评审这些因素的话,可以很安稳地当老师,我觉得自己合格就可以了,不行吗?

于漪:中外古今对教师有很高的要求,概括起来就两个字:"德"与"才",要德才兼备,做人中的模范。人之模范,首先要道德高尚,人品端正,胸怀宽广,仁而爱人;人之模范,那就要"智如泉涌",好学不倦,有扎实的学识,业务精湛。这是一辈子自我修炼的事。"路曼曼其修远兮,吾将上下而求索。"为此,我立下誓言,并努力实践:一辈子做教师,一辈子学做教师。竭尽全力,学做人师,提升自我,完善自我,是我终身追求的目标。

一个教师的人格是思想、道德、行为、举止、气质、风度、知识、能力、心理的、生理的众多因素的综合。教师这个职业寄托着我一生的追求与热爱。教师要教会学生发现时代与社会的亮色,去寻找生活中的真、善、美,帮助学生树立积极的人生价值取向和世界观……我立志做一名"合格"的教师。这个"格"的要求很高,它不是用量化来衡量的,而是国家的要求、人民的嘱托。教师从教的初心要增强,经验要发展,思想要提升,视野要拓展,方法要创新,简言之,精神要成长。

当教师最怕成为"教油子",五年一贯,十年一贯,年年如是,没有长进。求知要日新,教学也要求日新,不能墨守成规,裹足不前。所谓新,不是变戏法,走捷径,而是除旧布新的"新",年年有新的认识,新的进步,越来越接近和掌握教育教学规律,越来越有效提高教学质量。"新",才有旺盛的生命力。每位志存高远的教师,都甘愿把自己的生命化成一架通向蓝天的云梯,让一届一届学生踩在自己的肩上,去摘取科学、技术、文化、艺术的明珠。所以,我一直说:教师的字典里永远没有一个"够"字,须不断学习,充实自己。

要使自己的教育教学永远勃勃有生机,就必须找到自身最强烈的刺激,那就是四个字——自我教育。《道德经》中说"知人者智,自知者明","知人"固然不易,"自知"似乎更难。希腊神庙有句"认识你自己",中国有句"人贵有自知之明",足可说明。为何"自知"十分不易? 一是许多人不注意"自知",从不思考自己是个怎样的人,须如何修身;二是"自知"的主观色彩很浓,优点用放大镜看,浑身是宝。不恰当的自我评价会带来种种问题,种种不愉快。"明",就是尊重事实,实事求是,多么不易。只有去除眼睛上的"翳",思想上的"翳",才能眼明,心明,轻装前进。

教师不是先知先觉,但对所从事的教育事业、教学工作必须认真地"知",清醒地"觉",切不可不知不觉,拘囿于混沌之中。什么是教育? 教育就是培养人。什么是中国的教育? 就是培养有中国心的建设者和接班人。我们要培养的绝对不是那些只给外国人打工的人,而是要培养有中国自信、中国自尊的,能放眼世界的,为世界和平做贡献的人,也就是能真正屹立于世界民族之林的中国人。我到底要做什么? 我应该做什么? 我现在在做什么? 这些问题要想清楚才能排除干扰,走在教书育人的正道上。

在教学过程中,学生学习积极性高涨时,常有神来之笔使全场震惊,急需教师迅速应对。回避、蒙混、错答,均为下策。正确的态度是知之为知之,不知为不知,实事求是,与学生讨论,取得学生谅解。教师不是万能博士,可以查阅有关书籍,向别人请教,再予学生解答。教师工作不是百米冲刺,而是万米赛跑,乃至马拉松赛跑。教语文也是如此,集中精力,动用各种辅助工具,上几节出彩的课并不难,难的是学生有持久的学习语文的积极性,每堂课都有实实在在的收获,在学习中品尝到求知的快乐。要有耐力,韧劲,永不满足,铸就教学生涯的质量,百炼才能成钢。

当今时代办教育当然要有世界眼光、国际视野,当然要认真学习国外的先进经验。学习,就要比较、深究、参照,就要立足本土,尊重国情,择其优秀者借鉴、使用、发展,在"化"上下功夫,而不是照搬照抄,以此来炫耀、卖弄,抬高自己的身价。

作为基础教育追求卓越的老师,应该有一种气象,有一种境界,是时代的良知、智能的火把、教育精神的代表。在多元价值并存、多样文化碰撞的十分复杂的情况下,教育要坚持正确的育人方式,拒绝急功近利的诱惑,远离陈腐文化,维护社会公正。这种气象,这种境界,要有辐射作用,让更多从事基础教育的人对此不懈追求。

103. 一把尺子量别人的长处,一把尺子量自己的不足

问:有一个问题隐在心底很久了,总觉得放不到台面上来谈,却会不时冒出来影响着自己的心绪,就是同行之间有人评先进了,有人获奖了,有人升迁了,有人当名师了,诸如此类,就会想为什么是别人而不是自己,自己应该怎么做才可以更好? 您能给我一点建议吗?

于漪:人在成长过程中,总是有意无意地和别人比。比什么,怎么比,比的目的何在,大有讲究。与思想深邃、道德高尚、才华出众的榜样比,就沐浴春风、明理敬业,攀登人生的价值与意义,有使不完的劲。反之,与大富大贵的比,与煊赫一时的比,不仅心态不平衡,自寻烦恼,而且可能从中受到私利迷信的传染。"比"中有大文章。

我以两把尺子伴随教学人生。一把尺子量别人的长处,拜众人为师,不断地"照镜子",寻找自己的不足;一把尺子量自己的不足,每节课以后写"教后",反思自己的不足、缺陷,乃至错误,思考如何改进。越"量"越有内驱力,越"量"越心平气和。

教书育人,"育人"是大目标,"教书"应该为"育人"服务。"教书"为"育人"服务,教师才有可能成为塑造学生生命,塑造学生灵魂的人。寓教育于教学之

中,是每个任课教师须精心探讨与研究的课题。"育"有极其丰富的内容,培养一个学生,对他的思想素质、道德情操、知识的广度与深度、能力的强弱、智力的高低、审美的趣味、体质的情况,都要悉心了解、精心培养,不能以偏概全,以局部代整体,要有总体的设想,因材施教,促进他们全面发展。

古往今来,不少仁人志士身上都有一种气象,这种精神上的万千气象,直接接触也好,通过文字材料接触也好,立刻会心灵感应,始而温暖,继而敬仰,终而增添生命的质量。气象是宏伟的、壮阔的、高大的、优美的,而气象的形成是靠家国情怀的持之以恒的修炼,才、学、识的锲而不舍的砥砺,在做人上下功夫。小肚鸡肠,锱铢计较,精致的利己主义者看似聪明,实则愚蠢。

教师内心深度觉醒,才会真正体会到日常大量平凡的乃至琐细的工作,不仅关系到今日学生的健康成长,而且关系到国家的千秋大业,老百姓的幸福生活。培养什么人,不是空洞的概念,他们具有怎样的核心素养,怎样的人生追求,是实实在在,一点一滴培养出来的。

104. 专业写作尤重独立思考

问:有一个技术性问题想请于老师给我们一些点拨,入职至今七八年了,每个学期我们都要写一些教育教学反思,凭心而论自己很想写出有深度的文章,但是选择什么内容就觉得犯迷糊,许多做法大家都差不多,更困难的是事情讲完文章就停下来,后续不知道如何开挖,所以文章写了不少,多属于同类重复。

于漪:教师不仅有教学任务在身,还需要发表文章,如何写出有深度、有价值的文章呢?

写作文须思想、文字双锤炼。文章是思想的载体,如果言之无物、人云亦云,即使文字通顺,甚而辞藻华丽,也难以站得起来。意,是文章的灵魂,文章的主帅,是统率结构与语言的。意,要靠文字来表达。再好的思想,再精辟深刻的见解,缺乏驾驭文字的技巧,文不达意,文章也味同嚼蜡。文章的表现力相当程度在于词句锤炼的功夫。

有一种误解，认为文章写得好不好，主要是语言文字功底深浅的问题，其实不然。语言不是单纯的载体，它与思想情感同时发生。一个人的语言水平与他的智力发展水平紧密相关，与思维方式、情感因素紧密相关。

教师写文章常题材相同，做法相仿，毛病大抵出在教学实践往往停留在事物的表层，浅尝辄止。因而，写的都是大家说过的话，或者引述几条某某教育家的语录，缺少鲜明的个性色彩，缺少"我"独有的想法与做法。做得深入，想得深入，文章就会亮起来。语言的力量来自思想的闪光，思想的闪光来自实践的精彩。

文章的"意"要正确，要激发人们奋发向上，追求美好的理想；要新颖，能开启人们的未见未闻未思；要有一定的深度，能接触到事物的本质。脍炙人口的千古佳作，除文字上匠心独运外，思想上往往高人一筹。思想要锤炼，发现有价值的材料后要深思，在脑子里来一番去粗取精、去伪存真、由此及彼、由表及里的制作功夫，接触事物的本质，认识生活的深层。

锤炼思想不是故作惊人之笔，说大话，唱高调，而是要学会用两只眼睛看世界，看全面，看发展，看本质，看主流，正确地反映事物的真实情况和内在规律。生活中有些现象与本质吻合，有些并不完全反映，甚至与本质背离，认真思考，善于分析，有真切体会，就能形成独到的见解，见之于文章，就会有个性，有新意，不一般化。

运用语言不单纯是语言问题，"言为心声"，语言是思想的直接表现，思想为里，语言为表，思想是语言的内核，语言是思想的外衣。"辞从意生"，思想十分明确，十分清晰，语言也就清楚明白。因此，语言训练时不能只停留在如何遣词造句方面，须同时进行思想的磨炼。想得清楚，才能说得清楚，写得清楚；想得正确、周到，才能写得准确、周密。

思想与语言的锤炼可以双促进。思想模糊，语言就含糊不清。要使思想清晰起来，除对事物再认识、再仔细思考之外，可以用语言说出来、用文字写出来后再琢磨、推敲，促进思想清晰起来。写文章实际上是一个使思想逐步成熟、逐步完善的过程，是整理思想和经验，使之明确化、条理化的过程。语言的深刻来源于思想的深刻，对事物精髓能一眼见底，语言表达就能入木三分。

俄国诗人纳德松说："世上没有比语言的痛苦更强烈的痛苦。"如何消除呢？

要锻炼自己的认识能力、体验能力,对语言的感受力、鉴赏力。对事物的真相认识得越清楚、越透彻,越有独特的感受,遣词造句就越准确,越生动。"一句话,百样说",怎样说最恰如其分,最有效果? 多思考,多比较,对语言的敏感程度就会不断增强。"百炼为字,千炼为句",抓住一个"炼"字,快乐就会相随。

乐于追求是写好作文的主心骨。文章不是无情物,它是生命的倾诉,心灵的表述。文章质地的高下与心灵追求的程度紧密相连。崇尚真、善、美,摒弃假、恶、丑,文章就能站立起来,给人以启迪、以惊喜、以感染、以鼓舞。如果只是辞藻的堆砌,名家名言的组装,写作主旨不明,无心灵美好的追求,文章就没有力量,浮游,飘忽,无益于写作能力的提高。

敏于思辨是写好作文的支撑。要阐述对客观事物的观点,发表自己的主张和见解,就要说理论辩,以理服人。为此,要敏于思辨。对所要阐述的事物,要思考再思考,深入思考,多角度思考;辨别再辨别,纵向辨,横向辨,同类辨,异类辨,弄清事物真面目,把握实质与要领。这样,论辩时就能探幽析微。见解正确、深刻,逻辑性强。

敏于思辨,靠的是敏锐的目光、阅读的积累和对生活深厚的兴趣。思辨能力的形成,非一日之功,要注意培养,不断锻炼,逐步形成敏于观察、敏于思考、敏于辨别的良好习惯。这种能力的形成、习惯的培养不能局限于写作教学之中,要与阅读教学结合,与课外学习和生活结合。经常明是非、辨曲直、比异同、发主张、阐道理,下笔说理就容易水到渠成。

模仿只是停留在原来的基础上,它不可能有创新。因此我就想,如果我们总是跟在人家后面走,那是永远不能超越的。什么叫超越? 要赶上人家,超越人家,就要有自己的独立思考,有自己独特的认识与做法。

105. 教学相长是一辈子的境界

问:我是学校的骨干教师,有了一些基本的教学经验,也参加了区域的名师培训基地学习,观摩了那些优秀教师的课堂教学之后,很有触动,学着他们在教学中的一招一式,希望自己也能学到那种成熟有效的教学风格,这是不是一种快速成长的路径?

于漪:"学然后知不足,教然后知困。知不足,然后能自反也;知困,然后能自强也。"(《礼记·学记》)所以说"教学相长",也就是古人所说的"教学半"。教别人能促进自己知识的增长,这早已被实践证明。学生学习主动性积极性的发挥,对于我的专业发展产生极大的促进和推动作用。简单地说,明显体现在以下几个方面:

第一,促进我对学生生命世界的深入了解和研究。我们都知道,眼里有人,教育才有温度。我的教学不能眼里只有书而没有人。但是这个"人"是一个具体的,而不是抽象的概念,因此要对学生生命世界深入了解研究,不仅仅了解他的认知世界,还有他的情感世界、生活世界、心灵世界;他不仅与别人有共性而且有个性,还体现着鲜明的时代特征。我教过50年代的学生、60年代的学生、70年代的学生,他们跟现代学生有极大的不一样,每个生命都是独特的。我们古人把生命视为"天地之大德",认为生命是宇宙的精华、万物的灵长,人是高于一切的。这些使我认识到做教师一定要尊重学生生命,敬畏学生的生命。什么叫真正好的教育?好的教育就是使每个学生的生命都获得健康成长和良好发展。我不是只教几个尖子生,或者只教少数人,我要让每个学生的生命都能够健康成长,都能够有良好的发展。这也促使我持续地研究学生实际。

第二,不断地修正教育理念。学生的状态不是静止的、凝固的,你不能用静止的、凝固的观点看待学生。学生是动态成长的,始终处在发展变化之中。也就是说,一定要把学生学习当中一些看似不可能改变的事情,经过你的教育、引导、感化,让它产生变化的可能。学生的发展变化,有的非常细微,是微澜,但也有的会给你突然的、巨大的惊喜。我在上课的时候,经常会碰到这样的情形,如在高中教《过秦论》,教到最后,有学生讲他不同意秦灭亡的原因是"仁义不施而攻守之势异也"这个观点,为什么?他的理由是,某月某日《人民日报》发表的郭沫若文章持有另外的观点,但这篇文章我根本就没有看到。学生的这种探求给我极大的教育,他们不断地提出问题,使我非常惊喜,有时候也使我甘拜下风。记得有一次突然100多人来听我的课,我在教《变色龙》。契诃夫的《变色龙》学生都非常喜欢,讲变色龙变来变去,但是万变不离其宗,它的本质是什么学生易忽视。因此我上课就设计了两条线,一是多变的现象,二是不变的本质。就在我的课快要结束时,一个女生举手站起来说:"于老师您教错了。"我吓了一跳,听课的人也都愣住了。这个女同学初来时语文考试是不及格的,但她胆子大,课堂上随便什么问题,有道理没有道理她都敢问。当她说我教错了时,我真的没有反应过来到底错在什么地方,我就请她上台来讲。她说,当奥楚蔑洛夫知道小狗是将军哥哥家狗的时候,他溜须拍马的愿望就更强烈了,您怎么还用跟原来一样的方式表达变化,您这样表达没有能够完全表达出当时的状态。她的理解是有深度的,我是单向思维,只是从一个角度去思考,而她是多向思维;我是着眼于现象与本质的关系,而她还看到现象本身在变化。学生是非常可爱的,不能以成绩高低、家庭背景论高下,每个学生的学习积极性都要受到爱护。

第三,要锤炼激发学生求知欲、点燃学生生命之火的本领。学生学习主动性、积极性的形成,不是一蹴而就的,其中必定充满艰难,工作要做到每个人的身上,关键在于慧眼识宝,倾心爱护。教师要有发现每个孩子优点特长的本领,哪怕是学习很困难、成绩不理想的同学,他也有优点,也有特长。因为你不能代替他成长,所以教师要长善救失,充分发挥他的长处和优势,这样他就会在成长过程中愿意努力克服他的不足。在这里,十分重要的是要建设与学生思想交流、情感交流、生活交流和智慧交流的通道,要因势利导。当然对学生除了扬长,还要弥补短板和不足,但许多老师非常习惯于补课、补知识,而我认为学生有的要补知识,有的要补学习态度,有的要补学习方法,有的要补学习兴趣,有的要补思维的弱点,每个学生所需补的是不一样的,关键看是哪一环断裂而造成整个学习发展链条的断裂。这就要建立一个知识、思想、情感、智慧交流的通道,让学生品尝到学习和成长的快乐。当有学生偷偷告诉我她的秘密并要我保密时,我就感到非常荣幸,那种信任感,就是我们建立情感、智慧、思想交流通道的结果。教师只有把所有孩子的积极性都调动起来以后,你才会品尝到这种快乐。什么叫好老师?好老师就是把学生越教越聪明,越教越有求知欲,越教越能"将"老师的"军"并逼着老师去学,这就是教师的成功。我曾有一个从农村转来的学生，思维非常迟钝，我在请他做教科书上非常简单的填反义词的书面练习时，其他都填对了，有一个"骄傲"的反义词他不填。我问他为什么不填？他说这里的"骄傲"没有反义词。这个题是《谁是最可爱的人》课文后的练习，这位同学说，"骄傲"的反义词一般是"谦虚"，我们这里志愿军的骄傲不是"骄傲"，而是"自豪"的意思。可见学生是有极大潜力的，对此老师往往是估计不到。我认同这个学生的理解，也给人教社建议把教科书上这个练习题修改了。

第四，坚持不懈地学做老师。我提出"学做老师"绝对不是口号，是因为我一辈子都觉得学科知识欠缺，因此我就要不断地学习。学生什么问题都会问，所以我体会到教师的字典里没有"够"字。如果有教师觉得业务专长已经"够"了，那就得反思：你的文化积淀、学科素养、科学素养、艺术品位等等能够支撑你回答学生的全部问题吗？学生什么问题都问得出来，我的口袋里经常装着记录学生提出的不能立即回答的问题的小本。因此教师应不断努力丰富自己的知识并提升智力水平，让开阔眼界、厚实底蕴、提升气质伴随着教师整个的教育生涯，让坚持不懈的学习成为教师的一种生活方式，教育的人生就是学习的人生。所以说，学生积极性调动起来以后，才有真正的"教学半"，不仅是教师教学生学习，学生也推动着教师进步，如此教师才能真正尝到与学生共成长的甜头，也才能品尝到教育学生的幸福。

艺术界广为流传一句话：似我者死。亦步亦趋，食而不化，再好的艺术光华也被磨灭了。教育也是一样，长期计划经济的影响，总想用一种模式来规范教师的教学行为，以期求得快速、惊人的效果。这不过是天方夜谭而已。教育的灵魂在于培养有灵性、有创造性的人，这一点不充分认识，不在教育过程中放在十分重要的位置，应该说是一种悲哀。

青年教师的成才、成功，应该博采众长，广为借鉴，但必须"以我为主"。自己必须有主心骨，不能说甲好就把"甲"奉为圣灵，说乙好又把"乙"奉为圣灵。要谦虚谨慎，不能狂妄自大，目空一切，但要有识别能力，要善于独立思考，辨别真伪，辨别科学的、合理的与貌似科学的、不合理的，要采取拿来主义的态度，拿来为提高自己的教学质量服务，拿精华来组成自己的教法，作为形成自己独特教学风格的"基因"。

一个人的成长、成才，无捷径可走。关键在实事求是地审视自己的教学业务，认清优点与不足，从思想道德、业务水平、教学能力等方面狠抓基本建设，多少年如一日抓住根本，使自己成为一个情操高尚、知识富有、教学上得心应手的教师。根深才会叶茂，只要孜孜以求，一心为学生，毫不懈怠，独特的风格与教法自然会形成。

模仿只是停留在原来的基础上，它不可能有创新。因此我就想，如果我们总是跟在人家后面走，那是永远不能超越的。什么叫超越？要赶上人家，超越人家，就要有自己的独立思考，有自己独特的认识与做法。

106. 业务精湛是教师追求的目标

问：您的许多建议和您教育教学的示范，让我们明白了一个基本道理，当教师需要有过硬的基本功，要有真本领，我们想知道您修炼这些真本领有什么秘诀。

于漪：对于教师来说，如果一直保持专业发展的动力，那他一定会越来越热爱自己的事业，在自己的岗位上不断创新、进步。业务精湛是教师追求的目标。教师专业要持续不断发展，具有教育教学真本领，就须做到以下三点。

一是勤于学习。让学习成为一种习惯，让虚心作为支撑。新知识、新事物层出不穷，唯有学习才能让头脑清醒，才能适应工作需要。可学的东西很多，但本原的非学不可，否则，专业上就缺少主心骨，浮游无根，随风飘荡。学什么？

学习什么是教育。也许有人认为多么幼稚可笑，事实上真正懂得教育的不是很多。肤浅的、一知半解的、名词术语满天飞的，大概不在少数。至于与真正教育背道而驰的、违背儿童和青少年成长规律的做法也屡见不鲜。认认真真读几本教育的书，联系实际思考、辨别、比较、判断，才能逐步把握教育的真谛。教育须有信仰，没有信仰就不成其为教育，而只是教学的技术而已。教育的本源所在是使它的文化功能和对灵魂的铸造功能，即学科的德育功能融合起来。

学习学科的性质、目的、功能，正确地理解把握，真正弄懂学科教学中有哪些是不可违背的规律。脑子里不能用知识碎片充塞，不能用考题、训练题马蹄杂沓。学科基础要厚实，脑中对学科整体教学内容须有清晰的框架，不能混沌一片，更不能迷醉于知识点的反复操练。要深入钻研，把握学科精髓，从急功近利、琐细枝节的桎梏中走出来。

拓宽视野，广泛学习，特别是有关国情、世情的书，选择好的读几本，能使狭小的心有广阔的天地。眼界决定境界，读一点对心灵有所震撼的书，能帮助正确认识中国的历史与现状，学一点观察社会、探索历史发展规律的立场与方法，懂得把学科德育放在时代大背景下考察，才能洞悉其现实意义和深远意义，从而增强学科德育的教育自觉。

二是勇于实践。实践出真知，鲜活的教学经验，无不来自教学实践。教师的专业知识、专业能力、专业态度，均在教学实践中展现，而专业能力更是在教学实践中锻炼提升。学科德育不是纸上谈兵，而是要刻苦钻研，发现、挖掘、运用教学内容中固有的育人资源，智育、德育融合，在教学中实施。对语文学科德育的现状、走势、问题与困惑的研究，离不开语文课堂教学实践；探求语文学科德育的规律、途径与方法，离不开课堂教学实践。教师从事教学实践要在"勇"字上突破。增强自信力，勇于探索，勇于创新，勇于反思，勇于坚守，有时甚至要勇于抗争。

三是批判眼光。须具有较强的文化批判力与教育批判力。存在的不都是正确的。利益驱动，自我炒作，再加上有些媒体的裹挟，是非混淆，真伪难辨。作为教师应该深思，识别力、判断力不可缺失。

文化是一名教师的厚度，思想是一名教师的高度。立业，在专业发展的同时，这二者的提升至为重要。立业，我们立的是忠诚教育的事业，如果做什么都讲功利，背后都有功利的目的，那"事业"就成了"私业"，这是万万不可取的。我究竟是做一个开拓者、建设者，还是做一个坐享其成的人？我们许多革命先烈，为了下一代，愿意把牢底坐穿。今天，我们国家不再是过去那样了，可是有没有一个继续艰苦奋斗的问题？如果今日不艰苦奋斗，哪里有来日的兴旺发达？因此，决不能做一个坐享其成的人，而要做开拓者、建设者。育树苗，要精心才行，天天耕耘，天天浇灌；育人才，更是要尽心尽力，不尽心不尽力，那是没办法把人才培养出来的。

所以长期以来,我觉得做班主任一定要三勤、三到。三勤就是口勤、脚勤、手勤。做班主任就得有张婆婆嘴,经常提醒,找学生谈话,一个学期不下百次。我们不仅要管理,还要教。要经常家访,了解学生周围的情况,要把班上的工作都做好,黑板报要出好,卫生工作要做好,小评论要搞好。所以口要勤,脚要勤,手要勤。

还得三到,就是眼到、口到、心到。班主任的目光要非常敏锐,心要非常精细,要能够透过学生的心灵窗户看到他心里想些什么。比如上课的时候,你提出个问题,有的孩子估计自己回答有点把握,你的目光要敏锐,要能发现他,并把他喊起来请他回答出来,这样他就很高兴,就有了信心。这就要靠心到、眼到。心到才能够了解学生是怎么想的,这就需要察言观色,所以也要眼到。对我来说,工作发挥干劲有两个最大的困难。一个是身体,一个是时间。我的身体很坏,长期以来病很多,胃溃疡,吐过很多次血,我的血管里流着很多同志的血包括解放军同志的血。有时上课,上着上着就吐血,昏倒。我患了肝炎,差点死了,因为我平时不爱看病,以为是胃痛,没管它,结果拖得很重了,只得躺下来,滴水不进,又动手术。前年我也差点死了,因为血供不到脑子里,我的眼睛突然完全看不见了。我以为再不能做老师了,心里很难过。住了一段时间医院,虽说现在治好了,可是头一直都是很晕的,脑子经常处在缺氧状态,没办法,主要靠意志在工作。"十年动乱"中,我挨整,小黑板用细铅丝吊着,挂在我脖子上,罚跑,跑得脚肿得像萝卜一样。因此,身体受到很大的影响。尽管身体状况如此,我觉得还是应该向革命前辈学习,要以献身精神来做好我们的教育教学工作。

一个人的生命是有限的,能够为祖国、为培养人才贡献一分力量,是我的愿望,是我的义务,也是我的光荣。比如 1969 年,上海很多人都下乡了。在那么一种动乱的情况下,我前面讲了,我是 69 届一个班的第九任班主任,我要把学生带下乡,真不容易,那是靠拼命呀。一次夜里,一个女孩生病了,发高烧腿不能动,由于我们上海郊区那时也很落后,赤脚医生都很少,所以就只好把学生从住地背到镇上去看病,要背近十公里路。那个学生个子又是蛮大的,跟我差不多,我和另一个女生两个人轮流背。在北风呼呼的冷天,把她背到镇上,我身上的棉毛衫、毛线衣都湿透了,两眼直冒金星,但孩子及时得到治疗了,我觉得这是自己应尽的义务,因为那么多家长把孩子交给我,孩子生病了,我得负责任。学生呕吐,我不怕脏,不怕累,给他打扫,洗衣服,像这类的事是很多的。

有干劲,还要能持久。我开始出来工作的时候,是满腔热情,可是要持久却很不容易,这里有一个意志的问题。长期以来,由于自己的基础差,总觉得不懂的东西很多,上课要做到左右逢源很难,因此工作、学习总是坚持一日早、中、晚三班,我连花时间去看电影也舍不得。其实,语文教师应该思想开阔,多看些电影,但是时间很紧,总觉得有做不完的事情,星期天也是一清早起来就干活。我觉得只有这样,全身心地扑在教育工作上,生活才是充实的,有意义的。如果说我一辈子做教师,能在社会主义的大道上真正起到一颗铺路石的作用,就算是不虚度此生。奥斯特洛夫斯基的名言,对自己的教育是很深刻的,什么是生命的意义,既懂得了它,那就要以献身的精神,干劲十足地去工作。

107. 要与学习结伴同行

问:现在我们这里的领导也很重视教师培养,为我们设置了从小名师到骨干教师、到学科带头人,直至教育家型教师的分层培养梯队,在这些团队中我们跟随导师名家直接学习,是不是可以少浪费时间,比自己东学西学效率更高呢?

于漪:教师要有德有才,要有教书育人的真本领。随着时代的发展,社会对于教师职业的要求越来越高,仅靠一本教科书,一本教学参考书,稍有一定文化知识就可以上课的教师,已远远不能满足人们对现代教师的要求。不勤于学习,不独立思考、独立钻研,信奉教学参考书硬搬硬套,走捷径,永远不可能成为合格的、优秀的教师。教师作为一种职业,需要具有广博的文化基础知识、精深的专业知识和扎实的教育科学知识。

作为受社会委托,承担增进下一代知识、技能和身心发展的教育任务的教师,必须具有当代科学和人文两个方面的基础知识,这是现代教师知识结构的最基础的方面。教师拥有广博的文科、理科知识是社会发展和教育改革的需要。人类的知识一方面在不断地细化,另一方面也在不断地交叉和综合。综合课的教学形式要求教师必须具有跨类别的多门知识,并且要了解各学科之间的联系。教师具有广泛的知识储备,不但可以增进学生的知识,而且可以满足和激发学生强烈的求知欲、好奇心,并在此基础上指导和促进他们的自主学习和探索创新的精神。大部分学生都崇拜"什么都懂,什么都会"的教师,教师知识的广博对学生具有感染和教育的功能。

具备一到两门任教学科的专门性知识和技能,是教师知识结构的第二个方面。这一到两门学科知识是教师课堂教学的主要内容。课要教得精彩纷呈、美不胜收,不仅让学生学有所得,而且要有如坐春风的感受,教师就必须对所教学科的基础知识和技能有广泛深刻的理解,熟悉与该学科相关的知识和背景材料,了解本学科产生和发展的历史脉络及将来的发展趋势,只有在这方面真正做到行家里手,教学生时才能要言不烦,一语中的,才能居高临下,左右逢源,激发学生强烈的求知欲望。

教师解决教什么的问题还不够,还要解决如何教的问题,因而教育科学知识是教师知识结构的第三个方面。教育学和心理学以及与之相关的分支学科,是教师进行具体的教育和教学活动的理论基础,学习并掌握,就能遵循教育规律,提高教育教学效率。

总之,要双肩挑起时代培育学生的重任,教师要好学不倦,努力做到业务精湛,知识面广、文化积淀丰厚,不断吸收新知识新信息。教师只有自己知识长流水,像树根一样伸展在泥土里拼命吸取养料,才可能引导学生在知识的海洋中扬帆远航。因而,学习与教师结伴同行,教一辈子,学一辈子。

108. 施教之功在于启发引导,点拨开窍

问:从原来的课程改革,到如今"双新"实践,都强调学生的主体地位,课堂教学之功在于学生主动的学习,高效能的课堂重点在于教学设计,这对于像我这种不善讲授的老师来说是一种解脱,这样我也可以有更多的精力去琢磨课堂设计和课件制作了,您觉得呢?

于漪：启发引导直接影响教学质量的高低，如何启发引导，相当程度取决于教师的教学语言。有教育家指出："教师的语言素养在极大程度上决定着学生在课堂上的脑力劳动效率。"优质的教学语言经常能显现对听者的启发性价值。

指导学生阅读或写作，谈某一个问题，三次五次，总是同样的话，学生听腻了，味同嚼蜡。应语汇丰富，在同义词、近义词中用心选择，再加上角度的转换，效果就很不一样。谈同一个问题，在不同场合又有些微变化，不重复同一句或同一词语，学生有新鲜感，乐于接受。

声情并茂不是提高嗓子、矫揉造作，而是要有发自肺腑的真情。教师为文本中高尚人物所感动，自己动情，才可能对学生动之以情。教师动情，语言就会有感情的冲击波，这种感情的冲击波是心声的吐露，能叩开学生的心扉，使学生受到感染。强调"情"，不等于语言不考究，"言之无文，行而不远"。

教学中也要善于娓娓而谈。娓娓而谈，就是敞开自己的心扉，或叙述，或评论，目中有人，语调平和，字字句句轻叩学生的心弦，犹如小溪流水，淙淙潺潺，悦耳动听；犹如春风化雨，吹拂学生的心田。

教师的教学，相对来说，用文字的比较少，大量是用口语，因此，口语是教师从事教育教学的基础。教师口语是否规范、生动、娴熟、有趣，是否有说服力和感染力，关系到教育质量的高低，丝毫不能掉以轻心。

情是教育的根，"感人心者，莫先乎情"。教师的语言要能拨动学生的心弦，就要以声传情，注情于声，声情并茂。教师带着感情教，满怀深情说，所教的课，所讲的道理就能在学生心中引起共鸣，从而使师生心心相印。

教师要善于用风趣的语言开导学生，讲究幽默，把情趣和理趣结合起来，使课堂充满笑声，充满和谐、愉悦的气氛。风趣、幽默，是语言艺术。对词义的褒贬、色彩、应用范围等创造性地运用，就能收到非比寻常的功效。风趣、幽默，特别能启迪智慧，因而，对学生很有吸引力。

教学语言中叠音词的恰当运用，可增加语言的音乐美。如灵活的句式、长句短句、整句散句，与一定的修辞手法，如比喻、对偶、排比等结合起来运用，就更增添教学的趣味性。哪怕是课的起始阶段，对文章概貌进行简介时，也要斟酌语言,挥洒色彩。

学点演讲的本领也是让教学语言闪现光彩的必由之路。演讲不同于讲课,讲课是按照学科本身内在的逻辑体系,循序渐进地传授知识,讲解问题;演讲则是按某些问题本身的逻辑,深入浅出地讲解其中的某些道理。讲课如适时适度地运用演讲技巧,可增强感染力,提升教学效果。

讲课中的演讲绝不是长篇大论,而是在关键之处插入,醒学生耳目,在思想深处留痕。要语言鲜明,不晦涩;采用有生命的词汇,不干瘪,不枯燥;语势通畅,有情有味。根据内容与学情,选用不同的语言风格来表达。只要内容翔实,语脉清晰,感情饱满,重点突出,就会富于吸引力,收满堂生辉之良效。

有些教师认为课程改革中学生是学习的主体,讨论、交流为主,教师讲授已"退位";真要讲问题,制作演示文稿即可,何必还要探讨教师的教学语言。殊不知教师语言应是一种教学艺术,"教育人是艺术中的艺术,因为人是一切生物之中最复杂、最神秘的"(夸美纽斯语)。教学语言是实施教学工作最基本最直接的手段,理应讲究质量,讲究品位,讲究艺术。

109. 破解"学科知识欠缺"的困扰

问:我是一名入职三年的职初老师,我意识到您说的加强学科基本功学习的重要性,平时比较注意积累,目前上课对我来说也没有太大的问题,让我感觉有点别扭的是,我准备的那些专业知识很少有学生来问,但他们提出的问题千奇百怪我却常常无从作答,而平行教学的几位老师上天入地的知识都懂,很受学生推崇,这让我内心多少受到一些触动,您能不能给我一些建议?

于漪:大部分学生都崇拜"什么都懂,什么都会"的教师,教师知识的广博对学生具有感染和教育功能。怎样破解新教师面临的"学科知识欠缺"的困扰呢?

第一,要有良好的心态。任何老师都生活在特定的时代发展之中,一定要认清楚历史发展的必然,以自己的身体力行来回答时代之问。"教非所学"是新时代新事物的新要求,所以不能以一种委屈的心态面对,而应该看到这是时代发展的必然，是一种常态。

第二，要认识到本科毕业、研究生毕业并不是学习的结束，踏上教师工作岗位是新学习的开始。学历水平只说明你职前接受的教育，不等于岗位水平，你在大学阶段包括研究生阶段学的只是一门一门的课，是纵向的，而我们基础教育要求的是综合能力，要求创新能力。确实有这样的青年教师，品行很好，学历也很高，但是在教学上非常困难，学生就是不太愿意听。因为教育教学不仅是科学，还是艺术，学历水平不等于岗位水平，岗位水平只能在岗位上锻炼，因此要接受继续教育，实现岗位成长。要清醒地认识自己角色的转换，从大学生、研究生转换成为教学生的教师，会碰到许多做学生时从来没有遇到的问题，这就需要教师结合工作学习，不断获得新的启示、新的领悟、新的快乐。我们还可以冷静下来想一想，即使一个老师所教就是所学，难道就没有"学科知识欠缺"的困扰吗？我认为，一个老师即使所教与所学对口，仍然会有"学科知识欠缺"的困扰。因为任何一个独立的学科，内涵都是极其丰富的，也是处在不断发展中的，学习者在几年学习中不可能什么都掌握，更不可能把学科的宝藏尽收囊中，做到运筹帷幄。从我自己的体会来讲，学科的困惑会跟随教师一辈子的，只不过时起时落、时大时小而已。如果一个教师对自己"学科知识欠缺"缺乏正确的认识，又没有很好的学习追求，也就难以有好的专业发展。

第三，要锤炼扎扎实实的自学能力。教师对所教学科的性质、目的、任务、功能、特点等要有总体的了解和把握，也要善于运用自己原本所学的专业来比较，系统梳理学科自身体系是怎样的？要培养的能力体系是什么？能够给学生怎样的核心素养？如何在学科的"知识仓库"中检视自己的短板？这些都需要教师有不断学习和解决问题的钻劲和恒心。我一辈子的教学，都在不断地排找自己"学科知识欠缺"的问题。记得为了培养青年骨干教师，我从高中转到初中教课，当时没有想到我在课上就被初中的娃娃给"将"住了，回答不出问题。范文澜先生曾讲过，乐府有双璧，一个是《孔雀东南飞》，写刘兰芝和焦仲卿的爱情悲剧；一个是《木兰诗》，写木兰女扮男装，代父从军，征战沙场的故事。（范文澜认为《木兰诗》"足够压倒南北两朝的全部士族诗人"。参见：范文澜《中国通史》第二册 325、662 页，北京：人民文学出版社，1978 年）我在教《木兰诗》的时候，要求学生认真阅读理解,有一学生扑哧一笑很不以为意。我问他为什么?他说《木兰诗》的故事不可能——同行十二年,竟不知木兰是女郎,这个军队里的人全是傻瓜吗?于是学生们哄笑起来,我再跟他们解释,又有一个学生站起来说,古代女子是要裹小脚的,十二年里战争间歇一定会要洗脚,鞋子一脱洋相就出来了。当时已下课,我随口回了一句,说那时候女子还没有裹小脚,结果学生不罢休,就问我:"于老师,中国古代女子是从什么时候开始裹小脚的啊?"我从来没有研究过这个问题,备课时没有这样发散性的思维——从《木兰诗》追溯中国古代女子裹小脚的起源。回答不出学生的问题,我就"挂黑板"了,我告诉他们马上去查。结果正史上查不到,我就查风俗史、野史,最后在清朝史学家赵翼的《陔余丛考》中找到了,其中《弓足》一篇记载:南唐后主令宫嫔窅娘,以帛绕脚,作新月状,后人皆效之。赵翼《陔余丛考》卷三十一"弓足"下称:"妇女弓足,不知起于何时。有谓起于五代者,《道山新闻》谓,李后主令宫嫔窅娘以帛绕脚,令纤小作新月状,由是人皆效之。"(《陔余丛考》,石家庄:河北人民出版社,2003 年)

教海无涯,学无止境。学生问到你的问题,你自己能够知道在什么地方就很不错了。所以,我一辈子都有"学科知识欠缺"的困惑。比如说教到"红杏枝头春意闹",这个"闹"字了不得,是诗眼,但就一个"闹"字已经争论了上千年,我怎么能够全部了解呢?所以教师有"学科知识欠缺"不可怕,它是一种内驱的动力,关键就要扎扎实实地学习,缩小欠缺的差距,逐步地成熟起来、优秀起来。

110. 教师的说写能力要过硬

问:关于教师的基本功,您已经给了我们很多宝贵的建议,我们会认真领会,努力实践。还有一个问题希望得到您的一些指导。以往大家都说当教师就是"吃开口饭"的,事实上能说会写的老师从来也不缺,对于教师的表达能力修炼,您还有什么建议?

于漪:教师一辈子要修炼立德树人的大基本功。与此同时,须练好学科专业的基本功。对语文教师而言,说和写的能力都要过硬。

教学语言是一种专业语言。它既不是纯粹的书面语言,又不是日常的大白话,它须有文化含量。浅显中有内涵,通俗中有端庄,是科学性、教育性、艺术性的融合,具有独特的传递信息、开启心智、交流情感的巨大魅力。教学语言犹如万能钥匙,功能齐全。只要教师珍视它,有效地使用它,言之有物、言之有理、言之有序、言之有情、言之有文,学生就会聚精会神,思维活跃,听到精妙处,会情不自禁地欢呼雀跃。这种求知的气氛,求知的欢乐,单凭无生命的信息工具是无法创造的。

教师要有一支灵动的笔,正确而熟练地运用祖国语言文字表达自己真挚的感情,表达对自然、社会、人生、教育的独特感受与体验。写作是人的生命活力在文字上的展现。教师进行写作实践,亲自品尝语言文字表达情意的奥妙,深切感受调遣语言文字倾吐心声的甘苦,对学生的指导、点拨就实在、精要,不凌空,不僵硬。点拨鲜活,带着智慧露水,学生就深受其益。

语言是心灵的镜子,一个人只要说话,就映照出他的心灵。教学语言的大忌是对学生缺情少义,那些挑拨式的、预言式的、挖苦式的语言对学生心灵有很大的伤害。

语言暴力最伤害的是学生的自尊心,尤其是儿童受害更深。自尊心受到损伤,儿童心理会出现种种不健康状态,如焦虑、不安、自卑、封闭,影响正常发展。一个丧失自尊的孩子,是不可能成人成才的。教师要加强师德修养,不管遇到怎样的突发事件,都要冷静下来,控制自己的情绪,切不可口无遮拦,由着自己的性子信口雌黄。

须知,体罚伤体,恶语伤心。教师信奉的绝不是专制式的家长统治,而是包容各种各样的学生,走入学生心里,与他们平起平坐,体会他们的情感,体贴他们学习中的困难、困惑,春风化雨暖他们的心。对学生的仁爱之心反映在与学生相处的各个场合,要不断修炼,净化感情。

我们进行了很多富有实效的教育实践,但依然缺少自己的教育思想提炼和系统的教育理论研究。从教育内涵到学生培养到课程改革,从理念到做法,大部分都是从国外进口的。我们绝不排斥借鉴国外的经验,科学的先进的更应认真学习,消化吸收,但今天的中国教育理应树立自信,拥有自己的话语权和理论体系。

建立自己的教育话语权非争语言上的长短,更不是说大话、空话、不着边际的话。我们的教育话语权有大量的教育实践作支撑。穷国办大教育,艰苦奋斗,结出了教育硕果。而今,大国办强教育,又要在新征途上排除种种障碍。不说别的,单是普及义务教育的奇迹,用丹心与智慧浇铸而成的许许多多教书育人的经验,保障体系的建立与不断完善,均值得大说特说。中国教育理论一定要有中国特色、中国气派。

怎样才能做到育人先育己？

111. 不断树立人格榜样

问：从小到大我一直是一个简单的女孩，选择当老师也是觉得教学生的工作比较单纯，不会遇到社会上乱七八糟的事情，我也没有心思整天去琢磨复杂的社会关系，对于教师职业我也同样如此，上好课，管理好学生，其他的事项很少关心，所以会觉得现在对教师的这个要求、那个规定有点烦，至于那些家国大事、新称谓新提法就更是钝感十足，我觉得这也是保持自己单纯的一个重要方面，您支持我吗？

于漪：教育的事业是着眼于未来的事业，教育工作的性质与特点要求教师应具有相当程度的职业敏感，应跟随着时代奋力前进。我们正从事社会主义现代化建设，伟大的建设任务对教育提出新的挑战，新的要求。作为一名教师，一名班主任，要学会认识时代的特征，关心国内外大事，善于接受来自各方面，尤其是教育、科学技术方面的信息，使自己思考问题、从事教育实践具有鲜明的时代气息。我体会到更新教育观念，对培养目标有正确而深刻的认识最为重要。就当前而言，有几点特别重要。

一是以学生为本，以促进学生的发展为本，这是我从事教育始终不渝的坚定信仰。不是以"应试"为本，以"本本"为本，教师生涯中最大的事就是一个心眼为学生，为学生今日的健康成长，明日的长足发展，引领他们把"小我"融入"大我"之中，建设有意义的人生。教师持续奋进的青春密码，就是学生至上。

教育要为中国特色的社会主义事业服务,培养造就千千万万具有高尚思想品德和良好道德修养、掌握现代化建设所需要的丰富知识和扎实本领的建设者和接班人。我们班主任工作的核心是"育人",而不是"育分",是培养学生德智体美劳全面发展。

二是育人的关键在于培养学生明做人之理,明报效国家之理。在教育教学工作中要抓"根"树"魂",要在学生心中培育以爱国主义为核心的民族精神这个"根",树热爱中国共产党热爱社会主义这个"魂"。在学生世界观、人生观、价值观形成的时期,一定要满腔热忱地卓有成效地培养他们一颗爱党爱人民的中国心。坚持榜样领航,以古今中外卓越人物、英雄人物,尤其以中华民族的英烈为榜样,点燃学生心中理想信念这盏灯,照亮人生的路程。要做到牢固树立育人的大目标,就要深入学生成长中的三个世界——生活世界、知识世界、心灵世界进行研究。以德育为核心,促进他们生活上健康、开朗、自理、自立;促进他们爱学乐学,善于求知,勇于探索;促进他们丰富心灵,提升思想,奋发向上。三个世界要和谐发展,教师不能只重其一,不重其他,要坚持质量的全面提高,清除片面质量观的主宰。

三是尊重和爱护学生是新世纪教育改革的新起点。每个学生都是独一无二的,有强势智能、弱势智能,它代表人的多样性,因而,班主任要对学生的个体性、独特性、多样性给予充分的尊重,不是让学生去适应一成不变的教育,而是要通过自己的开拓创新,以其丰富性、多样性去适应与满足学生的需要。

四是班主任不能把自己放在绝对权威的地位,我讲你们听,我说你们做。须知,教师不可能代替学生成长,而是要精心培育、耐心疏导、积极启发、点拨开窍。重在唤醒求知的欲望,唤醒做人积极向上的自觉意识和努力奋斗的精神。亦师亦友,平等真诚,以心换心,以心教心。

各种各样有教育实效又生动活泼的教育方法都是班主任潜心创造的。创造当然要有正确先进的教育理论、教育理念指导,但更重要的是必须从学生实际出发。因而,走进学生世界,了解他们,研究他们的所思所想,所爱所憎至为重要。为了和学生有共同语言,我可以培养和改变自己的兴趣爱好。为了解足球,熟记球员的名字,弄清什么阵势;又如,了解流行歌曲各种特征,评论优劣。凡此种种,目的在于走进学生心灵世界,和学生打成一片。你真正进入学生世界之中,而不是站在学生世界之外戳戳点点,学生就把你当自己人,信赖你。这样,不仅教育效果好,还可受到学生身上洋溢的生命活力的感染,其乐无穷。至于教育方法的创新,只要教育理念正确,切合学生的实际,完全可以百花齐放,各具特色。每位班主任只要对学生倾注心血,就必定能创造出丰富多彩的育人方法。

育人先育己。班主任着力持之以恒地完善自己的人格,树立人格榜样,学生必然深受教育,深受感染,乃至终身受益。

112. 变"教过"为"教会"

问:我是一名普通老师,根据规定每周要上18节课,带一个班。虽然课改以来对我们教师的要求不断,有一些听上去也有合理性,但从我必须完成的教学任务来说,只能是根据备好的课重复着上,我相信到一定年限我也能积累出一些自己的教学经验,形成自己的教学风格。教师的经验是不是这样积累起来的?

于漪:教师要有识见,要善于见人之所未见,千万不能做简单的操作工,人云亦云,照老模式老框框搬。教师的劳动是创造性的劳动,因为教育不仅是一门科学,也是一门非常具有创造性的艺术。比如上课,同样的教学内容,不同的教师教,不仅方法各异,而且效果也会大相径庭。关键在是固定地按图索骥,还是独立思考、善于发现。比如,有的教师认为"教过"不等于"教会","教过",所有的教师都可做到,时间不会停住,总要上课下课;而要"教会"每一个学生,就要教师用心血浇灌。这是有见识的看法。又如,有的教师认为,课堂上学生要真正成为学习的主人,课堂结构就必须从师生之间的单向型直线往复转换为网络式、辐射型的,"教"作用于"学","学"反作用于"教","学"与"学"之间频繁交往、冲撞,课堂就是在教师指导下学生学习的用武之地,闪发出能者为师的光芒,师生关系是平等关系、合作关系、互动关系。这是有见识的。创新是一个民族进步的灵魂,也是教育蓬勃发展的灵魂。要教育出思维活跃、有创新精神的学生,教师太需要有见识,有强烈的创造动机和创新意识。教育的本质是用未来社会的发展要求我们的教师、要求我们的学生的。作为教师,当然应适应时代的要求。善于思考,勇于创新,对客观事物,对所从事的教育教学工作有独立的见解。教师认识能深入底里,见解深刻,学生思维能力、思维方法、思维品质也就间接地受到影响,乃至获得锻炼。

教师要有能力,要有处理学生世界中各种情况的综合能力。学历水平不等于岗位水平,学历水平只说明职前接受教育的程度,能不能成为合格的、优秀的教师,要在岗位上自觉锻炼。带班级也好,教课也好,课内也好,课外也好,都要善于观察,敏于综合、判断、推理,应对自如。实践出真知,在教育实践中多思考,多总结,不断提高认识,提高水平。当今尤为重要的是要教学生"学会学习",提高"学会学习"的能力。学习型社会要求人终身学习,学校所学知识、技能远远不符日后社会发展的需要,学生日后要在社会上生存、发展,在竞争中立于不败之地,学生在学校求学期间就要学习"学会学习"的真本领。教师不能做现成知识的灌输匠、注入匠,要引导学生自主学习,进入知识宝库,要着力于点拨、开窍。要研究学生的学习方法、思维方法,精心指点,真诚帮助,让学生学会学习,学会用人类创造的精神财富滋润自己成长,主动积极地迎接信息时代的挑战。

总之,教师要充分发挥人格的魅力,人格对学生健康成长起引导作用。为此,教师必须找到自身不断进步的最强烈的刺激,那就是自我教育,在德、才、识、能诸多方面日有长进、月有长进、年有长进,真正做到师风可学,学风可师。在品德、人格、学识、言行等方面,是学生的榜样;在学习方面,追求真知方面,孜孜不倦,开拓创新,也应是学生的楷模。教育事业是爱的事业,师爱超越亲子之爱、友人之爱,因为它寄寓了祖国的期望和人民的嘱托。作为一名教师,对学生要满腔热情满腔爱,对学生只有丹心一片,才能和学生心心相印。如果说教师的人格力量是一种无穷的榜样力量,那么教师对学生的爱心就是教育成功的原动力。陶行知先生的"捧着一颗心来,不带半根草去",正是教师无私奉献爱心的典范。

113. 为"学"而教

问：您的这些建议确实很重要，我们习惯于"教"过了，完成了工作，至于学生学得如何确实顾不过来，虽然也经常听到"为学而教"，总想我教他们难道不算是为了学吗？到底怎样才算为"学"而教，请您给我们一点建议。

于漪：长期以来，教师为"教"而"教"的现象比较严重。教师考虑得最多的是教什么，即教学内容。熟悉教材、进行钻研、写好教案，向学生传授知识，就觉得完成了任务。至于怎么教，学生才能学懂、学会，相对而言，考虑得就比较少。至于学生学习过程中会碰到哪些困难，怎样才能克服困难，考虑得就更少了。至于对学生的学习方法，怎样学会学习，不要说很少关注，有些连想也没有想到。

立足点从"教"出发，语文课堂教学常常重知识轻能力，重烦琐的讲解，灌输各种各样的现成结论。课堂上常常是教师一言堂，是教师的用武之地，锻炼自己的口才，锻炼自己的形象思维与逻辑思维。面对科学技术的突飞猛进，面对社会生活节奏的加快，用这种方法教，无疑要关闭学生认识现代社会的窗户，压抑他们学习语文、进行语文训练的积极性，他们的智力发展，尤其是思维力的发展会受到严重的障碍。课堂教学要进行改革，改革陈旧的不符合全面培养人的低效率做法，须转换立足点，要把从"教"出发的立足点转换到从学生的"学"出发。学生是学语文的主人，"教"是为学生服务的。"教"不是统治"学"，也不是代替学生去"学"。教师的"教"是启发学生"学"，引导学生"学"。施教之功在于启发、引导、点拨、开窍。教师与学生的关系是"师傅引进门，修行在自身"，教师引导学生入语文学习之门，学生自身想学、爱学、努力学，就能取得良好效果。教师为学生学懂、学会、学好、会学而教，因为任何教学方案都是为学生而存在而起作用的。课堂应是学生学语文的用武之地；课堂上不改变教师越俎代庖的状况，学生就摆脱不了只当听众的命运。

比如训练学生口头表达能力。有的学生口述能力差，说起话来断断续续，含糊不清，如果从"教"出发，课堂上就不愿让他们发言，以免"浪费"时间。但是从学生的"学"出发,必须让他们多加锻炼,创造条件让他们多问,多说,多解答,多分析。课不是表演,不是教给别人看的,要教到学生身上,教到学生心中,让他们扎扎实实进行语言文字的实践,切实提高语文能力。学生有机会多锻炼,教师因人而异,具体指导,坚持不懈,就有效果。

教师为"学"而"教"并不是一切围着学生转,采取"放羊"的形式,"以学定教"是有前提的。培养学生成为德才兼备的有用人才,有明确的要求,有科学而严密的计划,开设哪些课程,达到怎样的目的,都是经过长期实践,总结正反面无数经验而形成的。教育就是有目的有计划的培养,一定的年龄要完成一定的学习任务。小学识字教学基础不扎实,中学再补,往往事倍而功半;中学阶段读的能力差,写的文章不能文从字顺,都会给继续深造或走上工作岗位带来无法弥补的损失。

近代教学论者主张,反对死记硬背的教学,要尊重学生的独立性和创造性的发展,这是很有道理的,但是不能放弃教学目的,把教学过程放置在从属学生自我中心的地位。"教"必须从学生的实际出发,各个层面学校的学生实际有差异,甚至有很大差异,简单的一种做法难以取得实在的效果。学生的知识掌握与认识活动是在教师的指导下进行的;然而,学生是学习的主体,对他们在学习过程中的主观能动性要充分认识,善于从他们的实际出发,调动他们内在的积极性,去获得新知,发展认识能力。师生双方具有共同的目标,让学生获得知识,发展智力,提高能力,但达到目标的角度不同,方法不同。

"教"为"学"服务,在为"学"服务的过程中,认真备课,努力实践,教师自己也会获得新知,提高认识能力。

114. 学会自知

问:作为新时代的年轻人,我是一个自尊心和好胜心都很强的老师,我认为这是一个人进取心的表现,所以凡奖项活动我都积极参加,并且要拿最好的成绩;凡新潮玩意我都要追求,就是我一定要表现最好。至今我取得了一些成绩和荣誉，但多少感到有点累，更多的问题是，渐渐地我觉得身边的朋友越来越少了。想请于老师给我一些建议。

于漪：人贵有自知之明，真正做到自知，做到自己认识自己，其中大有学问。一名语文教师要能担负教学重任，积极进取，须清醒地认识自己，清醒地认识自己的教学业务。而要能清醒地认识，首先要加强思想修养，在"虚心"二字上下功夫。"虚"就是不满，志足意满，踌躇满志，还能容纳下什么东西呢？"虚"才能容物，才能主宰自己的眼睛去看，主宰自己的耳朵去听，否则，眼睛上、耳朵上总像蒙上了障碍物，不是视而不见，听而不闻，就是看走样，听走音。"虚心"是鞭策自己进步的动力。

首先是功底。

语文教学涉及面广，稍加深入，就会感到知识不成串，教起来捉襟见肘，力不从心。越教越深切感到功底厚不厚直接影响到教学的质量。功底浅，知其然，不知其所以然，经不起问，深不下去。

比如识字，原先认为不难，只要会使用工具书，勤于查检就行。随着教学实践的深入，就会发现识字很不容易。章太炎《国学概论》指出："韩昌黎说：'凡作文章宜略识字。'所谓'识字'，就是通小学的意思。……桐城派也懂得小学，但比较少用工夫，所以他们对于古书中不能明白的字，便不引用，这是消极的免除笑柄的办法。"从这段话中可知识字的不易。例如《雨中登泰山》中的"喑噁叱咤"这个词，"叱咤"用得多，"喑噁"就很少见。猛一看，似平读 yīn wù，仔细查阅，才知道读音很有讲究。"喑噁叱咤"出自《史记·淮阴侯列传》："项王喑噁叱咤，千人皆废。"司马贞索隐"喑噁"的"喑"，"于金反"，读平声；《汉书》中读音乃"于禁切"，音"荫"，现在的第四声。一般来说，以《汉书》读《史记》最为可靠。

不常用的字如此，常用的稍一疏忽也会出差错。如《挖荠菜》中有个"呛"，不注意就会误读成 qiàng（第四声）。汉字中多音多义字特别多，要慎加识别。食物或水进入气管引起的不适叫 qiāng（第一声），气体（刺激性的气体）引起的不适读 qiàng（第四声）。

至于字义的变化更是不容易把握。"文化"这个词，在英文中是个字

culture。英国的雷蒙德·威廉斯是这样论述的：它本是"天生成"的意思，在 18 世纪末和 19 世纪早期一变而有"习惯和心情一般状态"的意义；第二次又变成"社会、知识发展一般状况"的意思；再则进而变成"艺术一般总称"的意思；最后到 19 世纪后期就发展成为包含"物质、知识、精神全部生活方式"了。（《1780 年至 1950 年的文化与社会》）了解这些，比起单从词典上查到的解释要丰富。

字词如此，其他方面如语法、修辞、文学等功底同样有厚与薄的问题。厚积而薄发，才能做到精要，说到点子上，使学生受益。

其次是视野。

语文学科涉及的知识多达数十种，除了汉语、文学等知识外，涉及天文、地理、科学、技术、美术、戏剧等，真是丰富多彩，包罗万象。教学任务决定了语文教师既要精通本身的业务，又要广为涉猎，广泛地学习，越博越好。又博又专，教学时就会逐步做到得心应手。

教课要能撒得开，纵横延伸，更要能收得拢，聚意点睛。如果视野狭窄，就不可能上下古今，更不可能登高望远。比如，在教介绍现代科学技术的说明文时，教师为什么常常就文论文，干瘪得很呢？原因在于缺乏相应的知识，教的时候兜不转，谈不上一滴水与一桶水的关系。有时候学生科普读物读得多，能说出比教师多的道道儿。不是说语文教师都应精通科学技术，这是不可能的，但是一个科盲的语文教师必然在教学中缺掉相当重要的一只"角"，块面上缺个角总是很遗憾的。

又比如借鉴外国的问题。要在语文教学中走出新路子，除了继承和发展传统教法中的合理精华之外，必须面向世界，了解外国，积极地进行借鉴。这里就存在两个问题：一是能不能阅读第一手材料的问题；二是并不是捡到篮里就是菜抄一点，套一点，还是要认真研究一番，区别正误与优劣。作为语文教师，既要大量占有，更要学会咀嚼消化，把有价值的养料溶化在自己的教学中，使语文教学仍然保持鲜明的中华民族的特色。吸取国外教育教学的进步的有益的观点与方法，目的是滋养自己，丰富自己，而不是失去自己。因而，从持怎样的观念去学习、借鉴，到学什么、怎么学，可研究的问题很多。这方面不认真考虑，并付之于行动，视野就受影响。

最后是驾驭。

语文教学是科学,也是艺术,教师驾驭能力如何直接影响教学的质量。所谓驾驭,一是驾驭教材,对教材有洞悉能力;二是驾驭课堂,对课堂中千变万化的情况能及时运筹自如。钻研教材是永无止境的,写了教案去实践,进行教学实践后再来看教案,就会觉得没有一篇是自己十分满意的。且不说理解得深与浅,就是"准"也十分困难。然而,"准""正确",是教课的最为重要的问题。如果把知识教谬误了,就好比把稗子撒到学生心中,后果的严重性可想而知。比如教《果树园》的第一部分,景物描写有特色,人物描写有章法,是把景物描写、翻身农民群众的欢乐、李宝堂"苏醒"后的欢乐放在一个平面上理解,还是主次分明? 同样写欢乐,写法上相仿,还是有显露与含蓄之别? 一些词语的选用是信手拈来,还是匠心独具,环环相扣,互相映衬? 凡此种种,教过以后比教以前明白得多。这就说明驾驭教材的能力有待加强。

课堂驾驭也是如此。学生积极性未充分调动时,教师容易教,反正是你讲他听;学生积极性调动起来后学习主动,思维活跃,天南地北,什么奇怪的问题都问得出,有时难以招架,课堂上受窘的情况偶有发生。这就说明教师的教育机智要大大加强,努力提高教学中的应变力与组织力。

语文教学的路是一条艰辛的路,清醒地认识自己,就可看到上面布满了自己的不足与遗憾,关键在于怎样认真对待。不足、缺陷是令人懊丧的,但是认识它,填补它,跨越过去,就能愉快地迈步向前,就会鞭策自己努力学习,不断进步。最可悲的是故步自封,裹足不前,教学方法多少年"一贯制",自己无长进,学生当然也就长进不大,给耽误了。

115. "学科转行"很重要

问:现在很多地方和学校在录用教师时非常强调学科背景,但是进了学校之后却常常让我们兼任其他学科的教学工作,我们到底应该强化本学科的基础还是要兼通其他学科的要领? 您有什么建议?

于漪：从传统教育的惯性看，由于我们过去是学什么教什么，许多老师确实存在着"一学定终身"的情况，专业对口、所教即所学是顺理成章的事。如果我是数学专业毕业的，那么可能一辈子当数学老师。今天，随着科技的飞速发展，新事物新需求如雨后春笋般涌现，许多大学数学专业毕业生虽专攻数学，但他也可能转行到大企业里搞信息、搞统计。我们一直强调教育要有前瞻性，学校开设课程也要适应社会发展的多变性和不确定性，但即使这样，也很难跟上时代的步伐。因此"教非所学"本身即是时代发展的必然，而且将来会成为一种常态。这些年我们为什么越来越强调要不断地提高教师的学历，因为学历高了，教师所接触到的课程门类就多了，视野就广阔了，文化底蕴就厚了，自学的能力就强了，转教学科也就比较容易，就能够把所做的工作与原来学习的学科门类融会贯通。

学科之间从来都是互通的，比如说我教语文，跟历史、哲学是完全相通的；数理化也是相通的，教物理的老师如果数学底子不好是根本教不好的。我学教育，它的原则原理、方式方法对我后来教语文也有很多指导意义；我教过历史，再教语文我就不会犯历史知识方面的低级错误，比如讲与先秦时代相关的学科知识，就不会说哪个国家的最高统治者是皇帝。再如，讲到"安史之乱"，我绝对不局限于语文文本的那一点，我会把"安史之乱"的历史背景融入语文教学中，这个时候语言就活起来了。所以教师的"学科转行"并不存在不可逾越的鸿沟，实际上能让你的视野更广，思考问题的角度更多，而且立足点更高。其实我们也都知道，中外古代有很多人都是通才，能够很好地融合各个学科和领域的知识。而随着工业革命的到来，社会分工越来越细，反映到教育上也就是分科知识越来越细。它的优点是便于对某一个领域精深探究下去，但反过来也可能阻碍生产的发展，影响社会的进步。因此从 20 世纪下半叶开始，人们就强调学科之间要整合，跨学科、综合学科、交叉学科等新兴学科门类层出不穷。

116. 班主任的胸中要有一团火

问：作为今天的班主任，我们有不尽的烦恼，班主任工作本来头绪就多，要求烦杂，现今的孩子甚至被媒体调侃为"神兽"，更令人头疼的是如今的家长太难对付了，种种困难，可谓一言难尽，您觉得在今天当班主任特别要重视什么？

于漪：有人说激情是文学家艺术家头上的花环，英国诗人拜伦曾说："激情是诗的粮食，诗的薪火。"确实如此，诗人有激情，才能写出震撼人心的诗句。闻一多先生的诗《一句话》，就是极其典型的例子："等到青天里一个霹雳爆一声：'咱们的中国！'"这哪里是诗句？分明是诗人爱国主义感情如火山般的喷发，是炽烈的岩浆，震人心魄。激情也是教师，尤其是班主任必不可少的素质。不热爱这多情的土地，工作中无激情，就不能完成世界上的伟业。培养学生成长成人成才的工作，不是一般的职业，是伟大的事业。今日的学生质量就是明日的国民素质。21世纪之争是科技之争、人才之争；人不能自然成才，要靠培养。班主任是在第一线培养学生的，当然对学生要满腔热情满腔爱。

班主任胸中要有一团火，在任何情况下都要朝气蓬勃，对学生有感染力、辐射力。只有燃烧自己，才能在学生心中点燃理想之火，塑造优美的心灵。

激情表现为对真善美的追求和热爱，对假恶丑的憎恶与抵制。当今，多元经济并存，多种文化碰撞，国际风云又复杂多变，更要学会用两只眼睛看世界，透过光怪陆离的现象看清事物的本质，识别真善美和假恶丑。对金钱至上、垃圾文化、腐朽文化污染人们心灵的状况不能掉以轻心。哲学家康德说："愚昧的人之所以区别于聪明的人，根本在于他不具有判断力。"教师具有正确的价值判断，憎恶腐朽，学生就会深受其益。教师的责任是饮之以琼浆，灌之以醍醐，千万不能哺之以糟粕。

激情从何而来？来自对党的热爱，对无数革命先烈、革命前辈的由衷崇敬和爱戴。我是从旧社会走过来的，人民做牛做马，备受三座大山压迫、欺凌的状况历历在目，真是求生不得、求死不能，那种屈辱，那种苦难，一想起来就义愤填膺。而今，身逢改革开放的盛世，建设事业一日千里，每一个成就都使我激动不已。我是怀着千百倍珍惜的感情，怀着感恩的心情来对待工作的。

教育事业是爱的事业，这种爱超越亲子之爱、友人之爱。师生之间无血缘关系，但教师对学生的爱寄托着祖国的期望，人民的嘱托。国家把自己的希望交给我们培养,这是极大的信任;人民把家庭的未来交给我们教育,这同样是极大的信任。一头挑着学生的现在,一头挑着祖国的未来,这就是教师工作的整个世界。这样伟大的育人事业,需要教师师爱荡漾,爱满天下。

爱要撒播到每个学生身上,每个学生心中。班主任最易犯的毛病是对学生偏爱,我年轻时也有过这个毛病。学习优异的、聪明的、一学就会的、长得可爱的,一见就喜欢。后来,不断反思,才深刻体会到:学生不是一个模子里浇铸出来的产品,他们每个人都是活泼的生命体,各有不同的基础,不同的个性,不同的成长条件。我们所从事的事业是着眼于全民族素质的提高,因而必须面向全体学生,对他们施以良好的教育。教育无选择性,只要生长在我们这块土地上,我们就都要精心教育,爱每个学生,为每个学生今日的健康成长、明日的长足发展尽心尽力。

人是有多元智能的,有的语言能力强,有的空间逻辑思维强,有的音乐能力强,有的形体能力强,等等。在一个学生身上,不可能都是强势智能,总有弱有强。班主任要练就敏锐的目光,发现学生身上的强势智能,发现他们的优点、特长,因材施教。教师不可能代替学生成长,要着力于长善救失。要充分发扬学生身上的优点,鼓励他们积极向上,帮助他们克服不足与缺点。对各个层面的学生要有不同的要求,要从学生的实际情况出发,不能空对空。有的同学表现比较好,但不等于没有缺点,对思想性格上的问题,不能疏忽大意。响鼓还要重锤敲。克服缺点就能更茁壮地成长,一辈子受用不尽。有的同学缺点比较多,也不能"倾盆大雨",要分清主次,实事求是地引导。只提要求,不深入到学生心灵世界了解、点拨,难以收到良好的效果。教育的针对性越强,越有实效。话要说到学生心里,否则他们就会当耳边风。

爱不爱学生,是全心全意,还是半心半意、三心二意,学生心里是一清二楚的。学生有向师性,他们期望老师对他们满腔热情满腔爱,教师要做到这一点,对学生丹心一片,确实有个提升思想、锤炼感情的问题。"文革"期间,学校要我带乱班乱年级,带行为偏差的学生,靠的是什么?满腔热忱,一心为学生,时时处处为他们着想。学生是识好歹的,你真是为他好,为他成长,他会学会自控,增强自信,还会主动帮你做工作。一个个乱班乱年级带得有进步靠的是净化自己的感情,提升自己的精神世界,克服病痛,克服自己的不良习惯,用水磨的功夫在学生心中撒播做人的良种。

爱与严是孪生姐妹。爱是严的前提与基础。没有规矩不能成方圆,班级要严格要求,严格管理,但严要严在理上,准绳是培养学生德智体美劳全面发展。严不是训斥、谩骂、讽刺、挖苦,后者的种种做法是无能的表现,有损学生的自尊。对学生要情深似海,晓之以理,动之以情。

班主任的工作是平凡的,琐细的,但千件万件穿在"育人"这根线上,就心里明,手脚勤,忙得愉快,忙得其所。甘为红烛燃自身,甘为泥土育春花,这是我当班主任的信条。

117. 班主任工作要讲方法

问:关于班主任工作的方法,我们听到、看到的不算少,也有一些自己摸索出来的经验,但还是非常想听听您有什么突出的建议。

于漪:教育往往是滞后效益,班主任不能为学生一时一地的分数所困扰,要培养学生的真本领。俗话说:打铁还需自身硬。要培养学生良好的科学文化素质,有旺盛的求知欲,有学会学习的真本领,教师自己就要有真才实学,教好所教的学科。教好课,有真才实学,是做好班主任工作的有力支撑。每个教师在学生心中有怎样的地位、怎样的价值是和教师本身的品德、学识、思想言行成正比的。班主任更是如此。班主任德才兼备,在学生心中就有位置,就有分量,进行的教育实效性就大。

教师的"教"和学生的"学"不能在一个平面上移动。教师对学生的"学"要能引导、启发、点拨,课前非下功夫不可。课不能只教在课堂上。教在课堂上就会随着教师声波的消逝而销声匿迹;课要教到学生身上。教到学生心中,成为他们素质的一部分。要做到这一点,在两个方面须十分努力。

一是要学而不厌。要紧扣教材深入学,开阔视野广泛学,要潜下心来和教材对话,和作者、编者对话,把教材的重点、难点、来龙去脉梳理得一清二楚。自已理解得十分透彻,上课就能要言不烦,一语中的。否则,就会啰唆重复,不得要领,学生学起来就会如堕五里雾中。教课,千万不能把教学参考书奉为神灵,照抄照搬,那是别人的研究所得,更何况是否都有理有据?依赖别人,依赖现成的资料似乎省心省力,但路越走越窄,越不会自己走。要独立钻研,紧扣教材往深处开掘,往广处延伸,这样不仅可逐步夯实文化底子,而且会有自己独特的体会。这种体会是真切的,不是借来的,剪贴来的,它们犹如不知名的小花,虽不名贵,但植根于土壤,有活泼的生命力。

当今时代,信息如潮涌,新的事物层出不穷,学生使用信息工具,知识面大大拓宽,因而,教师要注意开阔自己的视野,教文科的要学点自然科学,教理科的要懂点人文。功底厚实,有文化底蕴,和学生谈话才有底气,才会有许多共同关注的话题,便于交流、沟通,教育学生才能真正做到循循善诱,使学生入耳入心。

二是要勇于实践。实践出真知。教学能力是在教学实践中锻炼出来的,班主任工作的能力是在班级工作实践中锤炼出来的,须三位一体做工作。社会教育、家庭教育、学校教育三个方面共识多,做法协调,形成合力,学生成长就受益。家校尤其要沟通,形成爱的合力。沟通不是推卸责任,把难题甩给家长,沟通的目的是了解学生在家庭与学校的情况,分析学生成长障碍之所在,寻找改进的良策。教师要出于爱心,少讲缺点与错误,少就事论事,多以事论理;少冷言冷语,多激励进步。要宽宏大量,尊重和包容各种类型的家长。要讲点语言艺术,让家长理解你的苦心,信任你的真情,共同担负起培养下一代成长、成人、成才的责任,家风家规好,教育子女有方的要充分发扬,请他们介绍,请学生转述,传播正确有效的家庭教育理念与做法,供其他家长借鉴。

学校教育经常碰到的苦恼事是与某些社会现象不协调乃至冲撞。学校教育的权威性常受到光怪陆离的一些社会现象的冲击,尤其是媒体的快速传播,在学生身上负面影响往往超过正面教育的效果。面对这种状况,教师切不可抱怨,无所作为。学生不是在真空地带成长,将来总要经受社会的风风雨雨,因而要做深入细致的工作,帮助他们辨别善良丑恶、是非曲直,提升价值判断的本领。与此同时,要宣传、弘扬社会上大量感动人心的人和事,宣传层出不穷的建设成就、与时俱进的先进文化,发挥正能量的育人作用。至于恶浊的、直接伤害青少年身心健康的，可运用法律武器，保护学生，保障教育的有效性。

教学也好，班主任工作也好，都既是科学，又是艺术。要了解当代学生，走进学生的知识世界、生活世界、心灵世界，唤醒他们成长、成人的意识，发挥他们在学习、在做人方面的主体作用。教学设计、班主任工作计划，拿到实践中去检验，就可知符不符合学生的身心需要、实际水平，就可知晓还存在哪些不足与缺陷，须如何修正。认真实践，不断反思，善于总结，认识问题、分析问题、解决问题的能力会明显提高，教育机智会增长，教育智慧会增强。做学生工作，能春风化雨；教课能像磁石吸铁一样，吸引学生注意力，激发他们旺盛的求知欲。

118. 育人要滴灌，不能猛浇

问：班主任工作有一项基本要求，就是要管学生，事实上今天的学生见多识广，他们的家庭差异又很大，不管真的不行。但是我们在许多地方都听您说育人要滴灌，听上去很形象，从管到滴灌区别很大，您能不能跟我们分享一些您的心路历程？

于漪：我当班主任最早只知道"管"，实际上做班主任工作不仅是"管"，还得"教"。管理是个组织工作，要组织得细，组织得周密才管理得好。当班主任既要管又要教，这里就有很多学问。我在做班主任工作当中，有很多教训，唯心主义、形而上学是不少的，吃了苦头以后就逐步琢磨到这样做是不对的，那样做才是好的，特别是对现在的学生，先说滴灌与猛浇。

我们现在的学生是有创伤的，"四人帮"给我们的国家、民族造成的灾难，物质上还能够估价，它可以用数字计算，听说有人作了初步统计，损失是 5 000 多亿元，但我认为"四人帮"最毒的一点，就是摧残我们的心灵，包括老年、中年、青少年，而对青少年尤其严重。一个青年最宝贵的是青春之火，可是"四人帮"就是把一盆又一盆的冷水泼在我们青少年的青春之火上。五六十年代我教的学生，听领导、先进模范人物的报告，他们是很感动的，经过团支部讨论、班级讨论后，马上就有行动。我记得焦裕禄的事迹在《人民日报》发表后，在早读课上，我就给学生读,读到感人的地方,如焦裕禄为了改变兰考的面貌,忍住肝癌剧痛的情况,很多男孩子都流泪了。可是现在要学生激动,那简直是难得不得了,好像看破红尘一样,激动不起来。没有青春之火,哪里来的希望?怎么能够奋发有为呢?这个问题非常重要,革命理想教育是非进行不可的,但这个教育比 20 世纪五六十年代要难得多、复杂得多。所以,我们现在的教师,特别是中学语文教师和班主任的工作是高难度的,比如跟学生讲道理,你就不能够泛泛而谈,要具体,见解要精辟,要超过他。这就要求我们懂得很多,科学技术在飞速发展,你的知识就要跟上去,难度确实很大。现在对学生作一次、两次报告是不解决问题的。过去的学生看电影非常激动;现在有的学生看电影却不激动,他有他的看法。比如看《今天我休息》,他不去学主人公全心全意为人民服务的精神,他还说:"没有的呀,这都是戆大呀!"上海话"戆大"就是四川话"傻瓜""呆娃子"的意思。我觉得我们语文教师做班主任是最有利的,因为我们可以利用文学作品的巨大感染力,让它点点滴滴地对学生的思想进行渗透,就是滴灌,这很起作用。比如讲古诗词、古代散文和现代优美的散文,就可以让学生通过作品,饱览祖国壮丽的风光,让学生懂得祖国的山山水水、草草木木,都是浸透了我们中华民族的智慧和心血。滴灌是很重要的,比如过去我们组织学生给烈士扫墓,比较简单,扫完墓回来,要求学生写一篇文章就完了,但现在要求就细致得多才有可能取得好的效果。

有一次清明节,我们组织学生去龙华扫墓,我想:怎么才能让学生有收获呢?我先组织他们学了一篇文章,是《文汇报》上登的一篇散文诗《赠你一束山茶花》,写得很好。其中有一段是"燃烧",写道:"当我从烈士纪念馆走过的时候,当我从生气勃勃的生命面前走过的时候……"我就抓住那个"生气勃勃"启发学生,烈士已经牺牲了,怎么还是生气勃勃的呢?作者说烈士就像一块煤,投入了革命的熔炉里,烈士的生命就是这样在燃烧。作者还有一句发人深省的话:"你的生命,是燃烧,是冒烟,还是发臭?"我先用这个作品打动学生的心弦,临行之前,又布置了以下几个题目请他们思考:当你走进龙华墓地,看到墓地景物的时候,你想些什么?当你听到国际歌奏起了"这是最后的斗争"时,你又想些什么?当你瞻仰这一块又一块的墓碑,一个又一个的烈士遗容的时候,你的心潮又是如何的呢? 学生带着这些问题去瞻仰,回来后把看到的、听到的、想到的互相交流之后,再写一篇文章《在烈士墓前》。这样就比原来简单组织一下效果要好,有的文章写得很有感情。有一个孩子,在烈士墓前,想到了刘少奇主席被迫害致死。他说:他本来不敢讲,现在敢讲了。小学三年级的时候,一天,他的一个同学突然慌里慌张地奔到他家里来,问他什么事情,这个同学就从口袋里拿出一张撕开了的照片,这是报上登的一张刘少奇的像,他们两人吓坏了,说刘少奇是叛徒、内奸、工贼,要打倒的,怎么手里有这个像,要是被人知道了,不仅要株连九族,自己还要被打成小反革命的呀!"四人帮"的迫害有多深呢! 结果两个孩子偷偷地把这张照片分两个地方埋在新村的地里。这个学生写道:"这以后,我放学在新村玩,只要看见有孩子在埋着照片的地方玩,我都要把他们赶走,那时候我也不知道刘少奇是好人坏人,总归这里埋着东西,不许孩子在那儿玩。后来党中央宣布给刘少奇同志平反,我高兴得不得了,我一清早爬起来,掘开土,把照片拿出来粘在一起,用个小镜框框上,把这作一个永恒的纪念,一个人家里轮流摆一星期。"写得还是很感人的。就这样做也还有问题。有一个孩子写得也还好,可是有几段是抄作文选上的,我看了以后确实很生气,就是这样还没有动他的心哪! 因此我在作文讲评时用了这两篇文章,讲了"真情与假意"。后来我又找他个别谈,给他的评语写了很多。我说:"你想想看,你又不是不能写,为什么去抄别人的,你就是不肯动脑筋吧。我们的目的,并不是要写一篇什么样的文章,而是要做一个什么样的人。一篇文章如果没有真情的话,文字写得再好也是假的,也是没有价值的。"后来很多学生讲:"我们没有看到过于老师这样激动。"所以,我觉得现在的教育工作确实是高难度的,对教师的要求很高,要滴灌,不能猛浇,因为学生是受过伤的,就像严霜打过的幼苗,要点点滴滴地灌,猛浇是要浇死的。

119. 要引导,不要压抑

问:您关于滴灌生命的境界让我们很感动,是不是教育学生的过程中就是靠讲道理？靠耐心？您还有什么建议吗？

于漪：学生确实是既幼稚又无知，有时候他不遵守纪律，调皮，做错事，并不一定是有意的。对他们的那些不良习惯，就是批评十遍，也往往不解决问题。在这里，更重要的是启发诱导，告诉他们应该怎么做才是对的。

我们学校原来是师范学校，校舍很好，可容上千学生住读，所以过去这个学校高中全部住读。我曾教过这样一个学生，非常调皮，很不守规矩，天天给我添麻烦。他调皮到什么程度呢？他把一盆水倒在别的同学被子里，然后把被子盖上，人家晚上睡觉才发现床铺是湿的。他经常捣蛋，觉得好玩，十六七岁了，坐没个坐相，老是和坐在他前面的同学发生矛盾，前推后搡的，因为他的两只脚老是爱伸到前面同学的座位底下，去蹭人家的凳子。我找他谈话，我说："每个人都有自己的座位呀。"他说："你不看看吗？我个子高，腿长啊，我的脚就要伸到人家位子上去，这有什么稀奇呀！"我说："对，我这个做老师的还没有发现你的腿很长，我给你量一量有多长呀！"然后我说："这样吧，你的腿比别人长一点，我们把位子排得宽一点，你就可以不侵犯人家了。"这个同学的基础比较差，所有的老师都向我告状，说他的作业潦草，作业本一塌糊涂，画着花、人头，有时还画个警察、卓别林，真是中外古今，无所不有，本本作业本如此。于是我又跟他讲，这是作业本，不是美术本，你把每个作业本子都变成美术本是不行的。但是讲了没有用，我想还是自己不得法，老是批评他这不对那不对怎么行呢？有一次，我对他说："这个星期六你跟我回家去。"他说："干什么？"我说："你很喜欢画画，爱画画就是有艺术才能，我也很喜欢画画，我家里美术册子很多，你跟我一道到家里去看看吧。"他说："你还会画画？你是教语文的吗？"看得出他很高兴，就跟我一道去家里看画册，看了以后我说："你看，这些画都是专门画在美术册子上的。我送你一个本子，你专门用来画画。"我又说："你原来那样子画，把自己的精力都分散了，现在把它画在一个本子上，前后还可以比较嘛。"这样，他很得意，从此就改掉了在练习本上乱涂乱画的坏习惯。"文化大革命"中，他曾一再托别的同志带信给我说"于老师，你要保重身体"，使我很受感动。现在他已经是美术老师了。粉碎"四人帮"以后，一次在一个大礼堂里，我批"两个估计"的时候，他到台上来找我，他说："于老师，你还认识我吗？我就是那个最调皮的，你不知道跟我谈了多少次话的学生。"我说:"怎么会不认识呢? 我这个做班主任的,隔几十年都记得,学生的事情就是我的心上事呀!"我做老师一个很大的本事就是记得学生的名字。所以我认为对学生要引导,不要压抑,不要随便挫伤学生的积极性,压抑是解决不了问题的。

120. 学生工作要全面,不能片面

问: 您列举的几个案例对我们都很有启发,我们知道了对学生的教育引导要更有耐心,更注重方法,问题是遇到了差生、坏学生,实在没有好办法,您能不能再给我们支支招?

于漪: 一定要全面地看待学生。我开始做老师,看到好的同学,简直就觉得是朵花,什么都好;看到缺点多的学生就觉得这里有毛病,那里也有毛病。其实做老师是很忌这一条的。比较好的同学基础好,那就更应该在他的基础上严格要求,才能不断提高;对差的同学,就特别要注意他身上的优点,所谓差,就是他优点少,缺点多吧。因此他那一点优点就是非常宝贵的,要十分爱护学生心中追求上进的积极性。教师绝对不能代替学生成才,只能引导学生成才。师傅领进门,修行在个人嘛。要把工夫花在学生的优点上,让他发扬自身的优点来克服缺点。所以这就要讲辩证法。

我曾经教过 75 届一班,我是老教师,自告奋勇带了这个没有干部的班。当时六班有个小同学,他的小学老师的评语讲他一贯骄傲,那个班的老师说他应付不了,把这个学生给了我。我说好吧。还没有入学我就去家访,我一看,是一个很好玩的小男孩子,戴了一顶毛线帽子,因为那时候是春季入学。我就对他讲:"你分配在我们学校,在我们班里。你在小学里学了好几年了,你那个小学怎么样?"他跟我讲的第一句话,用上海话讲的:"阿拉小学老师没水平啦。"用普通话来讲就是"我们小学老师没水平的"。我一听就哈哈大笑起来,笑这个孩子非常天真、幼稚,他怎么想就怎么讲,同时也觉得他骄傲的毛病确实很重。我就说:"你刚刚离开小学就讲小学老师没有水平,你以后一离开中学,一定讲我们

中学老师是没有水平的。"他一发现自己说漏嘴了，马上讲："不是，不是，中学老师是有水平的。"真是天真得可爱。这个孩子，通过小学老师的辛勤劳动，摸准了他这个缺点，但没教育过来。对这个孩子的教育，我真是难得不得了。在班级大乱的时候，他听课是很认真的，学习成绩也比较好，但我很少表扬他，因为他骄傲。我每次发成绩单，都要找他谈话。就是这样不失时机地做工作，他的毛病仍然要发作。有一次补课，我那个时候，照样还要求德智体全面发展，我想我反正是"修正主义教育路线"的吹鼓手，就吹吧。所以每个星期六，教师开会的时候，班里就补课，培养小干部给同学补课。那天是补数学，班主席是个数学课代表，由他来讲，七道数学题讲了六道都是太平无事，讲到第七道，这个同学讲不出来了，吊黑板了。于是那个小家伙就站起来说："不懂就不要讲。装什么懂呀！"这一下课堂就乱起来了。刚一结束同学就来找我，当时我想，晚上去家访吧，又一想，现在就找他谈还不行，一定要让他想一想。我对找我的同学说："这样，你们给我带张条子回去，要他明天早上7点以前到办公室来回答三个问题：一是解释'骄傲使人落后，虚心使人进步'是什么意思？二是什么叫与人为善，今天你是不是采取了与人为善的态度？三是今天数学的补课拖下来了，这个损失怎么补偿？"第二天一早，7点不到，我正在拖地板，小家伙来了，在门口喊"报告老师"，因为我要求他们讲礼貌，进老师办公室一定要报告。他已经知道闯祸了，要挨批评了，并向我作解释。我说："你不要跟我兜圈子，我只要你讲一条，你当时这样讲你是怎么想的？怎么想就怎么讲。"结果他就讲了："我跟他小学同学，我是个干部，他还不过是个小组长，现在他倒是班主席了。本来他语文也不好，现在好了，你当老师的表扬他，我就不服气。他怎么可以超过我呀？"我说："哟，他怎么可以超过你！你这个小骄傲，我们要大家都好，人家有优点你要学习呀，你怎么能够看到人家的优点就不服气呢？你就这么骄傲，这么看不起人！这个是不行的。"我又跟他讲："我们党在历史上吃骄傲的亏是太大了，一骄傲就脱离实际，白区党的力量几乎是百分之百的损失。你脑子里这条虫不捉掉，你怎么成才呀？"后来他写了一篇很好的周记，挖得很深，写了很多，从国际国内写到自己的成长道路，以及什么道理使他有这么一个根子。我说："现在你能认识得很好，不要跟我作检讨，我这个老师是不要学生作检讨的。你在哪儿闯的祸,你就到哪儿去讲,到了班上不要兜圈子,老老实实给同学讲。"于是,他就在班上讲了自己当时是怎么想的,要大家不要学这个坏样子。接着他又说:"因为我捣乱,骄傲的毛病发作,使同学们第七道数学题没有学好,我现在给大家补课。"这是好多同学都不容易做到的。我教了这个同学两年后,我就去带别的乱班了。到现在他还经常来看我,还跟我们学校团委书记讲:"于老师对我很严格,我很感谢她,她真正是培养了我。"

对差的同学也不能鄙视,"十年动乱"期间我就教了很多差班,跟很多"小流氓"打交道,经常担惊受怕。我带的 77 届,500 多人,这批学生在小学是学黄帅的,进中学时传达的第一个文件就是马振扶事件,课堂乱得不得了,第一堂课同学间就把脑袋打开花了。有二分之一的班主任都哭过,不仅女的哭过,男的也哭过。比如上体育课,体育老师是个高中毕业生。上山下乡、又经过半年培训来教课的。他是上海郊区崇明人。"什么"说成"哈(ha)",学生就给他取绰号,他喊立正,那些调皮学生就讲"崇明哈(ha)",课简直没办法上下去,我得去压阵。我找学生谈话,有个学生讲:"你找我谈话,我就跳楼。我跳楼你就成了马振扶事件第二。"真是担惊受怕。学生告我的状,先到《文汇报》,后到过去的区革委会,就是还没有打我。有一次这个学生真的跳楼了,我当时想,这一下可完了,真的成了马振扶事件第二了,谁知道跳下去还平安无恙。原来我们学校校舍很好,全是红漆地板,"文化大革命"中破坏得很厉害,把地板撬掉了,后来铺的水泥板。办公室在二楼。拆下来的地板堆在办公楼外面,他早就观察好了地形,男孩子像孙悟空一样,灵活得很,地板堆起来有弹性,像弹簧一样,所以跳下去安然无恙。但是我被吓坏了,出了一身冷汗,多少年都是担惊受怕的。

我还教过一个小偷,是 74 届的学生,上学两年了,老师也不认识他,他经常旷课。他偷的技术高明到什么程度呢? 一个同学跟他从家里一道到学校交学费,同学的六块钱学费早已到了他的身上了。家长没办法管,他一天到晚就拿着一根铁棒打群架,涂改粮票,五两可以改成五斤,后来他转变了还告诉我,他是怎么干的,到公共汽车上是怎样摸人家的皮夹子的,怎么望风,等等。这个小青年被腐蚀成这样子。开始我们这个班的学生不要他,说:"于老师,不要接他,我们这个班好不容易由乱班变成了先进班。你无论如何要顶住。"我说:"我是教师,没办法。如果说我们班级经不起这样一个人来,这说明我们的工作做得差。"后来这个学生终于来我们这个班,可又见不到他。我们像霸王请客一样,连拖带拽把他拉到教室里来。我们跟家长讲好,每天 6 点我们去接他,我们不接,家里就不许他出来,晚上我们专门送,真是陪太子读书。这个学生读到中学了,书包没有,书没有,书发下来就卖掉抽香烟,一天两包香烟,手都熏黄了。我这个做老师的,好像多了一个儿子一样,给他买书,买铅笔盒子,好不容易使他在教室里坐了两个月,有点进步了。

被资产阶级思想腐蚀的孩子,看到真是令人心酸、心痛。这个学生初到班上站无站相,坐无坐相,九扭十八弯,人像铜丝扭的,脊梁骨都不直;跟他讲话,你眼睛盯着他,他不敢看你,他的眼睛一直是恍恍惚惚的,腐蚀的心灵是多么可怕啊!有一天,他跟家里发生矛盾,吃早饭的时候,他的父亲问三角尺怎么不见了,并且骂了他。他说:"我们于老师讲的,不可以骂人。"他的父亲就火了,说:"我不可以骂你呀?我是老子,你是儿子,我还要打你呢!"说着啪啪两个耳光,这一下他又跑掉了。他原来就是这样,只要家里一管就跑到防空洞里去躲起来。上海挖了防空洞,没有人管,成了小流氓蹲的地方。他一跑,家长就去找,找回来后又百依百顺,下次就更坏。我了解到这种情况就跟家长讲:"你们这样管教,实在不大得法,如果今天找到了,我要把他带回我家去。"当时我的思想斗争也是很激烈的,心想:把他带回家去,不就是把一个小偷带到家里吗?我家只有三口人,我跟我爱人都有工作,我爱人不在家,到干校几年了,家里只有一个还没有长大的孩子。这下好了,熟门熟路,要给偷光了怎么办?他有一帮子人啦。但又一想,教育人要真心实意,如果我不能使他转变,那是我工作的失败,家里偷光了活该。于是我下定决心,还是把他带回家了。当天晚上下着雨,这个学生从头到脚都湿透了,几个同学跟我一道,拖啦拽啦上了公共汽车,到了我的家里,跟他谈了以后又去做饭吃,一直折腾到晚上九十点,我的胃痛死了。在谈话中我发现了,我的很多话他不懂,他的很多话我也不懂。比如我说:"你这个人意志太薄弱了。"他说:"你讲的什么东西,我根本不懂。"他是不懂,我讲得太文绉绉了。我只好打比方,我说:"你抵抗力差,就像我的身体不好一样,办公室有个老师患感冒,我马上就被传染了。"他说:"哦,这个嘛,我就懂了。"他又说:"我什么都不好,老师呀,你也不要在我身上花心思了,我这个人反正也好不了。"我说:"你了不起呀,你有个了不起的优点,就是承认自己不好,有这一点就说明你有进步的可能。"我也就根据他这样一个优点,逐步地去做转化工作,现在这个孩子已经在工厂工作了。有一年我生病,他听到了,急得要命,到医院来看我,他说:"于老师你可不能死,你还要教学生哪!"我说:"还早呢,我还不会死。"所以就是这样差的学生,只要看到他的优点,以他的优点来克服他的缺点,也还是可以逐步进步的,总不会做社会的渣滓。当然,差生的反复是很多的,要做好工作也不容易。

121. 班主任要言教,更要身教

问:您已经给我们班主任传授了不少高招,您和许多前辈都一直强调当教师言传身教的重要性,关于身教问题您还有什么要告诫我们的吗?

于漪:前头讲了很多都是言教,可是身教更重要。行动就是命令,要学生做到的,老师一定要做到,自己做不到,言教是无力的。比如,组织学生大扫除,自己不扫的话,学生有的时候就马虎了事。我带乱班,没有别的本领,就是身教。

比如扫地,有个学生就看我,扫完后他讲:"嗯,还不错,这个老师还跟我们一块扫地。"他是老气横秋地评论的。我带的 75 届一班,学生体质很差,班里秩序又乱,我就进行训练,早上排队训练纪律,不到一刻钟有的学生就晕倒了;组织全班去扫墓,也有人走着走着就躺倒了。我想这些学生年纪这么轻,就像我这样的一个身体,将来怎么担负"四化"建设重任呢?我下决心带学生锻炼。我每天早上 6 点到学校,陪学生一起长跑,我跑不动,就跑跑走走。这样把学生组织起来,一年半的时间,这个班就练出了一支长跑队伍。原来晕倒的那个学生,还在学校和区的长跑竞赛中名列前茅,学生的体质普遍增强了。所以身教是很重要的,行动到哪里,工作效果就到哪里。

我做班主任工作,跟搞教学一样,教训很多,碰了很多壁,吸取了一些教训,离当好班主任、做好语文教师还差得很远。但是,我有这样一个决心,就像探索语文教学道路一样，"路曼曼其修远兮,吾将上下而求索"。

人格力量是教师对学生进行素质教育的重要保证。教师不管是自觉或不自觉,对学生的作用都不可能是"零",不是正面作用,就是负面作用。行动就是命令。教师说到做到,身体力行,率先垂范,学生就会跟着做,养成一种习惯。反之,若只说不做,心口不一,学生当面不讲,背后嗤之以鼻,更糟糕的是为学生做了坏榜样。与学生朝夕相处,教师课内外的言行都是世界观、人生观、价值观的亮相。因而,教师"正身"尤为重要。一身正气,为人师表,不为物质所累,保持心境的纯正与安宁。抗诱惑,拒腐蚀,守护社会正义,守护社会道德,守护历史使命,守护教育者的尊严,为培养学生成长、成人、成才做出奉献,才是教师的人生价值真正所在。教育力量只能从教师人格力量活的源泉中产生出来,离开了言传身教、春风化雨,教育功能就会被消解。

教师功底厚实,不仅摆脱工作中捉襟见肘的困境,更能厚积薄发,高屋建瓴,学生可真正得益。

122. 对青年教师培养的四点建议

问：我们学校地处新城,这些年学校新进了很多青年教师,虽然我们采取了一些特殊的培养措施,但是成效有限,想请于老师从青年教师队伍建设的角度给学校提一些针对性的建议。

于漪：第一,青年教师队伍建设,要有大视野、大情怀、大格局。在基层学校工作的教师,大多满足于种好自己的一亩三分地。重视岗位职责本无可非议,但时代在进步,社会在发展,教师必须要抬头看路,思考你是在什么样的国际国内环境下教学,思考你"种出什么样质量的地"才符合时代的要求、国家的需要和人民的期盼。西方式现代化进程由生产资料私有制所决定,教育、科技、人才的发展成为资本追逐剩余价值的力量,于是引发大规模的扩张、殖民、掠夺、战争。而在中国式现代化进程中,科技是第一生产力,创新是引领发展的第一动力,体现的是社会主义国家的独立自主和实现人民对美好生活向往的价值追求，以及为广大人民谋幸福的壮丽事业。青年教师的成长，就要站在这个时代制高点上来思考，如此就会有内心的激情，并生发出舍我其谁的壮志与豪情，就会在"一亩三分地"的岗位上深化改革、守正创新，努力培养有理想、有本领、有担当的时代新人，也使自己的教育生命获得升华，焕发光彩。

第二，要尊重专业发展的多层次、多样性，不能用标准化的做法一刀切。青年教师的培养要有针对性，不能让他们陷入标准化的束缚中。龚自珍讲过："我劝天公重抖擞，不拘一格降人才"，人才培养要不拘一格。苏东坡也说"天下未尝无才"，意思是天下不是没有人才，但"患所以求才之道不至"，毛病出在求才工作做得还不周到。当今的青年教师有许多优势，他们的学历优势是过去几十年想都不敢想的；他们视野广阔，尤其在互联网、人工智能、元宇宙等科技时代更有优势；他们的思维广阔度、敏捷度，以及学科素养、科学素养和文化追求等，都与我们那个时代不可同日而语。所以，青年教师的培养者要慧眼识宝，因材引领，扬长补短，尊重他们的多样性和层次性，使得其优势更优，兼具特色，形成独有的个性风格。对青年教师的带教培养，也重在引领，借力指导。我从 20 世纪 80 年代开始就带青年教师，培养了许许多多教研员、骨干教师和特级教师。我一直主张，仿我者死，创新者生。我会和青年教师互补互学，共同提高。"仿我"为什么一定死？因为一个模式是一定要退化的，只有教学风格迥异，师徒才能各显特色。因此，培养青年教师，就跟我们培养学生一样，他是一块什么材料，是黄杨？是玉石？要根据不同情况因材引导。有一名语文教师，硬笔书法很好并将其作为业余爱好。我建议他将自己书法的技法总结出一套硬笔书法教程。他后来成为书法家，也产出了训练学生书写的系列成果，成为上海当时唯一的书法特级教师。所以，一定要发挥青年教师的优势特长，使他们优势更优，特长更长。青年教师有的具有美育特长，有的善于做学生的思想工作，有的擅写作，有的擅外语，一定要充分发挥他们的优势并精心培养，这不仅关系到青年教师个人的幸福、家庭的幸福，更关系到我们教育事业的希望。

第三，要解放思想，放手培养，让青年教师在工作实践中锻炼。许多时候，我们总觉得青年教师缺这缺那，这也不行那也不行，其实青年教师处在思维最活跃的时期，对事业的追求充满生命活力，是学校的宝贵财富。因此要从理解、关怀的角度出发,满腔热情地激发青年教师内在的主动性和积极性,为他们搭建多种多样的平台,让他们在工作实践中锻炼摔打,协助中年骨干教师做事育人,增强主人翁的意识,以青春的自我创建高质量的教育。比如有个青年教师语言较好,但不重视这方面经验的总结。我研究"教师修养"的课题时,就专门请这个青年教师来写其中"教师的语言修养"分册,我的目的是激发他去研究,通过这样的锻炼,他成长起来了。"教师修养"系列丛书共出版18本,基本上是青年教师研究的专著。专著出来了,他在这个方面就有发言权了,也渐渐成了行家里手。给青年教师搭平台派任务,让他们学习真本领,在这个过程中,家校关系、爱生情结、专业能力等就一点一点磨出来了。我经常听到一些资深教师抱怨青年教师写的稿子文不对题、思维混乱,似乎是他们的语文问题,其实不然,究其根本是实践的问题。如果实践很深入,即使没有成功经验,也有失败教训,总有东西可写而且能写出来。没有内容写,是因为实践不深入,没有认真思考。文章是实践思考的产物,坐而论道容易空谈,所以要鼓励青年教师深入实践,同时把自己的做法和思想表达出来,这也是磨炼他们的基本功。我们常常把评优竞赛作为促进青年教师发展的平台,但这很容易流于形式。我始终认为学校对教师的评优绝不是评个一等奖、二等奖,而是要通过具体的听课活动,用教育教学理论和学科理论分析他们的课,好在哪里,为什么?不足在哪里,又是为什么?一定要提高到理论的认识上,对青年教师才有帮助。我在学校时对青年教师的培养,首先是发现他们在教育教学实践中的优势、长处和特色,然后找出他们的不足,有针对性地支持和帮助。有时青年教师自己也想不到自己为什么好,有什么不足,这就要通过听课(起码要听两三节课)让大家发表意见,从教育教学、学生认知、学科本质、风格特色等方面仔细分析,让青年教师知其然又知其所以然,他们就会提高一个台阶。我们的特级教师就是这样通过一堂一堂课培养出来的。

第四,对青年教师要在政治上生活上全面关心。人的成器成才,是靠全方位的培养。青年教师有很多优势优点,但他们毕竟是青年,没有经历过太多人生苦难和坎坷,又面临着许多生活中的现实问题。因此,学校以及其他教研组织,除了在专业上鼓励支持他们,也要在政治上、生活上全方位关心帮助他们,让他们有温暖如春的感觉,这也有助于青年教师聪明才智的充分发挥。脑科学研究证实,人的大脑有 860 亿个神经元,每个神经元平均有 3 000 个链接。青年教师的聪明才智有无穷的潜力,全方位关心他们的成长,会激发其专业发展的内在动力,这也能促进学校的发展。当年的青年教师有的今天已是 50 多岁了,还感谢我当时帮助他解决生活上的困难。人心是肉长的,人是共情的动物。引领和培养青年教师,只要措施落在"点子"上和"关键"处,就能够促使他们快速成长。

为什么说读书是教师职业生活的源头活水？

123. 学会读书

问：教书人首先应该成为读书人，惭愧的是，虽然我们已经研究生毕业，但是谈起读书的习惯和方法跟您差着远呢，读您的全集，您涉猎之广、之深令我们汗颜，而论理解与领悟距离就更远，所以请于老师先跟我们谈谈如何学会读书。

于漪：读书要会读，如果终日读书，学而不思，其实这算不得读书，而是"对书"而已，整天只是面孔对着书，学到的东西是有限的。冯至给茅盾的杂诗第十二首中有这么两句："愧我半生劳倦眼，为人为己两蹉跎。"这是冯先生的谦辞，他是有成就的。然而从这两句诗中可得到启发。如果我们只是"对书"而不思，那就只是劳倦眼睛，收获不多。如果学而思，学一点，消化一点，即使时间零碎，日积月累，真才实学必大有增进。那么，怎样做到源头有活水流淌呢？

人的视觉有两种功能。向外，拓展世界；向内，发现内心。内心丰富，纯正，拓展世界就能认识正确，受益良多。我用两根支柱支撑着自我教育，一是勤于学习，二是勇于实践，二者聚焦点是反思。

教师要有拼命学习的素质与本领，犹如树木，把根须伸展到泥土中，吸取氮、磷、钾，直至微量元素。只有自己知识富有，言传身教，才能不断激发学生求知的欲望。学习要从自己的实际出发，有主攻方向，比较系统地学习某些知识，扎扎实实读点书。教师最可悲或最可怕的就是思维停滞，思想贫乏，对事业无兴趣，对新鲜事不敏感，对学生缺少感情。要使自己的生命之树常绿，思想活泼如汩汩清泉，只有永不停步地去认真学习，认真实践。学习能吮吸到精神养料，驱赶疲劳，纠正麻木。

读书要树立宝藏意识，饶有兴趣地寻觅人类精神文明的宝库。有兴趣，就会一股劲儿去追寻，探索。兴趣源于好奇，源于憧憬的目标。《庄子·列御寇》中说："夫千金之珠，必在九重之渊而骊龙颔下。"有探宝、寻宝、珍爱宝藏的意识，就会点燃阅读热情，就会有"恒"的动力，精神振奋地寻找经典、寻找佳作美文阅读，一卷在手，趣味无穷。人是有情感世界的。语文教师对语言文字浇灌而成的美文佳作充满热爱之情，就会进入作品深处了解精髓，深入作者内心触摸、感悟其深邃的思想、缜密的思维、生命的诉求、人生的探索，就会思维碰撞，进行真正意义上的"对话"，肝胆相照，心心相印。也只有对作家作品心醉神迷，才真正懂得作品的价值意义所在。

教师要学点哲学，哲学讲的是对根本问题的思考，哲学使人深刻。教师不懂得一点哲学，不会思考，难以摆脱从教的盲目性。哲学的思考让人想得深一些、远一些，让人从世界观、人生观、价值观的高度思考和解决问题。从事教育的人忽略和回避对教育的根本问题的思考，就会造成极大的教育祸害。人的成长需要心灵的发育。书是心灵发育的珍贵养料。阅读史就是人的心灵发育史，阅读应成为人生的伴侣。

"书犹药也，善读之可以医愚。"西汉目录学家刘向这句话催人警醒。一个人要脱离愚昧状态，少做愚蠢事，就要服"书"这剂"药"。不仅要服用，而且要"善读"，要知书达理。读懂书中所言所思，从中明做人之理，明报效社会国家之理。人之所以为人，要不断医愚治愚，书是脱愚的宝物。我一直以此为座右铭，由于不"善读"，至今未脱愚，愧煞！

阅读要学会"照镜子"，把自己放进去。读书最忌装门面，书是书，我是我。"书"写的是彼时彼地彼人彼事，阅读它，你接触的是你的"第二生活"。身入其中，观察、体验、交流、思索，寻找自己的角色，寻找情感的依托，在事理、情理错综复杂的关系中寻找自己思想的答案，增长见识，丰厚素养。

读书要在"恒"上下功夫，难也难在一个"恒"字。不积跬步，无以至千里，要坚持不懈，锲而不舍。积累需要时日，绝非一蹴而就，一日不多，十日许多，长此以往,学的东西就很可观。恒,是意志的锤炼,毅力的锤炼。岁月为砧恒为锤,锻炼出教师对教育事业的忠诚。要做到知识富有极其不容易,有人说这是一条"光荣的荆棘路",这条路尽管像"环绕着地球的一条灿烂的光带",然而在此中要有备尝艰苦的决心。对语文教师来说,似乎更应如此。语文教师工作量大,负担很重,要想有整块时间学习是不可能的。为此,锲而不舍的精神尤为重要。把零星的宝贵的时间有计划地用上,天长日久也是可观的。要让学习支撑我们教师的生命,须树立终身学习的意识。教师是知识的重要传播者和创造者,连接着文明进步的历史、现在和未来,更应该与时俱进,不断以新知识充实自己,成为热爱学习、学会学习和终身学习的楷模。

回顾与反思是教师必做的功课之一。教育生涯是一个充满思考、不断反思的过程。反思走过的路,不是自我陶醉,而是认识以往的模糊、迷茫乃至迷失,认识某些教学举措的走调、错位,以及形成的后果,寻觅更适合学生内心需求的教育内容、教学方法。不断自我否定,不断自我超越,才会持续发展,永远向前。

124. 重要的理论要反复学

问:从我们平时的阅读经验来说,确实会注意一些重要人物的重要作品,所谓的代表作,读完之后茅塞顿开的情况不是说没有,少,更多的时候是如云里雾里,不得要领。怎样才能把握读书的要点,请您支支招。

于漪:理论上的模糊必然导致实践中的盲目。教育教学上出现的无效劳动,往往是由于理论上认识不清,理解上有偏颇所致。重要的理论要反复学,力求正确理解,学能深入,用能浅出。比如教育的战略地位,当教师的只是口头说,对其精神实质如不深刻领会,工作的责任心、历史的使命感就受到影响。

"我们国家,国力的强弱,经济发展后劲的大小,越来越取决于劳动者的素质,取决于知识分子的数量和质量。一个十亿人口的大国,教育搞上去了,人才资源的巨大优势是任何国家比不了的。有了人才优势,再加上先进的社会主义制度，我们的目标就有把握达到。现在小学一年级的娃娃，经过十几年的学校教育，将成为开创 21 世纪大业的生力军。中央提出要以极大的努力抓教育，并且从中小学抓起，这是有战略眼光的一着。如果现在不向全党提出这样的任务，就会误大事，就要负历史的责任。"这是邓小平同志在《把教育工作认真抓起来》中的一段话，既深入浅出，又尖锐深刻。反复学习，就可领悟到"有战略眼光的一着"，是从开创 21 世纪大业的角度来论述教育问题的。

放眼看世界，作为新科技革命的基础和动力的教育，已被推到各国的前沿阵中，具有越来越重要的战略意义。教育的全球性与全球性教育逐渐趋于认同，无论是发达国家还是发展中国家，都把教育改革作为立国之本的头等大事来抓。在未来的信息社会里，人们注重的是未来，把知识和信息看作是最重要的战略资源。一个民族要想在未来的世界里取得政治和经济的优势，就必须大力发展教育，这是世界发展的共同趋势。建设国家，教育为本。从世界范围的背景上看，作为改革开放的总设计师，小平同志在亲手规划蓝图时，始终把教育摆在突出的战略地位。教育是世纪之争，未来的发展之争，赢得教育的发展与提高，也就掌握了未来的主动权。

这段话的论述是：（1）从国力强弱和经济发展的后劲来说教育的战略地位。两个"取决于"说明：劳动者素质的提高，知识分子的数量和质量，都依赖于教育事业的发展。（2）从实现我国发展目标来说教育的重要性。小平同志认为，到建国 100 周年时，我国经济可能接近发达国家水平，其依据之一是我们完全有能力把教育搞上去。一个十几亿人口的大国，教育搞上去了，人才资源的巨大优势是任何国家比不了的。人口是资源还是负担，关键在教育。教育抓好了，人力资源丰富，再加上先进的社会主义制度，我们的目标就有把握达到。（3）从领导者抓大事来说。"要以极大的努力抓教育"而且要从娃娃开始。否则，就要"误大事"，就要"负历史的责任"。把教育影响国力强弱、经济发展、人才培养的全局性意义阐述得精辟、深刻，对教育工作者更是极大的教育与鼓舞。

教学中对于理论的深入浅出的理解与阐述很不容易，也需要反复学习。就拿历史唯物主义基本原理来说吧，《在马克思墓前的讲话》中已经讲得很通俗，然而教师在教这一课时，要浅显地正确表达出来，使学生真正懂，就着实不容易。文中有这样的语句："……人们首先必须吃、喝、住、穿，然后才能从事政治、科学、艺术、宗教等等；所以，直接的物质的生活资料的生产，从而一个民族或一个时代的一定的经济发展，便构成基础，人们的国家设施、法的观点、艺术以至宗教观念，就是从这个基础上发展起来的，因而，也必须由这个基础来解释，而不是像过去那样做得相反。"对如此长句单作语法分析是不够的，讲深了费时，学生也不一定理解。要浅出，要把经济基础与上层建筑的关系，扣紧语句来讲，十分不易。要讲得浅显，前提是教师学得深入。唯其深入，才能浅出。花功夫学，不仅读理论书，有时读文艺小说，也可从中获得启发。比如刘心武的长篇小说《钟鼓楼》，其中有一处以艺术笔调阐发历史唯物主基本原理，很有意思。作者写道："人们落生在这个世界上，最早意识到的是包围自己的空间。这空间有着长度、宽度和高度，其中充满了各异的形态、色彩与音响……而后人们便意识到还有着一种与空间并存的东西，那便是摸不着、握不牢、拦不住的时间。在所存在的空间里度过不断流逝的时间，这便构成了我们的生活，于是乎喜、怒、哀、乐，于是乎生、死、歌、哭……但每一个人都不可能是单独地存在着。他必须与许许多多的人共存于一个空间之中，这便构成了社会。而在同一个社会中，人们的阶级意识不同，政治方向不同，经济利益不同，人生态度不同，道德品质不同，文化教养不同，性格旨趣不同，生理机制不同，竞争能力不同，机遇遭际不同……于是乎便相争相斗，相激相荡，相斥相离，相轻相嫉……同时也必定伴随着相依相靠，相汇相融，相亲相慕，相尊相许……而这种人类社会的流动变化，从整体角度来说，便构成了历史；从个体角度来说，便构成了命运。"道理说得多么形象，多么生动！不是作者入得深，又如何能如此出得浅呢？

对教育教学理论的学习也是如此。叶圣陶老先生提出"教是为了不教"，开始不少人误解为"少教"甚至是"不教"。但只消结合实际仔细想一想，就能体会到千万不能用"等于"代替"为了"。教师"教"是今天的任务，"不教"是明日之目标；今天的"教"要达到明日"不教"的目的——学生能自学、独立工作。自学能力的培养非一朝一夕，其中有个过程，"教"运用得得法，就能更有效地达到"不教"的目标。

125. 深扣一点出甘泉

问：记住了，重要的文章和理论我们要反复读；除了这一条，您还有什么读书秘笈？

于漪：要弄懂一点知识，必须深入学习，认真钻研。"一锹铲不出金銮殿"，一定要锲而不舍地步步前进，层层深入。深入学习，其乐无穷。

为了阐释语言的本质属性，我阅读了不少马克思主义经典著作，尽力让自己的立论得到权威理论的支撑。我十分注意吸收西方语言学研究的成果，让自己的理论有更宽阔的视野。同时我处处做有心人，时时怀着探究的意识。透过现象抓住本质、使自己的立论经得起实践的检验。学习没有任何诀窍和捷径，就是老老实实，以勤补拙，笨鸟先飞，才勉强把课教下来，在学生面前，有了初步的发言权。比如诗歌，每学期都教，围绕它读点书，可以得到许多有趣的学问。诗中有方位、色彩、数字，在诗人笔下多有妙用。

《木兰诗》中有"东市买骏马，西市买鞍鞯，南市买辔头，北市买长鞭"，古诗中以"东西南北"来写的屡见不鲜，如《楚辞·招魂》中有"魂兮归来，东方不可以托些……魂兮归来，南方不可以止些……魂兮归来，西方之害，流沙千里些……魂兮归来，北方不可以止些……"曹植《游仙诗》中有"东观扶桑曜，西临弱水流，北极玄天渚，南翔陟丹丘"。同是东西南北，有的是写到处奔波购买物品准备出征的繁忙；有的写四方不可留，希望死者灵魂归故土；有的写受到猜忌，郁郁寡欢。同是用方位词，表达则各有其趣。这种用法，在楹联和文章中也不少。《儒林外史》所写杨执中屋里壁上的对联是："三间东倒西歪屋，一个南腔北调人。"十分有趣。至于《捕蛇者说》刻画气氛紧张的"叫嚣乎东西，隳突乎南北"，教师是周知的了。

诗中用词表色彩，方法多种多样。有的诗句第一字就是表颜色的。以杜甫为例，像"红入桃花嫩，青归柳叶新"（《奉酬李都督表文早春作》）、"青惜峰峦过，黄知橘柚来"（《放船》）、"碧知湖外草，红见海东云"（《晴》）等诗句一下映入眼帘的是颜色，可以收到使读者眼前突然闪亮的妙用。有的诗句把多种颜色写在一起,鲜艳、缤纷。这类诗句以七言居多,如人们熟知的杜甫的"两个黄鹂鸣翠柳,一行白鹭上青天"(《绝句四首·其三》);又如苏轼的"红叶黄花秋正乱,白鱼紫蟹君须忆"(《台头寺雨中送李邦直赴史馆分韵得忆字人字兼寄孙巨源二首·其一》);再如陆游的"白葛乌纱称时节,黄鸡绿酒聚比邻"(《夏日二首·其二》)。真是色彩缤纷,怡悦双目。诗中的颜色当然是真色多,但也有假色。钱钟书在《读"拉奥孔"》一文中说:"诗文里的颜色字也有'虚''实'之分,用字就像用兵,要'虚虚实实'。"就像苏轼的咏牡丹名句"一朵妖红翠欲流",明明说是"红",哪能又说"翠"呢?"写一个颜色而虚实交映,有时还进一步制造两个颜色矛盾错综的幻象,这似乎是文字艺术的独家本领,造型艺术办不到。"说得就更精彩了。

诗里数字运用得妙,也能加深诗的意蕴。诗中数字用得较多的是"一""三""千",而"三千",连用最常见。众所周知的李白的诗句,如"飞流直下三千尺,疑是银河落九天","白发三千丈,缘愁似个长"。又如白居易《和微之春日投简阳明洞天五十韵》中的"江上三千里,城中十二衢"。数字运用得很妙的如张祜的《宫词二首·其一》:"故国三千里,深宫二十年。一声《河满子》,双泪落君前。"在 20 个字中,用到"三千""二十""一""双"等数字,不仅不觉得堆砌,反而感到宫女的哀怨是那么凄凉缠绵。

学知识如汲深泉之水,越学越能品尝到其中的甘甜。

126. 教师的知识仓库要杂而有章

问:您介绍的多读深读的方法我都有注意,我的毛病是读书很杂,等用的时候就出不来,像我这种读书方法有什么改进的路呢?

于漪:从某种意义上说,语文教师的知识仓库里的货物不能不"杂",但要杂而有章。这就需要广泛地阅读,有选择地阅读,并且要善于在生活中学习,有条理地储存。

广泛涉猎,稍稍深入,每有会意,兴味无穷。比如我们常碰到"阳春白雪"

"铁中铮铮"等成语,前者今天常用来喻音乐则为高级音乐,喻文学则为高深文学,喻艺术则为高超艺术,后者用来比喻出色人物。其实今天应用在程度上与原义有点出入。只要读一读宋玉《对楚王问》《后汉书·刘盆子传》即可明白。但今天约定俗成大家都这样用了,不必去刻意纠正,但语文教师最好心中有个数。

读画、评画也能积累知识。英国19世纪著名政论家、艺术评论家罗斯金说:"伟大民族的自传都有三种稿本,一本是以其业绩写成,一本是以其言辞写成,一本是以其艺术写成。人们欲懂得其一,非同时懂得其他两本不可;但三本中唯独后一本才是真实可信的。"的确,一国的艺术,很能反映这个国家民族的生活、思想和情操。把西洋画中可爱的小爱神丘比特与中国敦煌壁画中的飞天来比较,胖胖的丘比特,背上有双翼,在天空中飞虽可爱,但总觉得那么小的一对翅膀不足以驾起胖身子翱翔。飞天就不同,画家用几条迎风飘扬的带子,就让你看到仙女们在天空中飞得多么自由自在。这里孕育有我们民族的智慧。评画也能扩大自己的眼界。1984年《美术》第11期吴冠中在一篇文章中说道:"出色的作品总印得不如原作,较次的作品印出来后往往倒比原作效果好。"为什么原作与印出来的画有如此差异呢?因为珍贵的色的变异及敏锐的手的波动感是不容易在印刷品中反映出来的,而作品中那些疙疙瘩瘩、黏黏糊糊的油彩之病,经印刷工序给抹得含混不清后,倒起了遮丑的作用。知道了这一些后,觉得教师在教学中必须避免疙疙瘩瘩、黏黏糊糊;要是看不到这些,反把课上得花里胡哨以为美,那就是丑而不自知了。

语文教师要读小说,了解社会,认识人生。中外古今的都可翻一翻,如狄更斯的小说虽没有托尔斯泰的不朽著作那么有名,但情节生动,引人入胜。据说《老古玩店》当年连载时牵动人心,引起轰动。连载的杂志一期一期在英国出刊,用帆船运往美国。人们对故事情节越看越入迷,纽约码头上等着买杂志的人越来越多。当小说最后一章的杂志运到纽约时,码头上人头簇拥,竟有五六千人之多。船未靠岸,人们一眼看到甲板上的船长,就迫不及待地问那燃烧在心里的问题:"小耐儿究竟死了没有?"狄更斯的小说以情节取胜。其实引人入胜的何止是小说,其他文学样式中佳品也如此。如英国文艺复兴时期的诗人斯宾塞有过一部未完成的长诗叫《仙女王》。据说当时手稿送到文艺庇护人索斯安普顿伯爵手里。伯爵读了几页,立刻命人赏赐作者 20 英镑,再往下读,又兴冲冲地说"再赐 20 镑"。读着读着不能自已,最后竟不得不说:"快把那家伙赶出去,再念下去我非破产不可。"文学掌故虚虚实实,说多了就当真了。这一掌故妙在没说一个"好"字,但实际上把《仙女王》说得好得无以复加。

学习之乐,其乐无穷。《后汉书·列女传》中说:"一丝而累,以至于寸;累寸不已,遂成丈匹。"语文教师就是要以这种累寸累匹的精神要求自己,锲而不舍地往前行。源头有活水流淌,教学就有活泼泼的生命力。要警惕沦为"高学历的野蛮人"。

127. "术"与"道"合一

问:现在多在讨论用教育家精神办教育,落实到我们学科教师身上,最根本的原则是什么?

于漪:今日的教师不能停留在传统的知识观或能力观上,而必须做到"术""道"合一。这里的"术"主要指教师的教学技能、技法等方法类的东西,"道"则是指教师的教育思想、教学理念等。一个不深入探究"道"而只注重"术"的教师是不可能成为一个优秀教师的。任何一门学科不能见术不见道,更不能见术不见人。"术""道"合一的核心是三大支柱——知识和能力,过程和方法,情感态度与价值观的有机融合。这三大支柱构成了我们各学科的整体教学目标,从根本上说,它们都是建立在以人为本、以学生的发展为本的全面育人观这一基础之上的。如语文教学,就要树立明确的语文综合素养观,语文教学不仅要教会学生理解和运用语言文字,而且要形成与提高语文素养,它是语文学科"术"和"道"的整合。

因此任何一门学科的教学成效,不能仅仅看学科教学给了学生多少学科知识与能力,还要看在学科教学中是否实现了学生综合素质的提高。综合素质既包括这学科的素养,又包括学生作为一个人的良好思维品质和思想道德情操等,或者说后者更为重要。上海大力开展的在学科教学中融合生命教育与民族精神教育，也正是基于这样一种认识。因此，学科教学必须传授学生"道"，其核心内容之一就是情感态度与价值观，我们的教学一定要让学生的情感丰富起来。学生只有真正站在"道"的层面上，才能悟"道"而得"技"，成为拥有较高素养的"完整的人"，成为中华民族合格的接班人。

从语文学科讲，我们要培养学生成为具有丰富情感的人。要培养学生热爱语文学科，热爱我们的民族文化。一个不热爱中华文化，不热爱祖国语言文字的人，不可能成为一个健全的人，不可能成为一个合格的中国人。因此，首先要培养他们学习的境界追求，要使他们有比较高尚的品位、高尚的情操，要有丰富的情感。其次要培养他们一种认真学习的态度、求实的科学态度、乐观的生活态度和宽容的处世态度，总之，要有个完善的人生态度，包括学科学习，也包括整个人生。再次要培养正确的价值观。价值观是人的综合素养的核心内容，这在当今时代尤为重要，任何学科都要在教学中渗透一种理念，培养学生做到个人价值与社会价值的和谐统一，科学价值与人文价值的统一，培养学生正确健康的价值观同样是所有学科教学义不容辞的职责。

当今教育改革的核心之一是教育由"物化"转向"人化"。"人本教育"的真谛是"开发人"，对于学生来说，课堂教学应该是在教师的指导下，既是学习和探究新知识的过程，又是培养和提升自身能力与素养的过程。因此，知识与技能属于"术"的范畴，但它必须是在"道"的统领下的"术"，离开了"道"的"术"，很容易变得琐碎和繁杂，成为失去情感和生命活力的纯粹的知识与方法序列，因而我们不能孤立地来谈培养学生的知识与技能，而必须把它放到整个学科教学目标中去认识与把握。同时，知识与技能必须是学生在教师的引导下自主获取的，知识与技能系统只能是学生在个性化的构建过程中完成的。因此，这一教学目标的完成，是一个内塑的过程，而不是外在灌输的过程。这对教师的素养提出了很高的要求。

我六十余年语文教学研究与实践中积淀下来的，有的更多指向理论发现，如对语文学科性质、语文教学目的任务的思考；有的是在理论与实践结合的层面，如"语文学习兴趣说""语言和思维训练核心说"的构建；也有的主要是实践层面的，如我的语文教学风格、我的课堂教学模式。应该说，我所有的理性思考和实践追求都是互相呼应,科学整合,"思""行"合一,融为一体的。这种"术""道"合一的理念,应该成为所有教师所遵循的准则,因为一个不深入探究"道"而只注重"术"的教师是不可能成为一个优秀教师的。

128. 教学语言力求清晰动听

问:您经常讲"我教语文,我就是语文",这令我们感慨万千,不得不检讨自己的教学语言,重复,拖沓,词不达意,甚至还有不少粗俗之言,毛病许多,在您看来,作为教学语言,首先要注意的是什么?

于漪:教学语言犹如万能钥匙,功能齐全。只要执教者珍视它,有效地使用它,言之有物、言之有理、言之有序、言之有情、言之有文,学生就会聚精会神、思维活跃,听到精辟精妙处,会情不自禁地欢呼雀跃。这种求知的气氛,求知的欢乐,单凭无生命的信息工具是无法创造的。

正确规范是教师教学语言的底线,不能把社会上失范的语言随意拿来,以求博得轰动效应。如语言的膨胀症,说大话,夸大其词,小事用大词,平常事用高端词;如夹杂最时尚的外语、某些不堪入耳的网络语,会给学生学习语言带来负面影响。课堂不是嘉年华,不是娱乐场,是学生求知、成长的场所,切不可忘。

课要动听,不仅教学内容须精彩,教师的语言表达也要情趣横生。"语言不是蜜,但可以粘东西。"要能激发学生求知的热情与愉悦,有两点很重要:一是语言的文化含量;二是语言的人文关怀。教学语言要讲究准确、生动、优美,词汇丰富,气势流畅,句式参差有致,有文化品位。剖析文本,探讨问题,要抓住精髓、关键,切中肯綮,要言不烦,一语中的。炼字炼句,净化语言,"丰而不余一言,约而不失一辞",学生入耳快乐,学习就进入良好状态。

教学语言清晰动听应是教师进行课堂教学的基本要求。要做到清晰并非易事,语音、语速、语调,均要推敲。话一说出来就是最终形式,不可能像书面语反复修改,因而更要精心。语音的高低、强弱,语速的快慢、节奏,语调的高扬低抑、平直曲折,均须视教学内容、教学情境而选择,力求学生听得清楚,听得愉悦，入耳入心。

优质的教学语言是多功能的，能创造教育性价值、情感性价值、审美性价值、和谐性价值、启发性价值等。视不同教学环境、不同学段学生采用，就会出现某一价值凸显，或某几个价值凸显，收语言魅力之效。

教师的教学语言大多数收到的是教学的即时效应，但不少言简意赅、言简意深的精辟语言常常会影响学生的人生走向、处世准则和对常识的追求，产生长期效应，乃至影响终身。为此，对教学语言的教育性价值不可小视。

129. 教学语言是一种专业语言

问：您向我们提出教学语言的问题，这太重要了，可以让我们进一步去思考教学语言的性质和功能，我们很想多听听您的见解和建议。

于漪：教学语言既不是纯粹的书面语言，也不是日常的大白话，它须有文化含量。浅显中有内涵，通俗中有端庄，是科学性、教育性、艺术性的融合，具有独特的传递信息、开启心智、交流情感的巨大魅力。

优秀的教学语言总带有磁性，像磁石吸铁一样，对学生有吸引力、感染力，能辐射到每个学生的心中，激发他们的求知欲望，佐助他们提升求知质量。为此，教师须注意语言艺术的研究，加强自身的语言修养，教学语言的基本功更是不可忽视。

语言贫乏，干瘪无味，是教师口语的大忌。翻来覆去用那几个词，说来说去那几个句式，总觉得意思没能充分表达，但又苦于找不到恰当的言辞。这种情况貌似语言问题，实则受到学识和文化的制约。可能对要讲述的事物有某些认识某些了解，但往往局囿于表层，既无深度，更谈不上旁征博引，因此，表现在语言上就干枯无趣。

如果就语言训练语言，只是治标，难以收到理想的效果；如果探究语言毛病的内在因素，标本兼治，效果就大不相同。

口头解说能力在课堂教学中占十分重要的地位。口头解说具有很强的针对性,总是针对特定文本中的某些人、事、景、物,某些概念、事理进行阐释与说明。最为重要的是准确、科学地反映内容、形式与规律。只有对文本的钻研深入底里,对概念、事理有真切的了解,把握学情,才可能正确确定讲述的重点,解说得条分缕析,明白无误。

教师口语是否规范、生动、娴熟,是否有说服力和感染力,不仅是技能技巧问题,更与内在素质密切相关。应抓内在素质的提高,促口头语言的表达;抓口头语言的表达,促内在素质的提高。言为心声,言为表、心为里,二者双锤炼,二者双提高。

三尺讲台方寸地,教师语言发挥的作用往往能超越时空,在学生心中弹奏经久不衰的乐曲。能否达到这个境地,关键在语言里是否有"魂",是否有人的精神的光彩。

有些经验丰富的教师讲课要言不烦,一语中的,特别是数理化教师,逻辑推理,一环扣一环,滴水不漏。究其原因,这些教师思路清晰,思维合乎逻辑。语言的轨迹也就是思路的轨迹,思路轨迹清晰不乱,语言也就有条不紊。

语言重复啰唆,是因为思维赶不上趟,来不及反应,或者是思维出现这样那样的缝隙,一时找不到合适的东西补。须积极锻炼思维的敏捷性与严密性。经常训练思维的速度,反应灵敏度就提高;经常开展多向思维、多角度多方位思维,有助于弥补不足,使思维日趋缜密。

130. 清除教学语言中的杂质

问:作为教师我身上承担着教育学生的责任,问题是学生身上的毛病很多,好好讲道理他不听,既不能体罚,又不能辱骂,这是教师职业行为的底线,我肯定不能违背,所以我会像有些老师那样用一些刺耳的话挖苦一下有些学生,我觉得这没有什么不对吧?

于漪:要有意识地清除自己语言中的杂质。要讲普通话,力戒羼杂方言土语,羼杂网络语言,羼杂几句外语。语言上的混杂、不纯净,不仅影响听的清晰度,而且影响学生运用规范化语言思考的能力,影响他们语言的健康发展。

教学中常有"这个""那个""然后""后来"等口头禅,必然影响语言的清楚明白。语言芜杂,拖泥带水,就会大大降低表达的效果。清除杂质,克服口头禅,净化语言,努力做到吐字准确,语言精练,"丰而不余一言,约而不失一辞",学生听起来就愉快,接受起来就容易。

语言有温度,字词知温暖。在教学中,尤其在处理教学重点、教学难点时,教师语言要有形象性、情感性、制约性和调控性,要从学生求知的内心需求出发,让学生感到关心、体贴、尊重、信任、友好、诚恳。学习环境温馨,学生学习主动性大增,重点就易理解,难点就勇于攻克。

语言是心灵的镜子,一个人只要说话,就映照出他的心灵。教师在教学中语言情真意切,令学生感动不已时,一定是由于他在钻研教材时,身心沉浸其中,心灵受到震撼,受到洗礼,对教材中蕴含的正气、精神、力量,要赞美、要歌颂。情动于中而言表于外,胸中真情激荡,语言才有感人魅力。

口头语言和书面语言有区别,前者作用于人的听觉,瞬息即逝;后者作用于人的视觉,读的人遇有艰深之处,可反复阅读,仔细咀嚼,思索理解。因而,口头语言较之书面语言来说,通俗易懂更为重要。教师讲述概念、定理、定律,剖析教学重点、难点、关键,要力求通俗易懂,千万不能佶屈聱牙。

语言是否通俗易懂,除对所教内容是否透彻理解外,还有赖于遣词造句的功力。要善于从同义词、近义词、反义词中选用最恰当、最鲜明、最常见、最易听懂的有关词语表达情意。深者浅之,难者易之,生僻的、容易误解的少用或不用。要注意长句化短,繁句化简,多用短句,少用复句,意思比较复杂的可用几个短句剖开来说,不搞修饰语、限制语的堆砌。

教学语言的大忌是对学生缺情少意,那些挑拨式的、预言式的、挖苦式的语言对学生心灵是很大的伤害。台湾作家三毛中学时代受数学老师奚落伤害之事,可说是饮恨终身。学生的心灵是稚嫩的、柔弱的,教师在教学中有意或"无意"说出来的一句恶语,很可能刺伤那颗稚嫩的心,损伤他的自尊与自信,严重的甚至会影响其一生。

语言暴力最伤害的是学生的自尊心,尤其是儿童受害更深。自尊与儿童的心理、行为、学业、对环境适应能力都有关系,自尊心受到损伤,儿童的心理会出现种种不健康状态,如焦虑、不安、自卑、封闭,影响正常发展。一个丧失自尊的孩子,是不可能成人成才的。教师要像保护自己眼睛一样,保护学生的自尊心。

语言暴力形式多样,破口大骂式的往往发生在低学年段的场合。

一点小事不顺心,就口无遮拦,由着性子信口雌黄,还以为学生小,不懂事,可以骂"服帖"。殊不知为学生做了极坏的榜样,丢失了为师者的尊严。究其原因,信奉的是专制式的家长统治,忘却了甚至不理解教育的春风化雨的育人本质。

学生勇于发表意见时,如果与教师的看法相左,甚至否定教师看法,有的教师就控制不住自己的情绪,冷言冷语,说反话,弄得学生下不了台。学生如再申辩几句,教师就会突然由冷转热,暴跳如雷。语言暴力、教态反常的背后不仅对学生缺乏尊重,而且缺乏对真知的探讨与追求。维护的是虚假的面子,丢失的是教师的自尊。

语言暴力不都是一大堆、一大串的,在恶语体系中冷箭最可怕。不动声色,短句,判断句,结论式,高度概括,直刺学生的心灵,那种痛楚锥心,难以排除。出恶语时唯恐不狠、戳不到痛处,以为只有如此才能获得成效,殊不知是对心灵的摧残。恨铁不成钢,也是可以好言劝导,循循善诱的。关键还在于修炼一颗仁爱之心。

做老师,要包容各种各样的学生。而这个包容,不是居高临下的,而是走入学生心里头,去跟他平起平坐,体会他的情感,体会他的想法,这样才有共同的语言。

131. 教育人使用的语言应当是艺术的语言

问:您关于清除教学语言中杂质的建议,说得含蓄,但是我们听明白了,不是教师用不用讽刺性的语言对待学生,而是要站到学生一边体会他们的情感说话,并且要有育人效果,这实际上反映了教师的语言是一种艺术语言,那么怎样才能产生这种艺术成效呢?还想请于老师给我们一些建议。

于漪：捷克教育理论家夸美纽斯在《大教学论》中指出："教育人是艺术中的艺术，因为人是一切生物之中最复杂最神秘的。"因此，教育人使用的语言应当是艺术的语言。

许多研究教育的专家，谈到教师的语言艺术时，常提出这样的要求："语音悦耳，词汇丰富，语调清晰而富有表现力"；"讲述生动，具体，有趣味，其中有许多比喻、修饰语、谚语、格言等。这些富于表现力的手段会使教师的语言色调鲜明，趣味无穷，有力地影响学生的情绪"；"教师的幽默和笑谑同样对学生有影响力，它能使课堂活跃起来，带来富有朝气的乐观情绪"。凡此种种，举不胜举。概而言之，教学语言要讲究点艺术，要力求生动，有情趣。

确实如此，同样的教学内容，用不同的教学语言，教学效果也会迥然有异。就以遣词来说，语句中动词的选择、锤炼就很重要。动词是语言中活的灵魂，动词选得准，用得妙，准确性、鲜明性、生动性就能凸显，学生印象深刻。李健吾的《雨中登泰山》写作者雨中攀登泰山的"独特之乐"。泰山有拔地通天之势，擎天捧日之姿，既奇美，又壮观，自岱宗坊至南天门长约十千米的中轴线上，飞瀑、祠庙、翠松、古柏、洞天、云海，美景如画。学生读到文章结尾，要深刻领悟"格外感到意兴盎然"这句话的意味时，势必回忆途中众多景物。"你们想想看，途中看到过哪些景物，观感怎样？"教师做这样的引导未尝不可，但意浅味薄。如果此时教师用语言助学生回忆的一臂之力，学生脑中会自然而然呈现出种种形象，增添兴致，另有一番滋味在心头。"雨中登山，另有情趣。冒斜风细雨，躲倾盆大雨，观飞瀑，赏松石，攀十八盘，登天街，有雨趣而无淋漓之苦……"学生脱口而出："当然意兴盎然。""冒""躲""观""赏""攀""登"一系列动词的选用，既表现意趣之浓，又避免语言之干瘪无味，再佐以重音、小停顿，学生就有身临其境之感。

教学语言中叠音词的恰当运用，可增强语言的音乐美；与灵活的句式，长句短句，整句散句，与一定的修辞手法，如比喻、对偶、排比等结合起来运用，就更增添教学的趣味。哪怕是课的起始阶段对文章概貌简介时，也要斟酌语言，挥洒色彩。"全文紧扣一个'雨'字，细描细绘。雨中的山岚烟云，水墨画似的层峦叠嶂，声喧势急的飞泉瀑布，挨挨挤挤，芊芊莽莽的野花野草，扎根悬崖峭壁和狂风争夺天日的倔强松树，灰蒙蒙，雾茫茫，水淋淋，湿漉漉，滴滴答答，游览者饱尝了雨中登泰山的'独得之乐'。"这样的遣词造句活现了泰山的烟雨意韵,给学生营造了雨中泰山灰蒙蒙的色彩,为他们深入学习课文做了必要的铺垫。

教学语言生动形象,语言的表现力就增强。它能诱发学生的联想、想象,启发学生深究底里,激起学生情感的波澜,使学生受到语言美的强烈感染。语言活泼、形象、鲜明,学生如身临其境,见其人,闻其声,注意力会高度集中,学习效率自会提高。语言的生动性还表现在把抽象的道理具体化,深奥的道理浅显化。进行论说文教学、语文知识教学、概念术语讲述时,尤须注意,不能凌空,要举实例,善分解。如修辞手法"移觉",也叫"通感"。直接讲述概念,学生不易理解,例子一举,学生就一清二楚了。"微风过处,送来缕缕清香,仿佛远处高楼上渺茫的歌声似的。"把"渺茫的歌声"移来描写"缕缕清香",听觉和嗅觉打通,学生就有感觉了。

在教学中,教师语言诙谐幽默能活跃课堂气氛,激发学生学习兴趣,启迪学生智慧。据教育学家调查统计,90%的学生喜欢教师幽默的教学语言。苏联作家斯维洛夫曾说:"教育家最主要的,也是第一位的助手是幽默。"同样的教学内容,讲授有无幽默感,效果不尽相同。有些字,学生常写错、读错,一般性的提醒往往难以奏效,纠正时幽默一下,学生往往一下子就能记住。如:"感染""染色"的"染"写成"桨"。"染"原本是用各种颜色的染料着色的意思,现在改变了,着色用丸药,是不是丸药的功能现在扩展了,有谁知道? 聪明的学生笑了,嚷着:"没啦! 错啦!"学了柳宗元的《黔之驴》,默写时,"慭慭然,莫相知"的'慭'字错得千奇百怪,有左右换位的,有上下颠倒的,有把"来"写成"木"的、写成"采"的,把"犬"写成"大"的、写成"史"的。于是,我边板书边说:"记住啊,来狗了,要小心!"学生不约而同地重复一遍,边说边用手比画,记住了。有的学生总把"澎湃"读成"澎 bài",b、p 未分清,只要一句诙谐的话,就可有所改变。"真了不起,拜访朋友要入水晶宫,那不沉下去了吗?""不是 bài,是 pài。"有学生大声说。

幽默的语言不是无聊的乱侃、逗笑,不是庸俗,低级趣味,而是寓教于乐,寓庄于谐,有情趣、理趣和谐趣。幽默的语言多运用妙语警句、双关语,描述生动有趣,想象夸张,旧语换新义,特别须注意具体的场景,听者的心理状态。过去在艺术界有一段幽默的语言曾广为流传:国画大师张大千的弟子为老师举行送别酒宴,社会名流应邀参加。宴会开始,大家有些紧张。张大千举杯来到京剧大师梅兰芳面前敬酒,说:"梅先生,您是君子,我是小人,我先敬您一杯。"听者无不惊愕,梅先生也不解地问:"此话怎讲?"张大千笑答:"您唱戏,动口,您是君子;我画画,动手,我是小人!"满堂宾客大笑不止,拘谨消解,欢笑声此起彼伏。"君子""小人"的词义延续多年已成定论,限于特定场景中做别样的新解,令人耳目一新。

教师板着面孔上课,满口严肃的话,学生就会如芒刺在背,学习效果大打折扣。笑是感情激流的浪花,课堂里有笑的细流在潜动,师生感情融洽,课堂气氛就活跃。要善于营造这种和谐、愉悦的气氛,即使遇到不愉快的事,教师也要冷静思考,用风趣的语言对学生进行开导,把情趣和理趣结合起来,让学生在无思想压力的情况下受到温馨的教育。

一次做单元综合练习,批改时发现有些学生抄袭。怎么教育呢? 课起始,我说了这样一段话:"天工造物真是无比奇妙,即使是同一种同一类的物也会有千差万别。人们不是说,天底下绝对没有完全相同的两片叶子吗? 可这一次我们班却出现了一个奇怪的现象,批改作业时我发现不少人的面孔一模一样,比如这个嘴角往下歪,那个嘴角也往下歪,孪生姐妹也没有像到这个程度呀。请你们帮助我解答解答这个问题。"学生先是煞有兴趣地听,接着表情有点紧张,最后大声笑着说:"抄。"毛病由学生自己诊断,教师只要顺势而下,指点迷津就行。风趣、幽默,不可滥用,恰当的场合与时机运用,可催化感情,深化理智,达到教育的目的,与油嘴滑舌截然不同。

132. 用语言"粘"住学生

问:对于教学语言的提炼,您有一些什么经验可以帮助我们修炼到像您一样粘住学生的境界?

于漪:教师讲课所用的语言虽属日常口语,但又不同于"大白话",应该是加工过的口头语言,与随想随说的日常交谈有区别。要注意语言的提炼,炼字炼句。教学用语里既要有人民群众经过锤炼的活泼口语，又要有优美严密的书面语言，教课时让学生置身于语言美的环境之中，受到教育与感染。

教师要掌握大量的词汇，善于用同义词、近义词转换，善于运用专业词、成语、俗语。汉语的词汇丰富如海洋，它反映了中华民族数千年的悠久的文化，又吸收了各民族语言与外来语中的精华。它反映客观事物、表现思想感情的精密程度，同义词、近义词之间的细微差别，在世界上是罕见的。平时广为采撷，认真储存，教课时就会源源涌入脑际，根据教学需要，信手拈来，脱口而出，大增语言的风采。如果自己词语仓库里的物品极少，阐述问题、剖析事理时总是翻来覆去用那几个词语，颠来倒去那几句话，教学效果就可想而知。语言贫乏干枯，学生是不会欢迎的。

须熟练地掌握和运用各种修辞手法，句式要富于变化，增强语言的形象性。善于运用语言的作家十分注意语言的形象性，他们借助形象化的语言，在文中绘声绘色，绘景绘情，使人有身临其境之感，触动读者的心灵。教师的语言虽不等同于作家的文学语言，但要悦学生耳，吸引学生的注意力，要使学生听得津津有味，孜孜以求地在学海中泛舟远航，非得讲究形象生动不可。贴切的比喻能启发学生联想、想象；精当的设问、反问能造成悬念，启发学生深究底里；气势流畅的排比能激发学生感情的波澜；适时的反复、强调能加深学生的印象。所有这些，教师课前应运筹帷幄，成竹在胸。课上，语言的闸门一打开，伴随着语言的知识就会如清泉之水汩汩地流入学生的心田。

为了加强表达效果，还须注意句式的变化。重复用一种句式，不加变更，必然单调无味。根据教学要求、教学内容的需要，可用单句，可用复句，可长短句交错，可用陈述句，可用判断句，可用疑问句等其他句式。即使用得较多的陈述句，其中词序的排列也很有值得推敲之处。哪些前置，哪些倒装，都要从效果出发，妥加安排。句法参差有致，听起来就自然和谐。

优美生动的语言必然有和谐的节奏。抑扬顿挫、高低起伏处理得当，能给学生以美的享受。音量要控制，过响会震耳，过轻听不清，以传送到课堂每个角落，每个学生能清晰地听到为宜。要注意音质音色，频率过高，尖声刺耳，频率太低，沉闷欲睡。妥善控制，改善音质，学生听起来就愉快舒适。讲课的语言必须有抑扬起伏，视不同的教学目的，有时舒缓徐慢，有时高亢激奋，有时停顿间歇，有时一泻千里，营造课堂气氛，牵动学生思绪，叩击学生心弦。如果只在一个平面上移动，如果只是等速度地流淌，容易对学生起催眠作用。

教学语言要做到优美生动，除了知识素养、语言技巧之外，还必须倾注充沛、真挚的感情。情动于中而言溢于外，只有对所教学科，所教对象倾注满腔深情，教学语言才能充分显示其生命力，熠熠放光彩，打动学生的心，使学生产生共鸣，受到强烈的感染。

苏联作家阿·托尔斯泰在一次讲话中曾这样说过："我们不仅能够把思想、概念，而且还能够把最复杂的、色彩最细腻的图画用语言表达出来。可以这样说，在人的大脑里好像有着成千上万个，也许还是成百万个键子，一个正在讲话的人，就好像是用无形的手指在大脑这个键盘上弹奏一样，而讲话人所奏出来的那支交响乐也就在知音者的头脑里回响起来。"这段话十分精要地道出了语言艺术对作家的重要。从中，我们可获得深刻的启示：一位教师必须锤炼教学用语，研究语言艺术，使自己用语言所弹奏出来的交响乐，能在知音者——学生的头脑里回响激荡，收到良好的教学效果。

语言的锤炼不是一朝一夕的事，须靠长期的积累与实践。要多阅读中外优秀文学作品，多学习人民群众的生动活泼的语言，吮吸其中有益的养料，提高语言修养。要广泛地涉猎社会科学与自然科学有关读物，丰富自己的知识，增长见识，提高洞悉事物的能力。要加强语言实践，平时多锻炼，教学时注意反馈调整，根据学生的反应调整音量、语调、节奏、速度、句式、表达的方法，经常总结经验教训，扬自己教学语言中之长，克服不足之处，一步一个脚印，使教学语言日趋完美。

愿教师用语言"粘"住学生，上出一堂堂学生欢迎、思想正确、知识丰富、情趣横生的使人入迷的课！

133. 语文教师的教学语言要有文化含量

问：您说"我就是语文"，给自己提出了严苛的要求，我们看过您早年的一些教学视频,也聆听过您的报告,可以印证您完美地做到了对自己的要求,可否请您用修炼过程中的故事来结束这百问所带给我们的实践智慧?

于漪：语言是思想的影子,各行各业语言要求不同。作为语文教师,你的语言要能反映你的文化素养,反映你的思想情操,如果语言有吸引力,学生就愿意听。语文教师的词汇要很丰富,你既要教学生规范的书面语言,又要让学生在特定场景下学习活的语言。我的目标是"出口成章,下笔成文"。我是语文教师,在语言的应用方面,应该成为学生的榜样,不能说的是一套,自己行得不一样。如何规范自己的语言,清除语言中的杂质,提高语言的质量?我用了以死求活的方法,用比较规范的书面语言改造自己不规范的口头语言。当年,年纪轻,有劲儿,追求完美。我把上课的每一句话都写下来,自己修改,把不必要的字、词、句删除,把不合逻辑的地方改掉,背下来,再口语化。这样一来,啰唆、重复、语病大大减少。每天到学校,我要走 20 分钟路才乘到公共汽车。这 20 分钟里我就把上课的内容"过电影",在脑子里放一遍：怎么开头,怎么展开,怎么发展,怎么掀起高潮,怎么结尾;这个问题下去,学生怎么回答,回答不出,怎么引导,怎么铺垫……乘上车,有时继续想,乘过站的情况经常发生。这样做的结果,不仅改造语言,而且一堂堂课心中很踏实,无丝毫飘浮感。课后,再记个"教后",简要地记下学生学习的闪光点和自己教学的缺陷、不足,乃至错误,一步一个脚印,打好做一名合格教师的基础。

后记

　　于漪老师是新中国基础教育领域被命名的第一位人民教育家。于老师从教逾七十年，教过的都是普通民众子弟，留下教书育人的实践经验和研究成果逾六百万字。数以千计的中小学幼儿园教师仰慕于漪老师，学习于漪老师，还有不计其数风华正茂的师范学生希望认识于漪老师，大家都希望自己能像于漪老师那样"一个肩膀挑着学生的现在，一个肩膀挑着国家的未来""一辈子做教师，一辈子学习做教师"。

　　我们得自于漪老师多年的言传身教，在于漪老师一辈子工作的上海市杨浦区开展了"人民教育家于漪教育思想实践转化"的课题研究，于漪教育教学思想正在数以万计的中小幼和职业学校教师身上落地、生根开花、结果。与此同时，上海师范大学教师教育学科开设了于漪教育教学思想专题学习和研究，对于漪老师的教育观、课程与教学观、学生观、教师观等进行了深入的研讨，以问对的形式形成了 14 个专题共 133 条意见。感谢于漪老师，九十多岁高龄，身体又不好，亲自审定了全书，人民教育家的精神和情怀不仅令我们感动，也是我们不断学习和前进的动力。

　　书稿的出版得到了上海教育丛书编委会的积极支持，上海市教育学会会长、上海教育丛书主编尹后庆同志多次对书稿的研究和编撰工作给予了重要指导，并确定把本书列入上海教育丛书的出版计划之中；上海市人大教科文卫委员会原主任、上海教育丛书原执行主编夏秀蓉同志亲自审阅了书稿，提出了许多专业性的意见；上海市杨浦区教育学院院长周梅同志以及庞维成同志等对书稿内容的完善提出了许多建设性的意见,他们对于漪教育教学思想实践的转化和指导付出了大量的心血,他们的勤勉和进取是杨浦教育品质的生动注脚。

上海师范大学教师教育学科的研究生们在和导师"同框修行"的研学中,研中学、学中做,走近了人民教育家于漪老师,走近了教师教育学,也触探到了中国本土教师学的基础,其中闫可、李龚美子等从于漪老师海量的作品中进行了认真细致的整理,为书稿的成型奠定了基础,参与共同研学的还有罗淑文、李佰珊、蔡佩儒、钟曜西、陈玉莹、王亚菲、杨瑞萌、姜力铭、李敏、孟丹祺、白思铭、梁稚如、彭铄涵、徐子潇、王淳、陈梓钰、童利盼等,师生"同框修行"的这段历程成为非常三年彼此的难忘记忆,唯修行成果得以开启践行教育家精神且引领杏坛同道,虽属意外惊喜,亦反映了上海师范大学强化职前教师教育本职的态度和决心,令我们对教育发展的明天充满了期待和希望。

感谢上海教育出版社刘芳副社长、职教分社公雯雯副社长等为本书的出版付出的大量心血。由于我们对于漪老师教育教学思想研究水平有限,认识还处于不断深化的过程中,以及编撰时间上的限制,书中不当之处请读者批评指正,以便日后修订完善。

编者

图书在版编目（CIP）数据

于漪教育实践百问选编 / 卜健，吴国平主编. — 上海：上海教育出版社，2023.12（2024.7重印）
（上海教育丛书）
ISBN 978-7-5720-2431-3

Ⅰ.①于… Ⅱ.①卜… ②吴… Ⅲ.①基础教育 – 文集 Ⅳ.①G63-53

中国国家版本馆CIP数据核字(2023)第251773号

责任编辑　公雯雯
封面设计　陆　弦

上海教育丛书
于漪教育实践百问选编
卜　健　吴国平　主编

出版发行　上海教育出版社有限公司
官　　网　www.seph.com.cn
地　　址　上海市闵行区号景路159弄C座
邮　　编　201101
印　　刷　上海展强印刷有限公司
开　　本　700×1000　1/16　印张 21　插页 3
字　　数　310 千字
版　　次　2024年1月第1版
印　　次　2024年7月第2次印刷
书　　号　ISBN 978-7-5720-2431-3/G·2156
定　　价　65.00 元

如发现质量问题，读者可向本社调换　电话：021-64373213